Master Photographe

人像摄影手册

——数码和胶片摄影师通用

摄影大师
实用技法丛书

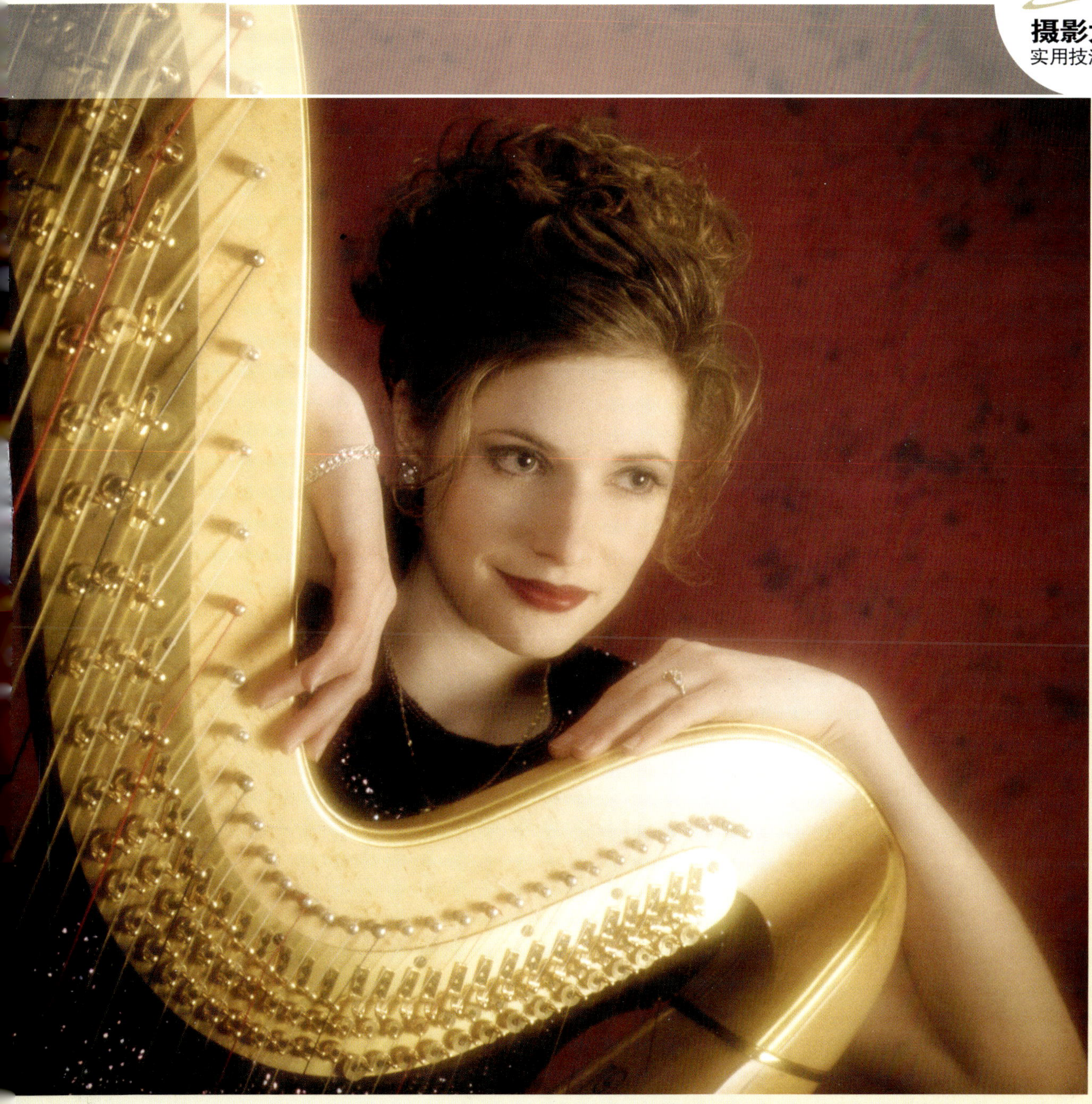

[美]比尔·赫特尔/编著　沙景湘 李 艳/译　沙景河/审

湖南美术出版社

Portrait Photographer's Handbook

目录

引 言

近年来，人像和婚礼摄影师已经不再沿用传统的人像画风格。当代风格更强调轻松和随意，它保留了人们喜欢的自发动作和自然状态，而摈弃了表现人类形体美的构图法。

摄影风格变得更随意的原因很多，一是受到时装摄影的影响，它使用高度漫射的光线和非传统的摆姿；二是专业摄影师开始使用较小规格（中型和35毫米）的相机。在过去的15年中，胶片感光乳剂迅速改进，使得35毫米和中等规格相机成了人像摄影师的首选。小型相机使摄影师的活动更灵活，也适合拍摄大量胶卷和以多种方式拍摄，包括拍摄更多自然姿态。另外，随着便携式电子闪光灯（包括相机上的和在照相室使用的）的出现，使当今的人像摄影不再被限制在照相室内，而是可以随处拍摄。

毫无疑问，数码相机已经影响了专业人像摄影界。数码相机使人像摄影师更灵活，拍摄速度更快，最重要的也许是摄影师能最大限度创意性地控制拍摄效果。摄影师既能在瞬间把彩照模式转换成黑白模式，也可随意转换白平衡，还可以对照片进行实时处理、校验和洗印。当摄影师和被摄者还沉浸在拍照的喜悦之中时，就可以立即看到所拍摄的照片了。传统的修描工作（通过添加细节或除去瑕疵来改进或改变负片或相片——译者注）曾令人倍感头疼，如今几乎已被Adobe Photoshop图像处理软件及其多种工具和技巧所取代。一些过去只能在暗室里由熟练的技术员制作出来的特殊效果，现在摄影师利用Photoshop就可以快速轻松地完成。

然而，尽管当今摄影师拥有了这些先进的技术，但是很多传统的人像摄影技巧还是被保留了下来，并且发挥出更大的作用。摆姿势和构图的基本知识不受时间影响，它们的起源可以追溯到古希腊时期。本书致力于把经受了时间考验的规律和现代摄影方法结合起来，从而使它们对当今摄影师有所帮助。本书的重点在于讲述技巧而不是复杂的照相室内设备。毕竟，如果用5盏灯和2盏灯都能拍好一幅人像照，那干吗不简单些呢？

作者的意图并非传授一系列你必须严格遵循的规则。相反，本书的目的是帮助摄影师理解传统的技法，使他们能把自己想学的东西变成自己的技能。我希望你在看过这本书、研究了书中这些获奖的人像照片之后，能够多掌握一些知识，从而数码时代的到来使改变人像的真实性变得简单多了。马库斯·贝尔在这幅获奖的人像中，使用Photoshop改变了白天的拍摄时间和照明的角度。经过处理后，即使拍摄地点本身也变得看起来更有戏剧效果。马库斯用Photoshop里面传统的挡光技巧和局部额外曝光技巧，将原本相当单调的照片变暗，然后把复制的褐色图层和高斯模糊图层结合在一起，从而达到了他追求的效果。谈起这幅人像时，他说："拍下图像只是最终创作出人像照片很多步骤中的第一步，摄影师理解这一点是很重要的。我想强调她们那童话般的服装，这是我洗印这张照片的目的。"

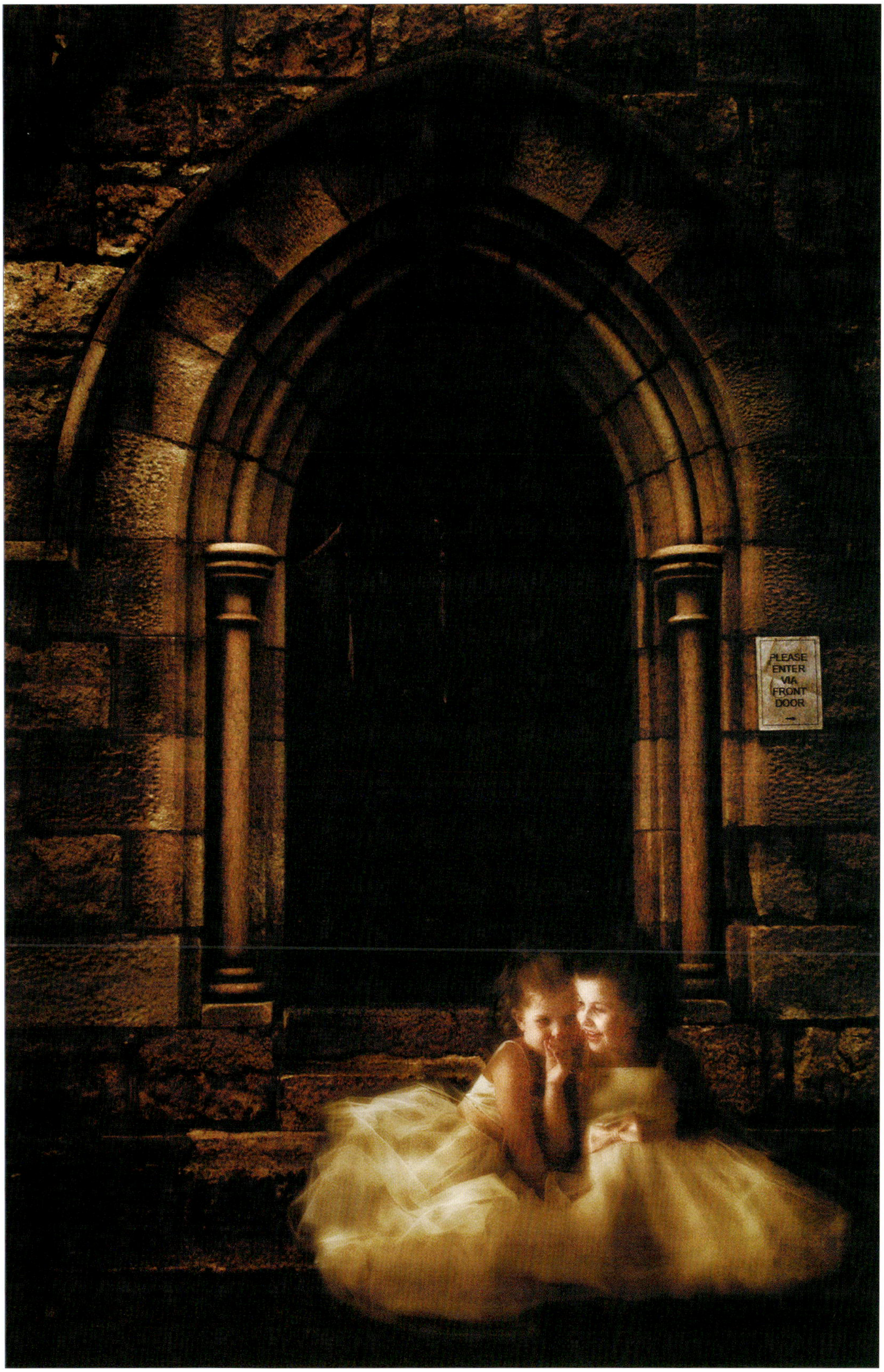

拍出令人满意的、永恒的人像照片来。

作者注释：

这是本书的第二版。新版仍然着重讲述用光、摆姿和专业人像摄影的创意，不过，一个不容忽视的事实是，近年来专业摄影界发生了巨大变化。第一版出版时，只有少数摄影师使用数码技术拍摄和冲洗照片，而现在数码手段已经成了摄影的主流。在人像摄影师的所有追求中，将所拍摄的对象完美化仍然是其主要目标。今天的各种工具不仅使达成这个目标更方便了，而且还是必不可少的。新版《人像摄影手册》在图片和文字方面所做的许多修改，都反映出摄影界正从胶片摄影向数码摄影的演变。

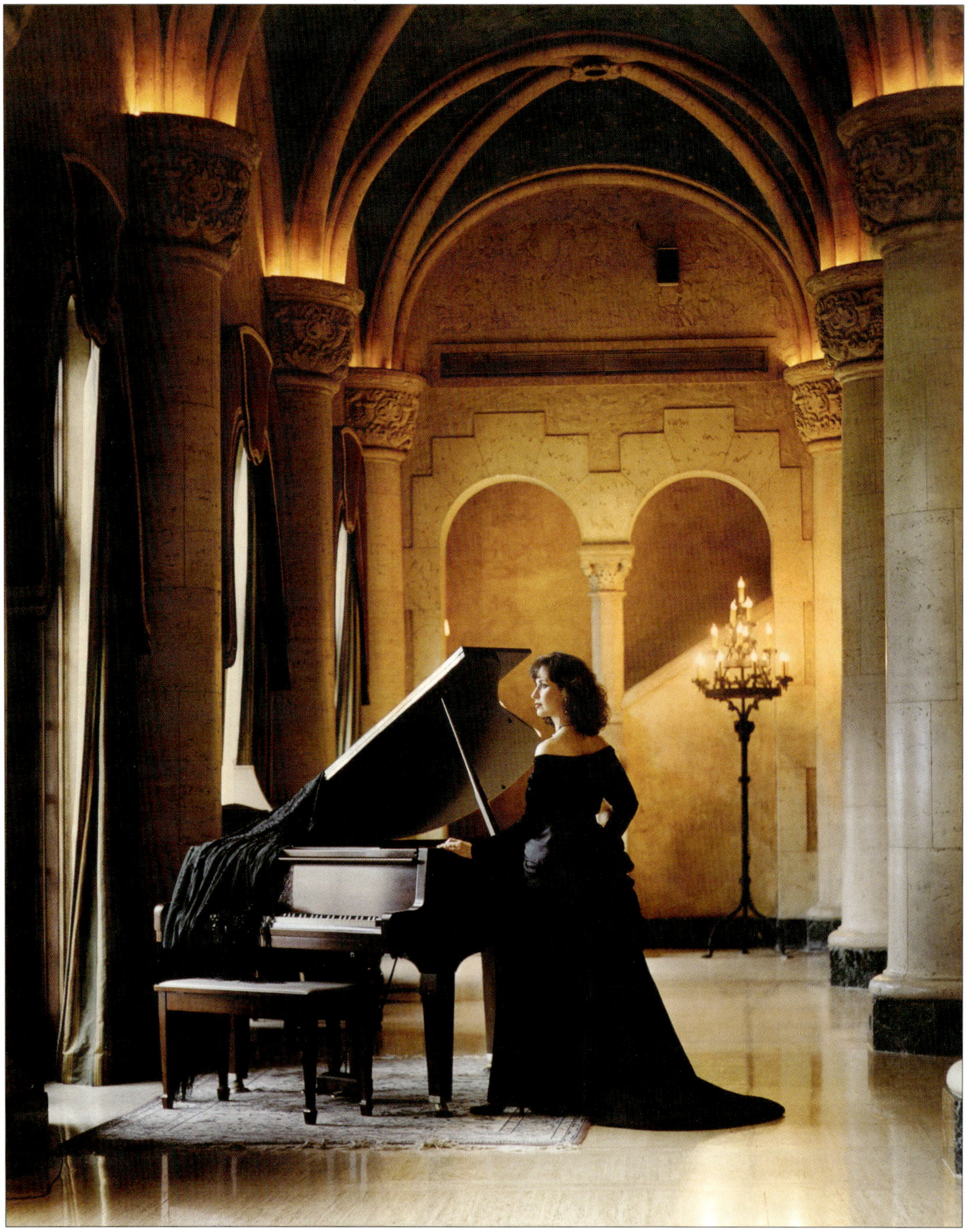

精美的人像是永恒的艺术品。优秀的人像作品包含优雅的摆姿和用光，以及强烈的环境感。罗伯特·利诺用勃朗尼卡SQ-Ai相机、PS 80毫米镜头和柯达Portra 400VC胶片创作了这幅人像。他拍摄时的快门速度为1/15秒，光圈是f/4，利用的是窗户光和灯光，外加Lumedyne 50瓦秒裸泡闪光灯作为辅光。

摄影家

为了给本书配图，我拜访了许多杰出的和大部分获奖的人像与婚礼摄影家。

一些摄影家，如蒙特·苏克、比尔·麦金托什，是当今摄影界健在的传奇式人物。他们中不管是天才摄影家、教师、在全国巡回演讲的专家，还是刚崭露头角的新秀，有一点是共同的——他们的摄影技艺都很值得推崇。本书提到的很多摄影家都曾获得过美国最高级别专业组织——美国职业摄影师组织（PPA）和国际婚礼与人像摄影师组织（WPPI）的奖励。

我要对所有参与了本书编写的摄影家表示感谢。没有他们，这本书不可能出版。我还要感谢我的插图作者——我的妻子Shell，她提供了所有的插图，并帮助我对本书的很多方面进行了组织和调整。

迈克尔·J·阿耶斯（拥有美国职业摄影师执照，摄影学硕士）——1997年国际婚礼和人像摄影师奖获得者，他在俄亥俄州利马市拥有一个照相室。他在整个北美洲为其他摄影师作过关于人像摄影和他的“影集结构”的讲座，他在欧洲也是一位重量级人物。

克里斯·贝克——通常只用他的姓贝克，是一个性格随和、人见人爱的婚礼摄影师。他在加利福尼亚州 Mission Viejo 经营着一个非常成功的摄影工作室。他是WPPI 中非常有分量的人物，在国际洗印竞赛中表现得相当出色。

大卫·班特利——大卫·班特利在密苏里州的Frontenac 拥有并经营着班特利摄影有限公司。由于早年学过工程学，他在自己的摄影工作中采用了系统性和创造性的方法。30年的工作经验和获奖无数都说明了他的系统性是成功的。

马科斯·贝尔——马科斯·贝尔的摄影作品有很多引人注目的因素。他独创的视角、流畅的自然风格和敏锐的观察力使他成为澳大利亚最受尊敬的摄影师之一。正是由于他的天才，以及他能让人在镜头前轻松自如的天赋，令他的客户如潮。他内容丰富的作品充分展示了他的多才多艺。他的作品发表在澳大利亚及海外的很多杂志上，包括《黑白》、《摄影》、《新娘摄影》等，以及无数其他新娘杂志。

唐·布莱尔——大约50年来，唐·布莱尔的名字一直是优秀人像摄影、摄影技艺和对摄影界特殊贡献的代名词。布莱尔是位摄影大师，他还是一名天才的、富有同情心的教育家——被尊为摄影教育界的领路人——他一直慷慨地与全美国及无数其他国家的摄影师分享他的知识。在专业摄影界，如PPA、WPPI、美国摄影家协会等，他是最受尊敬的人像摄影师之一，很多人亲切地称其为“老爹”，这并非偶然得来的。布莱尔是《光线的观察：人像摄影艺术》（Amherst Media,2004）一书的作者。

安东尼·卡瓦（文学硕士，摄影艺术大师）——出生于加拿大安大略省渥太华，安东尼·卡瓦与他的兄弟弗兰克共同拥有并经营Photolux照相馆。该照相馆最初是他们的父母30年前创建的婚礼和人像照相馆。安东尼于10年前加入了WPPI和加拿大职业摄影师协会。他在31岁时就成了加拿大最年轻的摄影艺术大师（MPA）。他第一次参赛就在WPPI上获得了大奖。

米歇尔·赛林塔诺——米歇尔·赛林塔诺1991年毕业于杰曼摄影学校。毕业后头4年里，她在别人的照相馆当助手，同时拍摄婚礼照片。1995年，她开始创业，专门拍摄婚礼照片。1997年，她获得了PPA的证书。米歇尔最近去了亚利桑那州的阿玛海姆，在那里，她的事业蒸蒸日上。

托尼·考贝尔——加利福尼亚州圣迭戈考贝尔制作中心负责人，美国哈斯布拉德大学摄影教育系的前主任。托尼从事摄影业已超过24年。他创立了哈斯布拉德大学国际婚礼摄影学院，并担任“院长”。在1993年加入哈斯布拉德大学之前，他曾在加州圣巴巴拉大学久负盛名的布鲁克斯摄影学院任教。他出版过《室内照明基础：摄影师专业技巧大全》（Amphoto,2001）。

杰瑞·D——杰瑞·D在加州Upland拥有并成功地经营着一家名叫“醉人的回忆”的人像与婚礼照相馆。杰瑞从事过多种职业，从职业美容师到黑带级武术教练。WPPI给了杰瑞很高的荣誉。加入该组织之后，他获得了国内多项奖项。

斯蒂芬·但泽（心理学博士）——斯蒂芬·但泽博士在洛杉矶以北拥有并经营着一个小型商业照相馆。他的工作范围从商业时装摄影到创作和室内布景以及高级官员的肖像。他还著有《时装和魅力摄影的用光技巧》一书（Amherst Media, 2005）。

特里·迪格洛——特里·迪格洛从事职业人像摄影已经40多年了。他曾在柯达公司担任业务关系部经理，目前在宾夕法尼亚州匹兹堡经营自己的生意。特里毕业于罗切斯特技术学院，获得了摄影学学位，还从匹兹堡大学获得了营销学学位。特里在全美国和世界各地作过大量的演讲。

威廉·L·邓肯（摄影学硕士，摄影大师）——邓肯是WPPI的创始人之一，有很高的摄影造诣。他在各种摄影组织的洗印竞赛中连续获奖，他以独特的人像闻名全国。他是“光线语言艺术”研讨会的讲师之一。

福兹·杜恩凯尔（摄影学硕士）——福兹和雪莉·杜恩凯尔在威斯康星州经营着一个人像照相馆，生意兴隆，主要客户是老年人。PPA给予福兹很高的荣誉，他在全国和在威斯康星州获得过9个“年度最佳摄影师奖”，还获得过“最佳展出奖”。在威斯康星州PPA老年代表作选集竞赛中，获得“摄影师推荐奖”。福兹的12张照片入选“全国旅游出借展品”，其中2幅在迪斯尼的艾普科特中心展出，1幅在德国Photokina展出，1幅在俄克拉荷马州博物馆的国际摄影名人堂展出。

斯科特·艾克伦德——斯哥特·艾克伦德是《西雅图邮讯报》的摄影记者，在国内众多刊物上发表过作品。他擅长拍摄体育、最新消息和特写类照片，但近年来他的兴趣转移到了婚礼摄影方面，他认为自己的技艺“容易转移”。他拍摄的婚礼照片已经获得了无数奖项，这归功于摄影记者的敏感和出色的叙事能力。

黛博拉·林恩·费罗——1996年起成为职业摄影师，曾是一名水彩画家。她曾师从世界各地的摄影大师，其中包括迈克尔·泰勒、海伦·杨希、博比·莱恩、蒙特·苏克以及提姆·凯利。她不仅是一位优秀的摄影师，还是造诣颇深的数码艺术家。她与丈夫瑞克·费罗合作出版了《利用Adobe Photoshop制作婚礼照片》一书(Amherst Media, 2003)。

瑞克·费罗（CPP）——瑞克·费罗已经成为迪斯尼世界的高级婚礼摄影师。在20年的摄影生涯中，他拍摄了10 000多场婚礼。他获得过很多奖，包括出借展品和WPPI的无数奖项。他著有《婚礼摄影：用光和摆姿的创意技巧》，并与妻子合著了《利用Adobe Photoshop制作婚礼照片》，2部著作均由Amherst Media出版。

詹尼弗·乔治·沃尔克——詹尼弗·乔治·沃尔克在加利福尼亚的圣迭哥戴尔·马尔小区的自己家里开办了照相馆。这个富裕的社区距离海滩很近，有很多漂亮的外景地，常常顾客盈门。她获得过加利福尼亚年度摄影师奖，在2001年加利福尼亚专业摄影师大会上获得民众精选奖。2003年詹尼弗获得了一等大奖。你可以在www.jwalkerphotography.com网站上欣赏到她更多的摄影作品。

杰瑞·基恩尼斯——XSiGHT摄影与影像公司的杰瑞·基恩尼斯于1994年开始他的职业摄影生涯，并很快成为澳大利亚一流的摄影师。他多才多艺，摄影涉及婚礼、人像、时装、团体像等。他的努力得到摄影界认可，于1999年在维多利亚获得了AIPP（澳大利亚职业摄影协会）的最佳新人奖。2002年获得AIPP年度维多利亚婚礼相册奖。2003年获得WPPI的相册比赛大奖。

戴尔·P·汉森（拥有PPA资格证）——戴尔·P·汉森拥有布鲁克斯摄影学院学士学位，有很多摄影作品在国内一些刊物上发表，例如《奥特朋》、《国家地理杂志》、《世界手册》等，1999 年 3 月的《PPA 作家》也是以他的作品作为封面。

克劳德·乔德恩——克劳德·乔德恩是来自密歇根州底特律的一名获奖摄影师。他从 1986 年开始涉足数码摄影，并从 1999 年以后不再使用胶卷拍摄。他的专业是对事件的拍摄，但他也拍摄了无数的婚礼和人像照片。你可以发电子邮件与他联系：claudej1@aol.com。

焦基奥·卡瑞耶尼斯——焦基奥·卡瑞耶尼斯是少有的在每个领域都很成功的摄影师之一，擅长社论性、时装、广告、商业和人像摄影。他已成为 Ilford 国际图像集团公司的摄影技术顾问。他拍摄高密度影像的能力非常强，因此得到了同行的赏识。他热爱自己的工作，对摄影有无比的热情。他追求卓越的精神得到了大家的公认，不久前他获得了澳大利亚摄影协会年度社论摄影师奖和 AIPP 年度维多利亚人像摄影师奖。他也是一名 WPPI 获奖者。

提姆·凯利——提姆·凯利获得过几乎所有摄影方面的奖项（包括 PPA 借出展品奖，柯达摄影工作室奖、摄影工作室精英奖和 Epcot 奖），获得过 2 个学位（摄影学硕士、摄影技艺硕士）。凯利作为柯达专业团队的一名老成员，自 1988 年以来，他一直得到他们的赞助。2001 年，凯利成为美国摄影家协会的成员，并被提名为美国杰出的相机艺术家。佛罗里达州玛丽湖的北奥兰多郊区的照相室和画廊是他的创作环境。

布赖恩·金——俄亥俄州 Cubberly 照相室的布赖恩·金从小学就开始获奖。他 1994 年毕业于俄亥俄摄影学院。毕业后他径直回到俄亥俄的 Cubberly 照相室工作，现在仍在那儿工作。拥有专业摄影师执照和摄影学硕士学位的他成了国际高级摄影师和美国摄影协会 PPO-PPA 的一名成员。

克莱格·拉森——克雷格·拉森获得过商业/技术摄影学士学位。在 14 年的职业摄影中，他在世界各地拍摄婚礼和重大事件。他在 WPPI 获得过无数次奖，并且经常去演讲。最近，他为 WPPI 主办的《摄影月刊》的一个栏目拍摄时事通讯。

罗伯特·利诺（摄影学硕士，持有 Cr.，PPA 证书）——佛罗里达州迈阿密的罗伯特·利诺专门从事优美人像和社会事件的拍摄。他的风格正式而优雅，他抓拍感觉和情绪的能力在他的每一幅照片中都很明显。在全国摄影竞赛中，他受到了摄影界高度的赏识，并经常出席摄影界的研讨会交流摄影经验。

罗伯特·拉弗（摄影学硕士）和**苏姗娜·拉弗**——罗伯特·拉弗是美国摄影艺术家学会成员，世界上最活跃的 40 位摄影家之一。他和妻子苏姗娜·拉弗共同创作他们所有的人像。偏爱傍晚那“爱的光线”，他们在户外拍摄时不使用人造光，这使得他们的人像有种浪漫和宁静的感觉。

丽塔·洛伊——丽塔·洛伊和丈夫道格在南卡罗来纳州斯巴达堡共同拥有一家名为“人像形象设计”的摄影室。丽塔 17 次获得柯达画廊优秀摄影奖，8 次获得富士杰作奖，8 次被评为南卡罗来纳州年度摄影师。她在国内和州内获得的奖项简直难以计数。丽塔还是柯达公司令人尊敬的专业团队的成员。

查尔斯和**詹尼弗·马瑞恩**——查尔斯和詹尼弗·马瑞恩在康奈提格州的瓦林福德拥有并经营“马瑞恩摄影公司”。马瑞恩的父母曾在新英格兰成功地经营过一家照相室，所以，马瑞恩也算子承父业了。他父母现在经营 Rlab（www.resolutionlab.com），一个全力为马瑞恩摄影公司服务，也为其他需要高端数码工作的摄影师服务的洗印社。查尔斯·马瑞恩于 2001 年获得 WPPI 的年度照相册奖。

海蒂·莫拉切尔（摄影学硕士）——晚年的海蒂·莫拉切尔是我们这个时代最受人们称赞的人像和婚礼摄影师之一。她独特的风格使她比同时代其他的摄影师赢得了更多专业组织（PPA 和 WPPI）的荣誉和奖项。不幸的是，她与癌症的抗争于 2003 年结束了。她将被所有认识她和知道她作品的人怀念，我们中的那些有幸与她彻夜谈论她的激情和她的最爱——摄影艺术——的人更会永远怀念她。

威廉·S·麦金托什（摄影学硕士）——麦金托什为官员和他们的家人在全美国拍照，并经常为了特别任务去英格兰拍摄。他在世界各地作演讲。他的畅销书《定位人像摄影：艺术背后的故事》（自费出版）在全国书店和其他地方销售。他最近出版的书《经典人像摄影：一个摄影大师的拍摄技巧和人像》于 2004 年由 Amherst Media 出版。

卡蕾丝·穆尔——加利福尼亚圣迭戈的卡蕾丝·穆尔几年前开始专门为家庭、高中生和儿童拍摄人像。4 年前，她也开始从事婚礼摄影。拍摄期间，她想办法和客户沟通以便了解他们，她相信，那样做有助于让他们拍摄时展现出自然的表情。她加入了几个摄影专业组织。

费迪南·纽鲍尔（拥有职业摄影师执照，摄影学硕士）——费迪南·纽鲍尔 30 多年前开始拍摄婚礼和人像。他得过很多国际、国内、州内的奖项。他还出版过《婚礼摄影艺术》、《红外线的冒险》（均为自费出版）等专著。他的摄影作品出现在很多国家级出版物上，他经常在各种摄影会议和事件中发言。

丹尼斯·欧查德——丹尼斯·欧查德是来自英国的获奖摄影师。在 WPPI 会议上，他有发言权，并在 WPPI 组织的大会上和照片大赛中获奖。他还是英国人像和婚礼摄影协会的成员。

帕克·普菲斯特——帕克·普菲斯特是位造诣极高的婚礼摄影师。尽管他住在俄亥俄州的希尔斯布罗，但他也在附近几个州拍摄婚礼，并且很快闻名全国。他非常热爱自己的事业，从未想过要换别的工作。要了解更多他的情况，请访问网站：www.pfisterphoto-art.com。

诺曼·菲利普斯——诺曼·菲利普斯获得过WPPI的杰出摄影成就奖（AOPA）。他是英国杰出摄影大师协会的注册摄影大师，也是婚礼和人像摄影师协会的成员，还是芝加哥职业摄影师协会的技术顾问。他的作品经常在刊物上发表，在全国各种摄影研讨会和其他会议上，他常以裁判和贵宾的身份出现。菲利普斯的著作有：《高调人像摄影的用光技巧》、《低调人像摄影的用光技巧》、《婚礼与人像摄影师法律手册》（均由Amherst Media出版）。

乔·弗图——从乔·弗图（意思是照片）这个名字就可以看出，乔·保罗希维克三世是摄影师乔·弗图的后代。他在中学就获得了牌照。这个来自加利福尼亚圣胡安卡皮斯特拉诺的乔是位获奖婚礼摄影记者。在WPPI的照片竞赛中获得过很多次第一名，他婚礼摄影的独特风格反映了当今时装和新娘杂志的趋势。这些人像比精心摆姿拍摄的要自然得多。

弗兰·瑞斯那——弗兰·瑞斯那是来自得克萨斯州弗里斯科的获奖摄影师。她是布鲁克斯学院的毕业生并两次被评为达拉斯年度摄影师。她曾任达拉斯职业摄影协会会长。她经营一个小但非常成功的人像和婚礼公司，这是从她自己设计和建造的照相室发展而来的。她获得过无数国家、州、地区级摄影奖项。

帕特里克·赖斯（摄影学硕士）——帕特里克·赖斯是位从事了20多年摄影的获奖人像和婚礼摄影师。他是个受欢迎的作家、演讲家和摄影作品鉴赏家，走遍美国和加拿大，向摄影师介绍他的计划。在他的职业生涯中，获得过无数次奖，其中包括：国际摄影理事会的国际婚礼摄影师年度奖。他的著作有：《职业摄影师怎样在照片竞赛中获得成功》、《婚礼和人像摄影师怎样拍摄职业数码影像》（均由Amherst Media出版）。

基默瑞·理查森——基默瑞·理查森在加利福尼亚拥有并经营着名为“平静的幻想”的照相室。她是个受过专业训练的化妆师和自学成才的摄影师，并于9年前转为全职摄影师。因为拍摄天使般婴儿人像、儿童人像和20世纪40年代风格的好莱坞魅力摄影，她在北卡罗莱纳州非常出名，就是最近在全国也出名了。去年，她首次参加国际照片竞赛，以作品《天使之光》获得了最高奖。她的著作《魅力人像摄影》由Amherst Media出版。

布赖恩和**朱迪·辛德尔**——布赖恩和朱迪·辛德尔在俄亥俄州的威斯特威尔拥有并经营着“创造性时刻”照相室。这里是总部，下设三家公司：一个工作摄影照相室；一个艺术画廊；一个全方位的形象策划公司。在国际竞赛中，布赖恩的作品获得过无数次WPPI的奖项。

约瑟夫和**路易斯·西蒙**——加拿大魁北克省蒙特利尔的约瑟夫和路易斯·西蒙是两位杰出的国际摄影师和教师。1975年起，他们就有一个摄影队，并于那年建立了蒙特利尔照相室。西蒙夫妇一直努力为客户提供真正的艺术作品——那种能打动观赏者心弦的人像。他们能引导拍摄对象在家里或者办公室内摆出一些很特别的姿势，这样的人像一旦拍摄出来，价格是不成问题的。西蒙夫妇在下列国家和地区作过演讲：法国、意大利、西班牙、比利时、德国、奥地利、马提尼克岛、瓜德罗普岛和美国。

肯尼思·斯柯鲁特——16岁在纽约州的长岛开始从事婚礼摄影以来，肯尼思很快就达到了平均每年拍摄150场婚礼的水平。他1984年买了一个照相室，不久之后他获得了PPA的硕士学位。1996年他搬家到亚利桑那州，他的事业在那里蒸蒸日上。肯尼思很受赏识：他14次被提名为当年的长岛婚礼摄影师、PPPA年度摄影师、APPA年度婚礼摄影师。他还获得过无数次富士杰作奖和柯达画廊奖。

大卫·安东尼·威廉姆斯（摄影学硕士，FRPS）——大卫·安东尼·威廉姆斯在澳大利亚维多利亚的阿什伯顿拥有并经营一个婚礼照相室。1992年，他获得了英国皇家摄影协会会员和研究员的殊荣。通过每年一次的澳大利亚职业摄影奖系统，威廉姆斯达到了金条摄影学硕士——相当于两个硕士学位。2000年，他获得WPPI的杰出摄影成就荣誉奖。1997年和2000年，他两次在WPPI年会上获得最高奖。

罗伯特·威廉姆斯——罗伯特·威廉姆斯在俄亥俄州东北经营着一家非常成功的照相室，还有两个有着15年以上经验的摄影师，他们都有俄亥俄州的职业摄影师执照。他的照相室为儿童、家庭、老年人、团体客户拍摄。要获得更多信息，访问：www.robertwilliamsstudio.com。

蒙特·苏克——蒙特·苏克在摆姿、用光和拍摄永恒人像方面做得尽善尽美，他成了世界名人。他获得过每个摄影组织能够给予的主要荣誉，包括WPPI的终身成就奖。他和加里·贝斯特恩合作，为把众多摄影师培养成高水平的大师，在www.Zuga.net网站提供专门知识。

1. 设备及基本技巧

一幅好的人像所要传达的是关于此人的“自我”信息。通过控制用光、摆姿和构图，摄影师力求抓住拍摄对象的本质，同时记录下被摄对象的个性和外表。

如果熟知专业设备与人像拍摄技巧，并能与拍摄对象配合默契，你就能创作出一幅赏心悦目的人像作品，同时拍摄对象也会对其爱不释手。

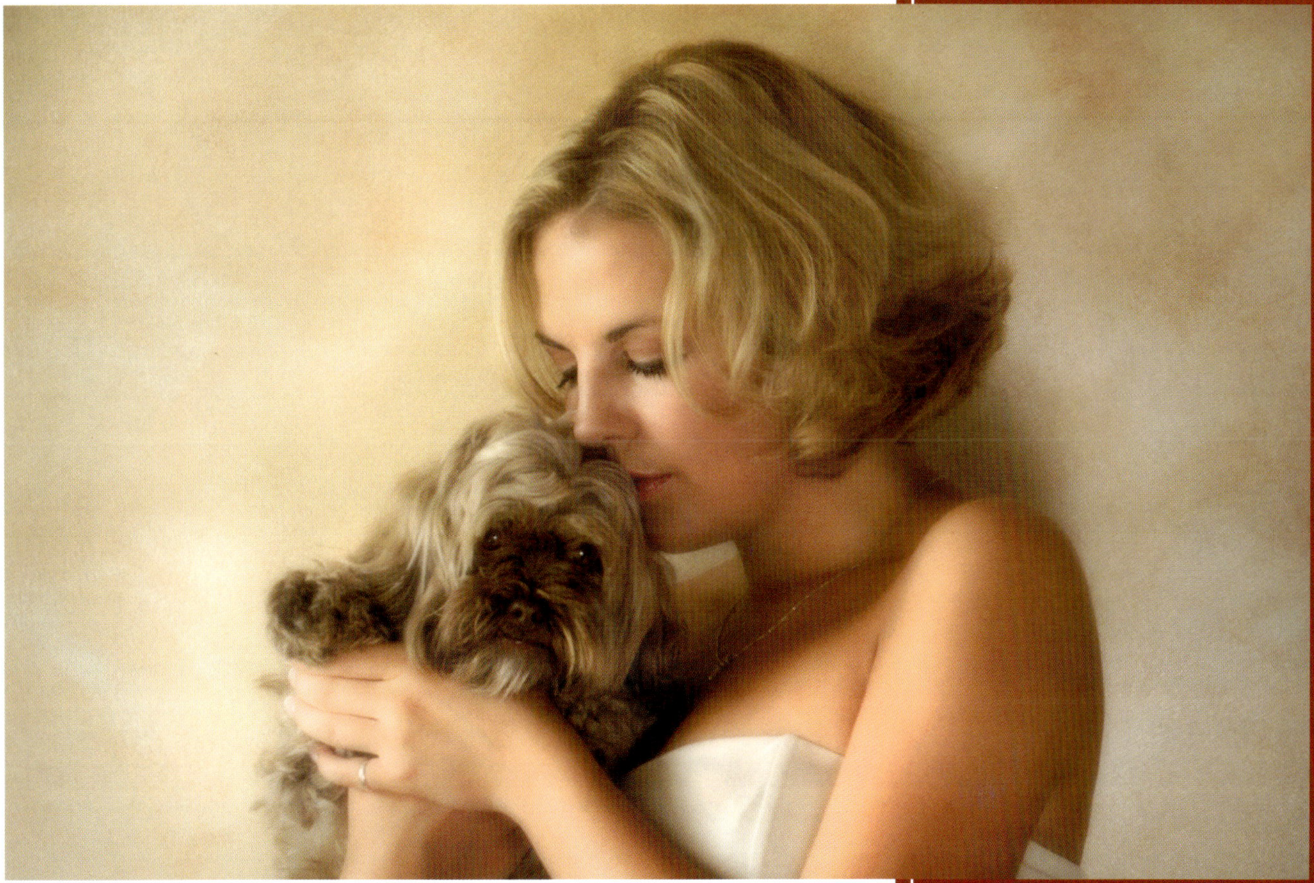

现在已无须先用中型胶片拍出负片，然后再进行修版了。数码照片几乎可以缩放到任何尺寸，而且利用Adobe Photoshop 和 Corel Painter两种软件对照片所做的修饰和艺术化处理比传统方法更全面。摄影：福兹·杜恩凯尔。

相机／胶片的规格

大型 大型相机和胶片——4英寸×5英寸（10.16厘米×12.70厘米）或更大，传统上用于人像照相馆，其技术精确度更高，也便于对胶片进行修描。但是，使用大型相机和胶片也有很多局限性。除了费用高、需要专业技能外，人像的自然程度也大打折扣，因为一旦相机显示图像调焦正确，被摄对象必须一动不动地保持同一姿势。

中小型 在专业人像摄影界，中小型相机已经完全取代了大型相机。现在，中小型相机也可以使用柔焦镜头、漫射滤光镜、遮光箱、晕映器、皮腔遮光罩以及很多其他专业附件，使小型相机和大型相机一样功能齐全。

过去，35毫米相机最大的一个缺点就是不能修饰负片。皱纹、老年斑等问题不能在35毫米的负片上处理掉。在中型负片上，即使人头的尺寸足够大，也只能做最低限度的修描。由于传统修饰工具的限制，小型相机使用者就会选择一些替代方法。

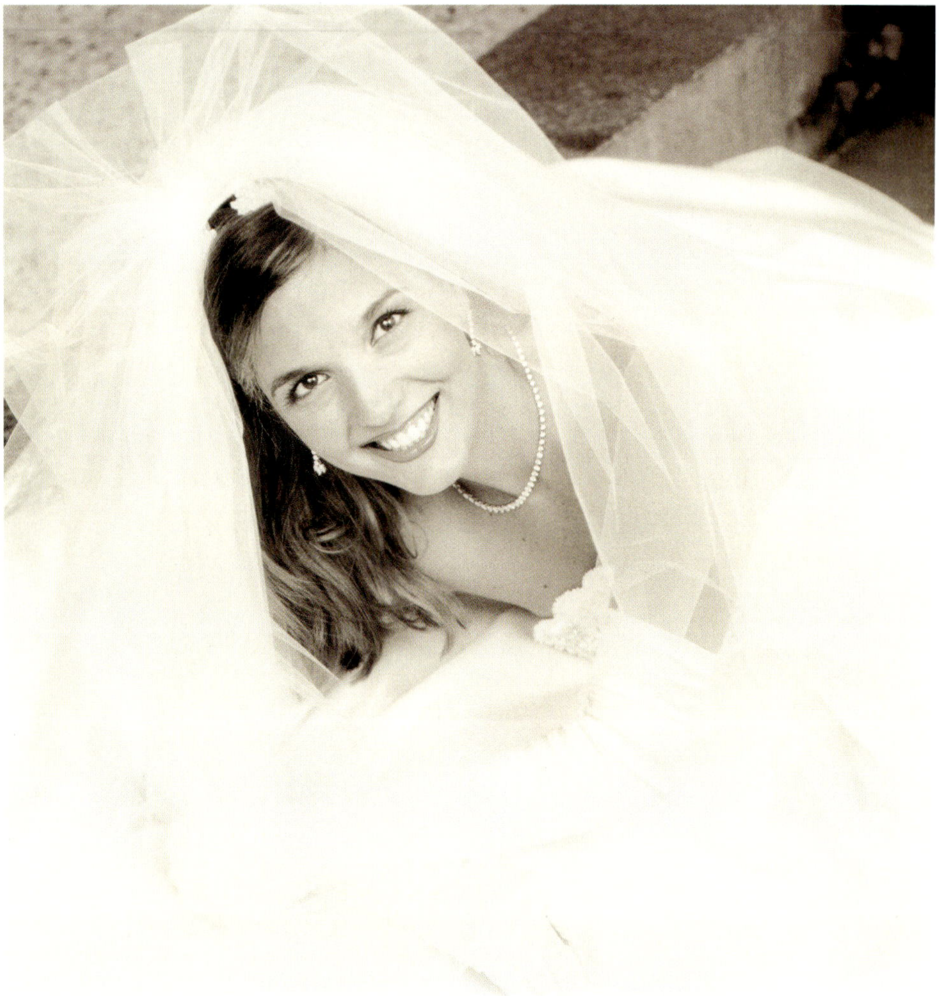

用中小型相机拍摄人像，可以在看到被摄对象表情的同时曝光，这样就能够记录下人的自然动作。在这里，除了利用主要光线，侧面加了一个镀银反光器。照片由米歇尔·赛琳塔诺用勃朗尼卡SQ-Ai相机及110毫米镜头拍摄。所用胶片为富士NHG II 800，快门速度1/15秒，光圈f/8。

数码相机 数码相机一个最大的优点，是能提前在相机的液晶显示屏上看到即将拍摄的照片。不论何种原因，如果你拍得不理想，你可以删除它，并马上在原地重新拍摄一次。这种保险措施非常可贵。例如，假设你正在室外拍摄，用闪光灯作辅光。看了前面的几张照片，你发现色彩平衡偏青，这是因为你在偏青色的阴凉里拍摄所致。发现问题后，你可以迅速调整白平衡，预备继续拍摄。再看后面一幅照片时，你又发现闪光输出低了半挡。你可以查一下照片的图像直方图（以图形方式表现数码照片的色调）来确认存在的问题，然后，只要调整一下闪光输出就可以纠正这一问题。用数码相机拍摄，你不必等上一两周才知道自己拍得一塌糊涂。你可以调整好有关参数直接拍照，无须担心自己的曝光和用光有缺陷。

镜头

图像稳定性 图像稳定镜头（又称防抖动镜头——译者注）的出现是镜头设计方面最大的进步之一。它能消除相机挪动的负作用，允许摄影师手持相机，以1/15秒、1/8秒或1/4秒这样的慢快门速度拍摄，却不会因相机移动而影响图像的质量。这种镜头适合在低照度情况下用最大光圈拍摄，图像依然很清晰。现在的尼康和佳能公司为其相机提供这种镜头。

焦距 拍摄人像要用比普通镜头长的镜头，尤其是半身人像。从经验上讲，胶片相机和镜头的选择是这样的：镜头焦距应该是所使用胶片对角线的2倍。例如，相机用35毫米胶片，人像摄影要选用焦距为75～85毫米的镜头；用2.25英寸（5.72厘米×5.72厘米）方形胶片，要选用100～120毫米镜头；用2.25英寸×2.75英寸（5.72厘米×6.98厘米）规格相机，最好选用110～135毫米的镜头。

小长焦镜头能提供正常透视效果，人物不会变形。如果你使用“标准”焦距镜头（35毫米相机用50毫米镜头，中型相机用75～90毫米镜头），你需要离拍摄对象很近才能拍摄出足够尺寸的半身人像。离拍摄对象太近容易放大他们的面部特征——鼻子变长，下巴变得很突出，脑袋后面比前面小等。小长焦镜头能增加相机和拍摄对象之间的工作距离，在增大人物尺寸的同时，还能确保透视效果恰当。

如果你有工作室，用更长些的镜头，能取得理想结果。例如，200毫米镜头对35毫米相机来说是很好的镜头，因为它能提供非常浅的景深，可以把背景完全虚化，使之不会转移对人物的注意力。用最大光圈时，这种长焦距镜头能够以非常窄的视角，着重强调人物的眼睛或面部。同样，它也可以选择性地将面部的某些部位虚化。

但是，你应当避免使用焦距极长的镜头（对35毫米相机来说是300毫米以上的镜头），原因如下：第一，透视会扭曲。由于拍摄距离的原因，人物的面部特征看起来像被压缩了，鼻子

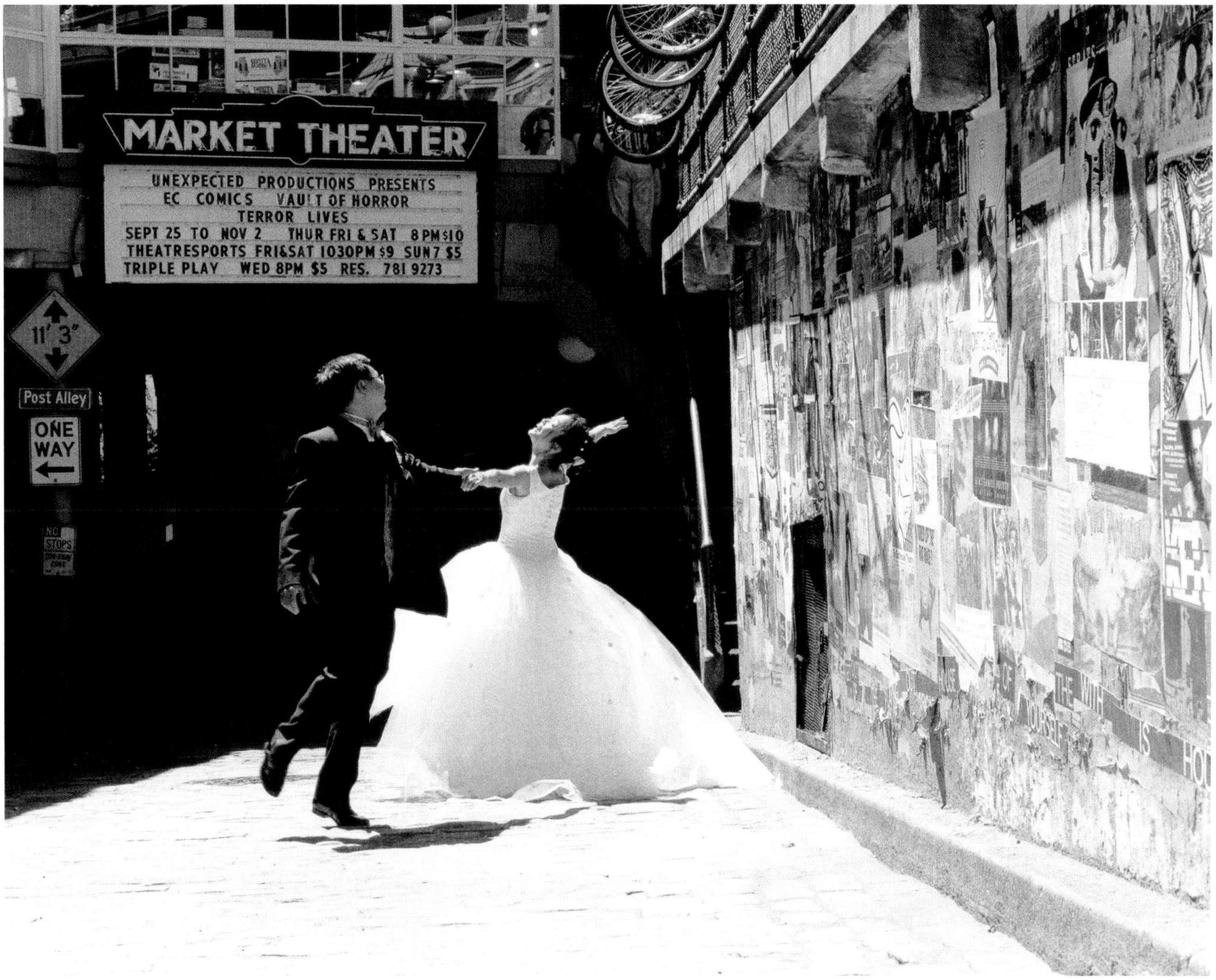

35毫米单反相机是摄影记者最主要的工具，它所使用的高速胶卷、镜头、马达驱动以及快门速度为拍摄这样一幅极其自然的人像提供了保证。摄影：克雷格·拉森。

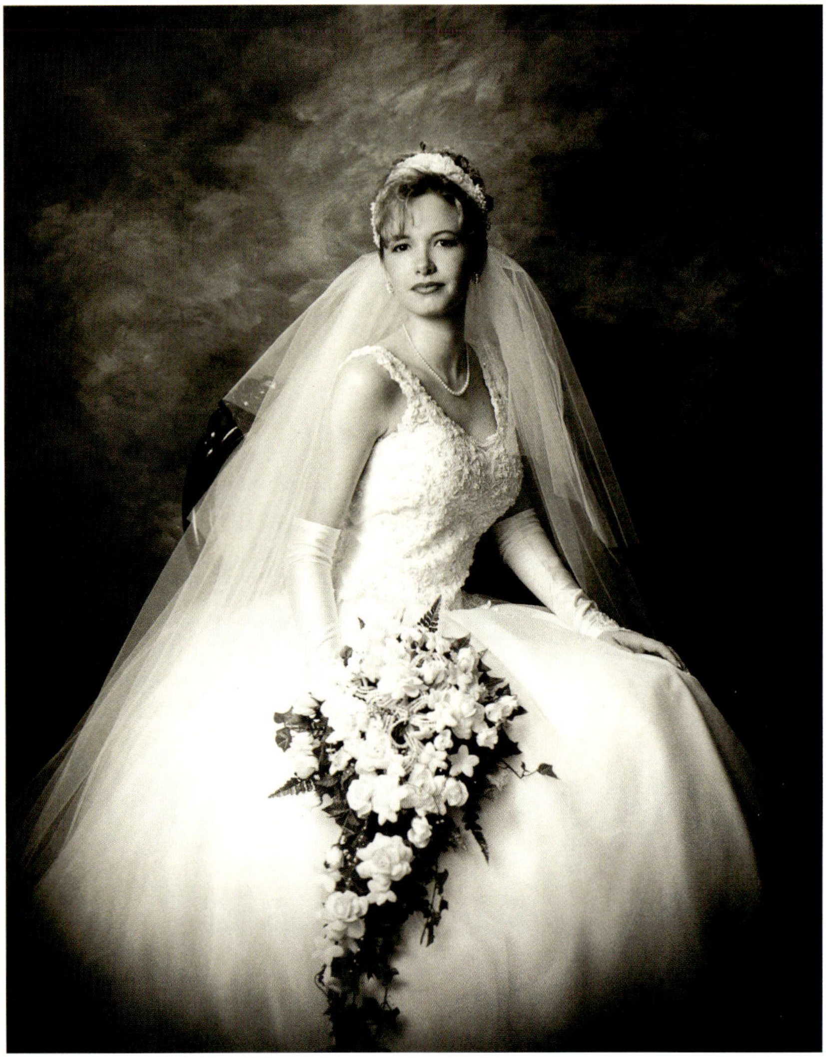

拍摄大半身或者全身人像时，相机的“标准”镜头可以提供最能被接受的透视效果。该照片是在哈苏相机（6 厘米×6 厘米）上用100 毫米镜头拍摄的。拍摄时在Lindahl 镜头遮光罩上安装了Leon 晕映器，使底片的四角变暗，让人们把更多的注意力集中在新娘身上。该照片使用柯达T400CN 胶卷，感光度为ISO 320。拍摄时费迪南·纽鲍尔使用了Speedotron 闪光灯系统以及4 种光（发型光、背景光、主光和辅助光）。

看起来好像粘在脸上的，耳朵显得和眼睛平行。第二，用这样的镜头，你和拍摄对象的距离较远，几乎不可能和他们进行交流。你得和拍摄对象距离近点，才能和他们正常交谈，而不用大声喊着告诉他们怎样摆姿势。

拍摄大半身人像或者全身像时，建议您为相机选择正常焦距镜头。这种镜头能提供正常的透视，因为这时摄影师距离拍摄对象比拍摄半身像要远。使用正常焦距的镜头会遇到的唯一问题是，在视觉上你无法把拍摄对象和背景分开。最好把背景稍微拍模糊一些，这样观赏者的注意力就会被吸引到拍摄对象身上而不是背景上。正常镜头的景深稍微大了些，这样即使你用相对大的光圈（比如f/4）拍摄，可能也很难把人物与背景分开。在户外拍摄时尤其明显，阳光的光斑和其他凌乱的背景极易转移对人物的注意力。

在拍团体照时，你常常必须使用广角镜头。这时候，上面讨论过的背景问题更为明显。但是，要把一群人都拍摄到一张照片中，同时和拍摄对象保持适当的距离，选用广角镜头经常是唯一的办法。

数码相机和焦距 数码相机用传感器而不是胶片拍摄。这是最明显的一点，但数码相机对镜头的选择有重要影响。尽管全尺寸影像传感器已经出现（和35 毫米胶卷规格一样），但多数传感器规格仍然比胶卷小。尽管这不一定对影像的质量和尺寸大小有影响，但是它确实影响镜头的有效焦距。由于使用小于35 毫米的传感器，所有镜头的有效焦距实际上变长了。用长焦镜头和长焦变焦镜头时通常不存在问题，但在数码相机上用昂贵的广角镜头或广角变焦镜头时，其角度相差很多，有点令人沮丧。例如，数码相机的焦距系数是1.4 倍，一个17 毫米镜头就变成了24 毫米镜头。

对焦　一般说来，最难进行精确对焦的人像是半身像。眼睛和脸部的正面清晰很重要，但通常耳朵也应该清晰（不一定总是清晰）。

用大光圈拍摄时景深会变浅，你一定要仔细对焦，以保证眼睛、耳朵、鼻尖都清晰。这时你掌握的镜头知识就派上用场了。有些镜头使大部分景深位于焦点之后；另外一些镜头的景深大部分位于焦点前面。

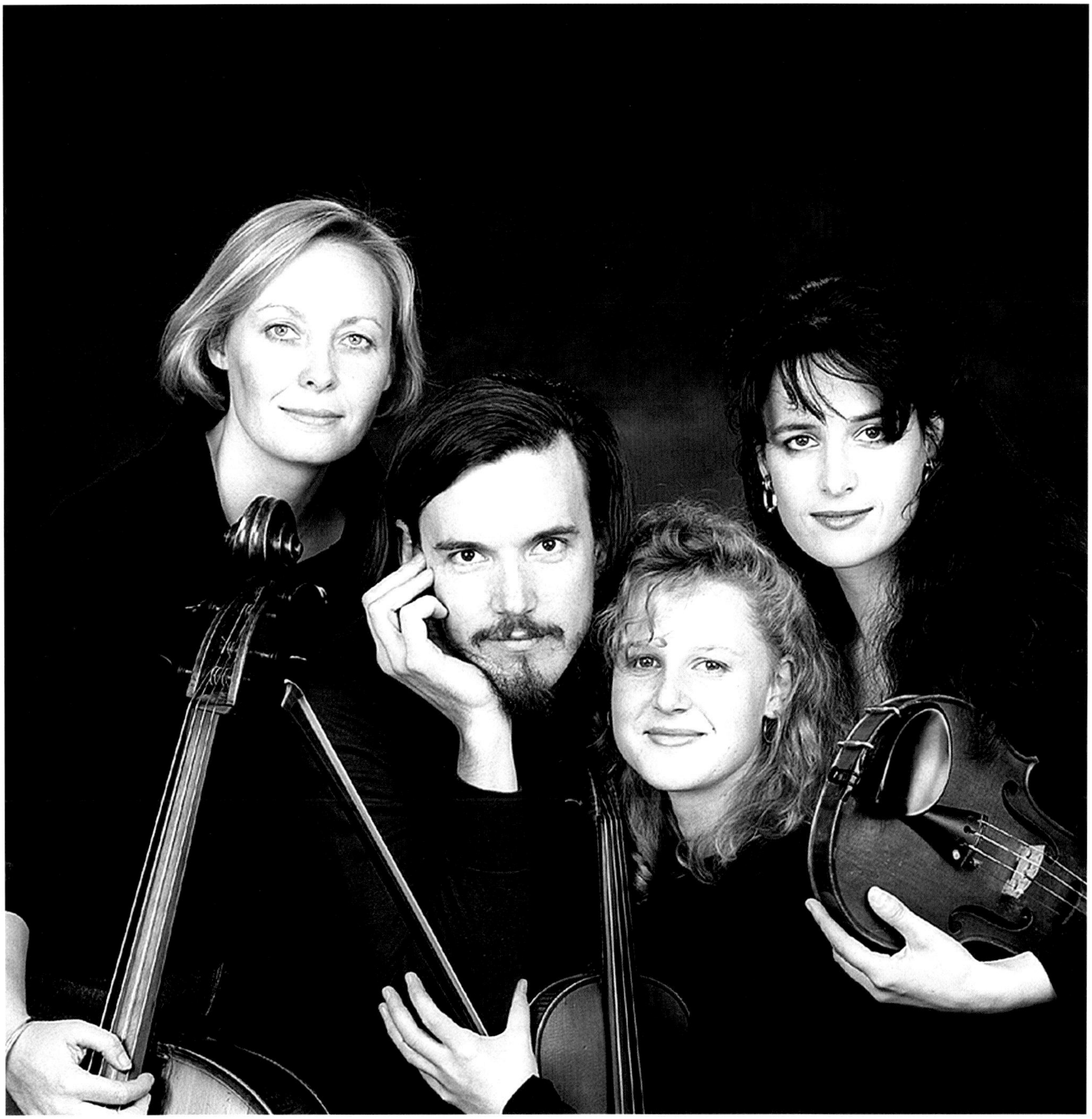

拍摄数码照片时，图像芯片（经常比传统的35毫米胶卷小）的尺寸增加了镜头的有效焦距，其系数为1.2～1.8。这样，一个50毫米、光圈为f/1.2的“标准”镜头变成了一个光圈f/1.2，焦距为75～80毫米的人像镜头。这幅展现弦乐四人组合的人像是澳大利亚摄影师大卫·威廉姆斯拍摄的，他使用的是富士公司FinePix S2数码相机，适马DG 24～70毫米f/2.8变焦镜头。

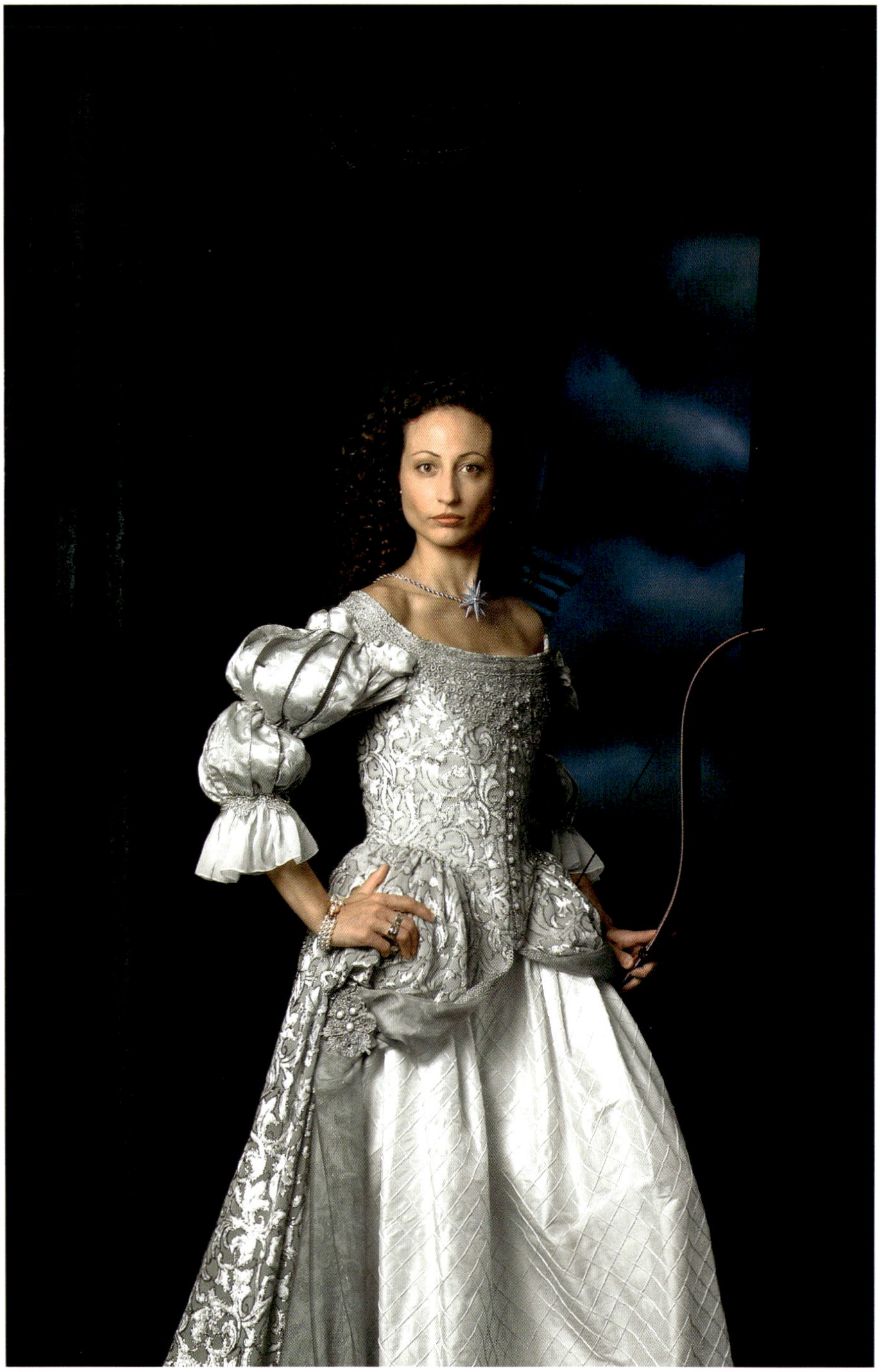

大卫·威廉姆斯的这幅名为《冬天》的人像作品是受Vivaldi的《四季》启发而拍摄的，他感受到了《四季》的激情、视觉效果、高贵和富于变化。照片人物造型源自Peter Lely爵士（1618～1680）的油画《女猎手戴安娜》。照片为TIFF格式，17.8Mb，所用相机为富士Finepix S1 Pro，镜头是适马DG 24～70 毫米变焦镜头。运用了摄影室照明。照片要求从右手到拿着“戴安娜弓”的左手都非常清晰。此外，威廉姆斯希望背景变模糊，只显示形状与颜色，而不显示生动的细节。F/8 光圈提供了所需的景深。从这幅人像作品可以看出，知道哪些区域应该清楚，哪些区域不应该清楚是创作令人难忘的人像作品的关键。

多数情况下，景深被对半平分，一半在焦点之后，一半在焦点之前。有两点很重要：你要知道怎样操作各种不同焦距的镜头；在调节到你需要的光圈时，利用相机上的景深预览按钮检查景深。

拍摄半身人像时，假设景深的一半在焦点之前，一半在焦点之后，最好瞄准人物的眼睛调焦。一般来说，这样能让整个脸部和主要兴趣中心（即眼睛）都很清晰。对焦的最佳点应该是双眼，因为它们是面部反差最大的地方，这样，就使对焦变简单了。对自动对焦的相机来说尤其如此，因为它能自己寻找反差区来对焦。

拍摄大半身和全身人像时，因为你离人物远些，景深更大，因此对焦更容易。同样，焦点应该位于你希望其清晰的人物最近点和最远点的中间。

曾经不可靠、无法预测的自动对焦功能，现在已经完全可靠且极其先进。一些相机具有多点自动对焦功能，按下指轮开关，你能把主动自动对焦传感器对焦区转换到取景器的不同区域（中心或周边）。这种对焦方式可以让你“偏离”对焦中心，形成更具动态的构图。一旦习惯了快速转换自动对焦区，多点对焦功能就成了摄影师技巧的延伸。

用自动对焦功能拍摄移动中的人物曾经是几乎不能解决的难题。你能够预测移动的速度并相应地调焦，但最早的自动对焦系统做不到。现在，几乎所有的自动对焦系统都使用一种预测性自动对焦功能，也就是说，系统能感觉到主要拍摄对象移动的速度和方向，并随着拍摄对象移动焦点。这是拍摄移动人像的理想功能，而实际上，拍摄对象的移动很可能难以预测。

自动对焦功能的另一项技术是密集多区域自动对焦，一大批自动对焦传感区（编写此书时是45个）密集地排列在构图中，使准确对焦更快捷、更精确。为了取得最快的自动对焦效果，用户可以选择部分自动对焦区，也可以同时全部激活。

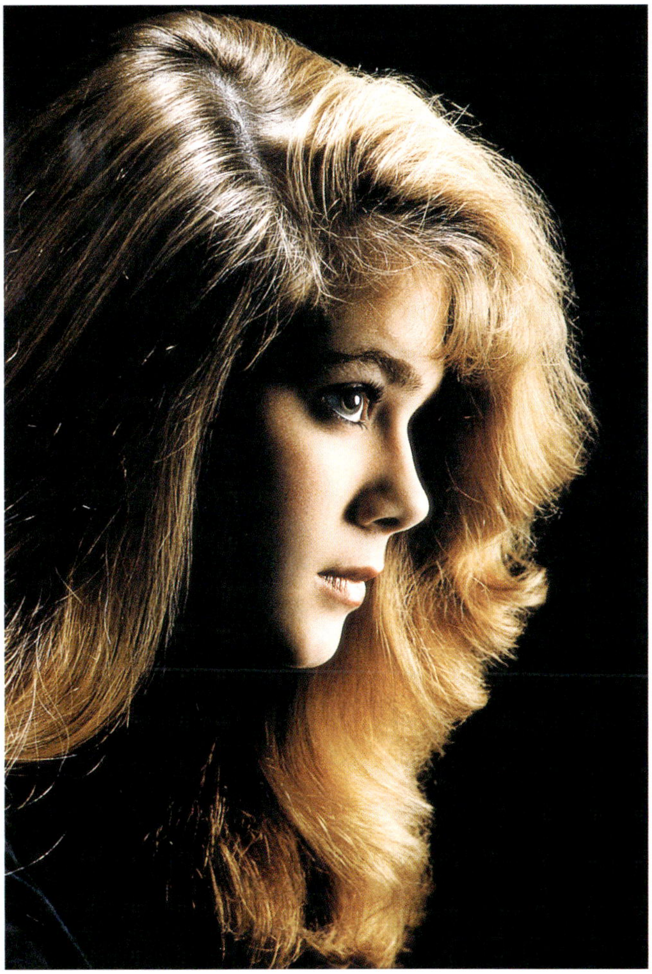

这是在对焦和利用可用景深方面一个难以置信的例子。眼睛和面部的亮区是主要对焦点，但整个图像都极为清晰。仔细调整焦点就可以把拍摄光圈的景深利用到最佳程度，这里的光圈是f/8。诺尔曼·菲利普斯使用Pentax 645相机和150毫米镜头拍摄了这幅照片。柯达VPS设定为ISO 100，曝光时间1/60秒，光圈f/8。主光是一个使用了双层纱幕的（漫射）的28英寸（71.12厘米）柔光箱，光圈设定为f/8。加了锥形罩的发型光放在人物稍微偏后的地方，光圈为f/8（锥形罩是一个锥形反光器，安放在灯箱内用以使光束变窄）。

景深 现在该好好探讨一下关于镜头与景深的基本知识了。

首先，与长焦镜头相比，镜头越短，景深越大。这就是用长焦镜头拍摄人像时要非常注意调焦的原因。

其次，你离拍摄对象越近，景深越浅。当你拍摄面部特写时要确保你所用的镜头光圈有足够的景深，使焦点能涵盖整个脸部。

第三，中型相机镜头的景深比35毫米相机镜头的景深浅。即使在镜头光圈和拍摄距离相同的情况下，35毫米相机的50毫米镜头产生的景深比中型相机的75毫米镜头产生的景深要大。这一点很重要，因为很多摄影师认为用大型相机会提高人像的质量。由于胶卷尺寸加大，图像的确看起来改善了。但必须注意，用大型相机照相对焦问题也变得非常关键。

学会使用镜头上的景深表。在缩小镜头光圈的同时进行景深预览，取景器的屏幕就会太暗，以至于无法准确测量景深。因此，要学会快速查看景深表，并练习通过心算测量距离。最好了解你使用的镜头的特性。根据你常用的镜头光圈和拍摄距离，你应当知道清晰度和景深效果会怎样。

拍摄光圈 选择镜头光圈经常是为了控制曝光量。换句话说，在光圈的选择上，你没有太多的自由，尤其在你使用电子闪光灯或者在室外拍摄的时候。

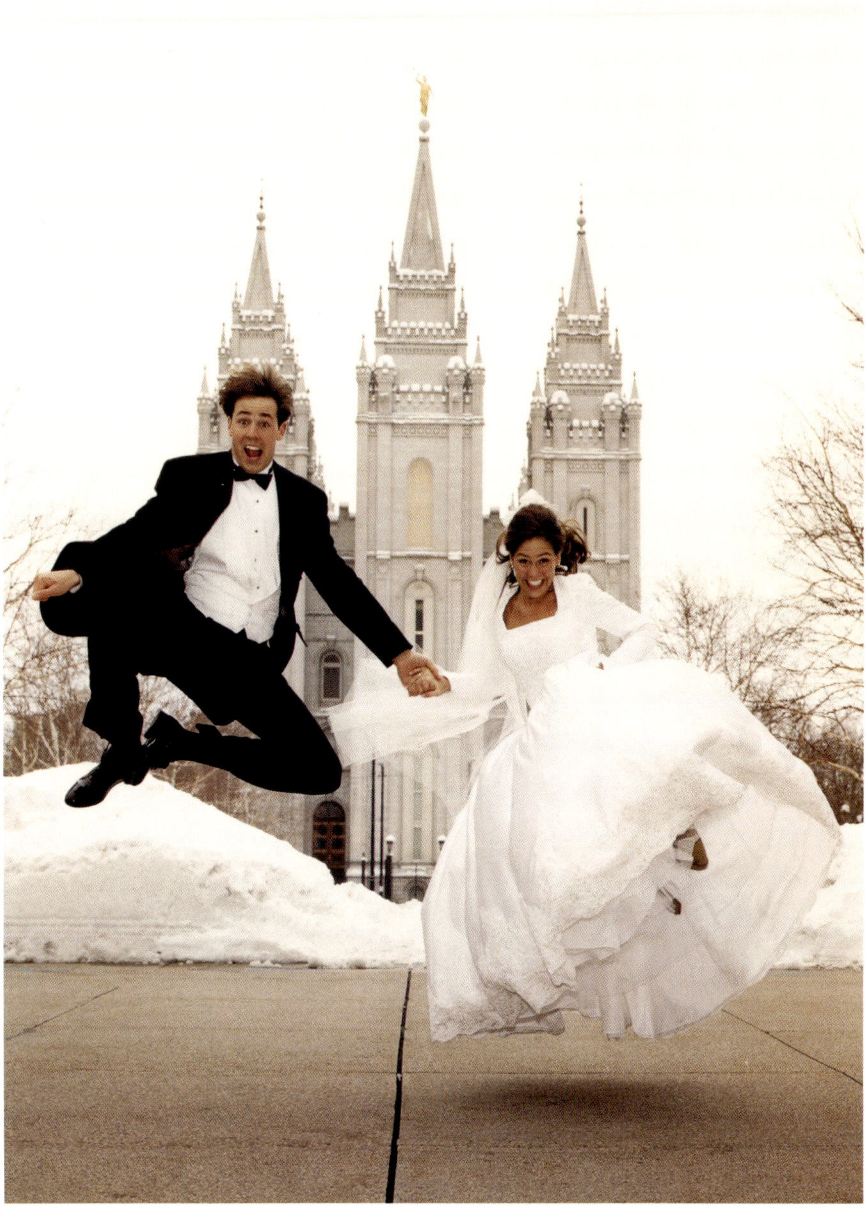

上图：如果电子闪光灯没有定格动作的能力就无法拍摄这种人像。摄影师戴尔·汉森说，"这张照片说明了抓拍动作顶点的重要性。如果你看到动作到了顶点时再试图拍摄，你肯定拍不到了。如果你用眼睛看到了，你就已经错过用相机拍摄的机会了。我总是抢在动作顶点前面，因此，当行为发生时，我的手指已经按下了快门。"戴尔使用哈苏相机和80 毫米镜头创作了这幅人像。照明条件是阴天并使用闪光灯作为辅光。曝光时间1/500 秒，光圈f/8，闪光输出设定在f/5.6。胶卷是柯达PMC 400。

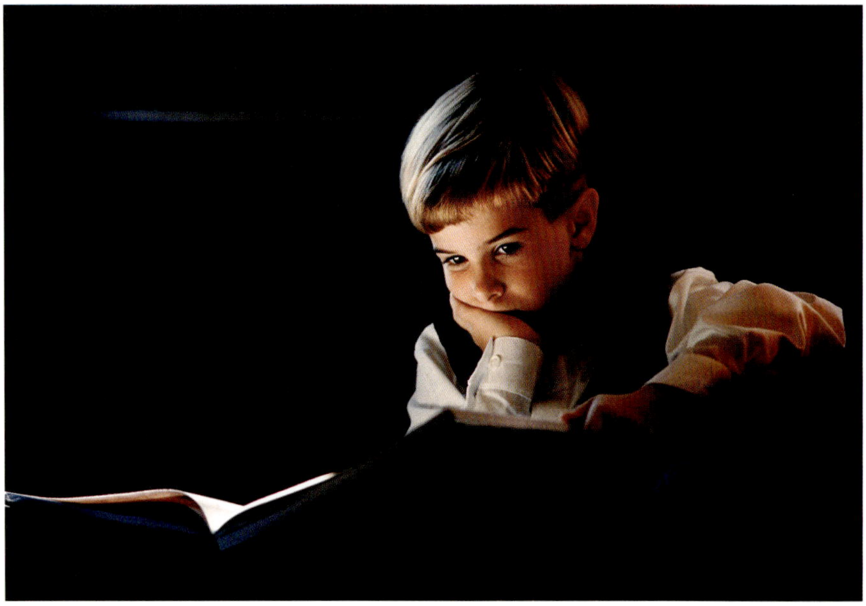

下图：诺尔曼·菲利普斯在这个男孩子家里创作了这幅生动的人像。从男孩还是婴儿的时候起，诺尔曼就应其父母之邀一直为他拍照。光线从房间两侧的两个大凸窗照射进来，拍摄时使用的光圈是f/6.3（脸的主光一侧）和f/5.6（脸的辅光一侧）。曝光是1/60 秒，光圈f/6.3，Pentax 645相机，150毫米镜头。

专家说，当你确实有选择机会时，要选择比最大光圈小1.5～2挡的光圈。例如，f/2镜头的最佳镜头光圈应当是f/4。镜头光圈大开时（最大光圈）理论上会受球形像差的影响；镜头光圈开到最小时（f/16或者f/22）则会受衍射光线的影响。这两种情况都会降低图像的总体清晰度。

人像摄影大师福兹·杜恩凯尔总用f/4光圈拍摄，即使镜头全是f/2.8或者更快。他说，这样做是为了弥补自动对焦可能出现的任何误差。小一点的镜头光圈能提供更大一些的景深，可以弥补轻微的对焦误差。

但是在拍摄半身人像时，最佳光圈通常还是太大，它所提供的景深不够，因此经常需要再缩小光圈。这时所用的光圈只要小到能保证脸部清晰就可以了，不要小到把背景也拍清晰；还要考虑到使快门速度足够快，防止相机抖动或者拍摄对象移动。要注意的是，最佳镜头光圈取决于总体光线强度和你所用的胶卷感光度ISO。

当代人像摄影的趋势是用大光圈、小景深。其效果是形成很窄的聚焦平面，通常跟眼睛在一个平面上。大光圈拍摄产生的一个附带效果是模糊的背景，在户外拍摄时，这种模糊的背景可以非常引人入胜。

快门速度

老式照相馆的人像摄影师常常这样说："无论什么都可以用1/10和10来拍。"也就是说，用速度较慢的大型人像摄影镜头拍摄时，快门速度为1/10秒时，f/10是最佳光圈。如果你的相机固定在三脚架上，而拍摄对象在拍摄过程中又能保持绝对静止，1/10秒是合适的快门速度。但是，这种组合对其他任何场合都不适用。

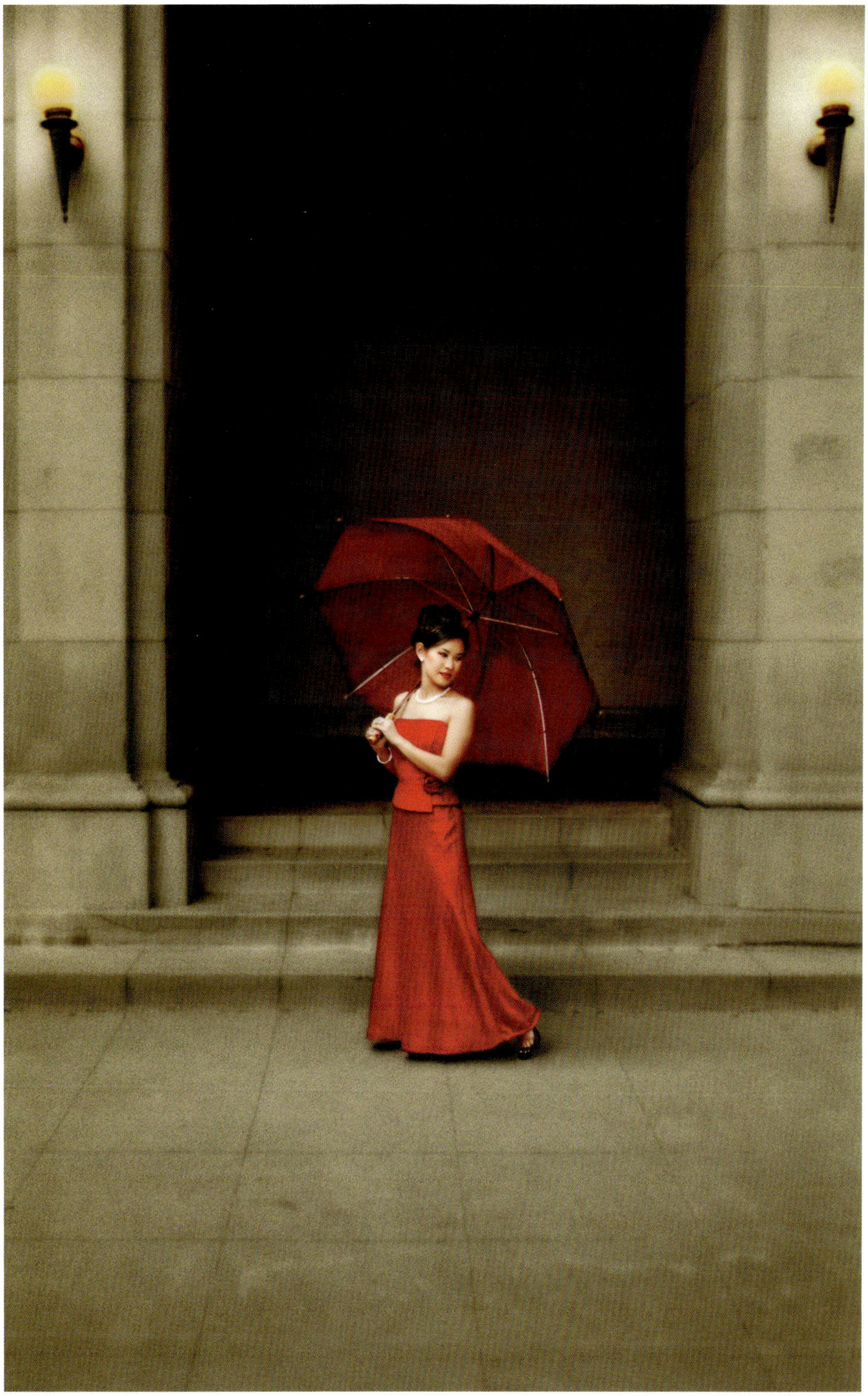

杰瑞·D喜欢在白天晚些时候——接近黄昏时——拍摄，把各种不同的光线融和在他的照片里，像这张照片中的球形灯光。他的快门速度跨度很大，从1/30秒到1/8秒，他的光圈很小，通常在f/4左右。这幅人像是在加利福尼亚州瑞沃塞德市的政府大楼阴影中拍摄的。在Photoshop中，他把石头建筑变暗并加以柔化，还添加了颗粒状的纹理。他增加了人物和阳伞的对比度及色彩饱和度，并在球形灯上添加了一点黄色加以强调。

你必须选择一个能防止相机和拍摄对象移动的快门速度。如果你用三脚架，1/30～1/60秒就足以防止拍摄对象的一般移动。如果你用电子闪光灯，你就被限制在了相机要求的闪光同步速度上，除非你"拖住"快门，也就是说，为了提高环境光的强度，拍摄时的快门速度比闪光同步速度要慢。这样做可以有效地制造一种混合了环境光曝光的闪光灯曝光效果。

室外拍摄时，一般情况下你应当选择比1/60

秒快的快门速度，因为，些许微风也会吹动拍摄对象的头发，从而在曝光的那一刻出现运动。

如果你没有用三脚架，总的原则是，你所用的快门速度应该是镜头焦距的倒数。例如，如果用100毫米的镜头，正常情况下，就用1/100秒（或者再快点，如1/125秒）的快门速度。如果你距离拍摄对象非常近，比如你在拍面部特写，你需要使用更高的快门速度。当你离拍摄对象较远时，就可以用焦距的倒数作为快门速度。

在抓拍或者拍摄运动人像时，要用更高的快门速度和更大的光圈。拍摄这类照片时，让运动定格比用大景深重要得多。

抓拍或者为运动着的人物拍摄时，所选择的快门速度要足以把人物的动作定格下来。如果你拿不准该用什么速度，那就使用仅次于最快速度的那个速度拍摄，以确保照片的清晰度。

胶卷

任何胶卷都能拍出高质量的人像。但是，应该避免使用太慢或者太快的胶卷。用感光度为ISO 25的黑白和彩色胶卷拍摄的人像，反差有点过大，曝光宽容度会很小。使用感光速度较慢、反差较大的胶卷，如果曝光稍有偏差，

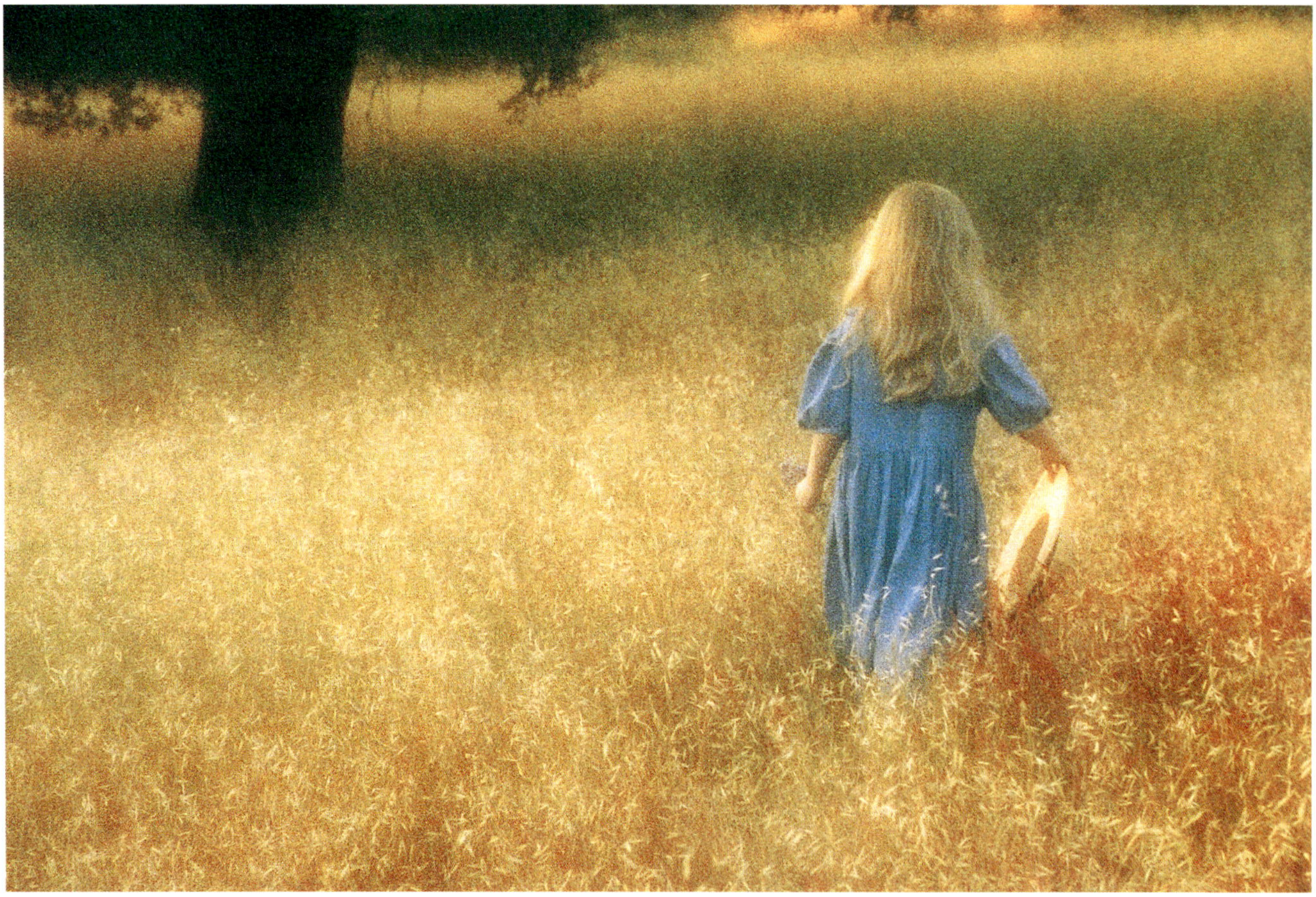

现在的彩色胶卷为当代人像摄影师提供了非常多的工具。拍摄出这样一幅理想的浪漫人像归功于柯达Ektapress 1600胶卷固有的低对比度和令人愉悦的“点画派风格”的颗粒结构。照片中，漫射的落日余晖从左侧照亮了小女孩的头发。拍摄使用了佳能EOS相机，腾龙（Tamron）28～200毫米镜头，设定在100毫米。摄影：罗伯特和苏姗娜·拉弗。

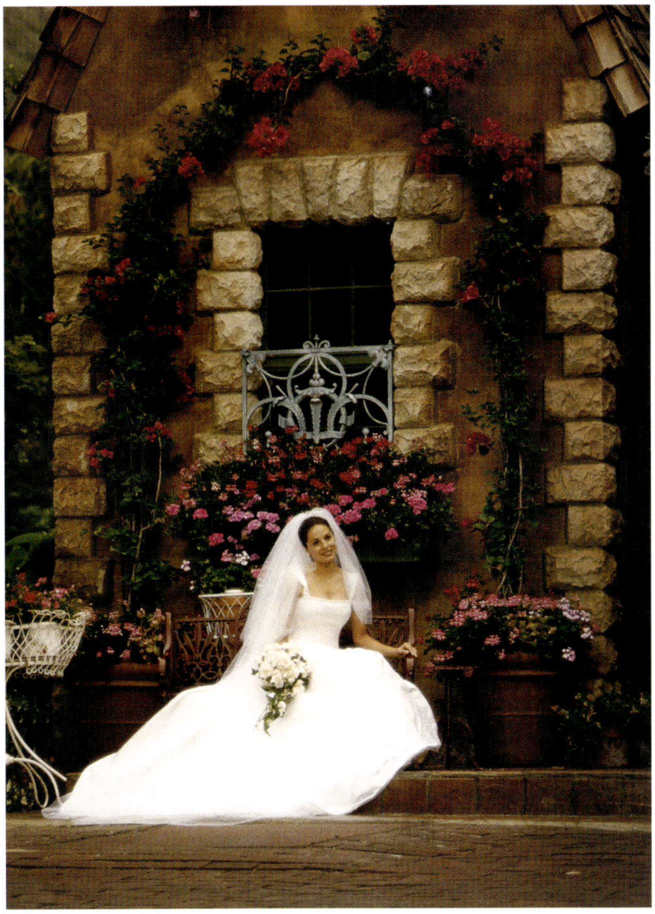

自始至终的完美曝光才可能展现出白色婚纱的美丽和阴暗木门上的细节。这幅照片是清晨拍摄的，当时太阳还没有照到周围的树上。摄影师戴尔·汉森说，“多处空旷的天空充当了巨大的柔光箱。为了更加突出婚纱礼服和让她的眼睛更生动，我稍微加了点闪光灯作为辅光。”戴尔用哈苏相机和180毫米镜头拍摄了这幅人像。清晨的光线作为主光，闪光灯做辅光（闪光灯设为f/5.6）。曝光时间1/250秒，光圈为f/11，胶卷是柯达PMC 400。

你就会丢失暗影和高亮区部分的精致细节。

曝光速度太快的胶卷（尤其是黑白胶卷），在曝光和洗印时有更大的宽容度，但是，它们颗粒太粗，难以在人像摄影中成功应用。一般来说，这类胶卷的对比度比人像所需的要低，但是，至少高速黑白胶卷的对比度能在冲洗胶卷时，或用底片在可调节或高对比度扩印相纸洗印照片的过程中加以改变。

现今，感光度在100到400之间的彩卷几乎没有颗粒结构。它们的曝光宽容度也达到－2挡到＋3挡。当然，我仍然而且将一直推荐使用最恰当的曝光值，因为要说这些胶卷有宽容度，不过是一种掩饰（摄影技术不佳）的陈述。

胶卷系列　柯达和富士公司都提供“系列”彩色胶卷。各系列都有不同感光度的胶卷，例如从ISO 160到ISO 800，而且，尽管颜色底色相同，但各种胶卷之间要么对比度不同，要么色彩饱和度有变化。柯达公司的Portra系列胶卷的感光度从ISO 160到ISO 800，但其自然色（NC）型和鲜艳色（VC）型是有变化的。柯达甚至还有ISO 100的钨灯平衡Portra型胶卷。富士彩色人像胶卷的感光度范围与柯达胶卷类似，不同胶卷再现的皮肤色调也相似，而且在混合光线条件下拍摄的效果也很好，这是因为富士胶卷增加了第四层感光乳剂。这些都是拍摄人像的理想胶卷，因为在同一时间可以同时使用这些不同感光度、不同规格的胶卷，在最后冲洗好的照片中只能看到细微的差别。这些胶卷的另一个优势是，它们有着相似的洗印特性和相同的扫描仪设置，也就是说，感光度不同的胶卷可以用相同的扫描仪设置扫描。

黑白胶卷　和彩色人像相比，黑白照的对比度成了更重要的因素。在彩色人像中，你拍出的人像的对比度限定在一定范围内。彩色相纸也只有那么大对比度，并且不会有多大的改变。相反，黑白负片的对比度在冲洗过程中能增加或者减少（冲洗底片时延长显影时间就可以增加对比度；减少显影时间就可以减小对比度）。

了解这一点非常重要，因为你拍摄的人像对比度的变化会很大。在耀眼的阳光下拍摄，又几乎没有辅光照明，或者在其他强对比光线条件下拍摄的人像照片，冲洗时应当减少至少10%的显影，以改变对比度。在柔和、无阴影的光线里拍摄的人像照片，例如用反光伞照明，对比度较低，因此，冲洗时至少增加10%的显影，有时甚至20%。这样洗出的底片比正常洗出的底片更容易洗印，并且，洗出的照片会保留重要色调区里的更多细节。

数码拍摄

ISO的设定　数码相机的ISO设定与胶卷感光速度紧密相关——但每幅数码照片之间的ISO可以增加，也可以减少，这使数码摄影本质上比胶卷摄影更灵活。用胶卷拍摄时，整卷胶卷的感光度都必须锁定为一个值。

跟用胶片拍摄一样，ISO的设定越低，噪点

（数码照片上相当于颗粒的东西）越小、反差越大。用较高的ISO（如ISO 1600）时，曝光时会产生许多数字噪点。很多数码影像处理程序带有减少杂色的滤镜，它能自动减少杂色等级。一些新产品，如Adobe Photoshop所用的减少杂色滤镜插件nik Multimedia’s Dfine，就能在拍摄后有效减少影像的杂色。

对比度 跟用胶卷拍摄不同，用数码相机拍摄时，对比度是个可控制变量。专业级的数码单反相机有对比度设置，多数摄影师都把该值设定在低对比度上。获奖婚礼摄影师克里斯·贝克说，“对比度应当尽可能地设定在最低值。拍摄后再增加对比度很容易，但要减少对比度就困难多了。”

黑白模式 一些数码相机提供黑白拍摄模式。多数摄影师觉得这个模式很方便，因为它能让他们瞬间从彩色模式转换成黑白模式。当然，这种转换在Photoshop中也可以轻松实现。

图像格式 用数码相机拍摄时，数码文件就是你的“底片”。数码单反相机提供了以多种格式拍摄图像的方法，但两种最常用的格式是：RAW和JPEG格式。

拍摄RAW格式图像的优点是，它们能最大限度地保留拍摄时的图像数据。如果你匆匆忙忙地拍摄，并且需要更快的拍摄频率，那么RAW图像会让你慢下来。它们还会很快填满存储卡或者微型驱动器，因为这种图像文件更大。打开RAW格式文件也需要专用的RAW图像处理软件，它可以把数据转换成可用的格式。如果你用RAW模式拍摄，就把所拍的文件仍然备份成RAW格式，因为这些是你的原始图像。

其他相机还允许用精细JPEG（有时也被称为最佳质量JPEG）模式拍摄。用JPEG模式拍摄的图像文件小一些，因此你可以在一张记忆卡或存储介质上存储更多的图像。把JPEG图像写入内存也不用花那么长时间。这样，你拍摄起来会更快。JPEG图像的最大缺点是，它们是经过“有损耗”格式压缩的，也就是说，由于反复打开和关闭，图像质量会下降。多数用JPEG模式拍摄的摄影师要么在每次修改后保存一个新拷贝，要么保存成TIFF格式，这个格式使用“无损耗”压缩，因此它能在反复存盘的情况下不降低图像质量。

白平衡 数码相机的白平衡设置能让摄影师在各种不同的预设光线条件下，正确平衡图像色彩，包括日光、闪光灯、钨灯和荧光灯等。一些数码相机还允许摄影师选择用开氏温标表示的色温设置。温标设置和一天的时间有关。例如，日出前的光线可能需要的白平衡设置为2000°K，而阴沉、多云的天气需要的白平衡可能是8000°K。多数数码单反相机还提供自定义白平衡设置，这对混合光、多数室内可用光及照相室闪光灯下拍摄都很重要。

如果你拍摄最优画质JPEG图像，精确的白平衡尤其重要。而用RAW图像模式拍摄，白平衡就没有那么重要了，因为这些图像比压缩的JPEG图像包含更多的数据，随后也更容易修复。

在一个不易断定光线性质的场景中拍摄时，很多摄影师遵循的做法是，在场景中选择一个白色区，用相机的自定义白平衡将其中和。如果你这样去做，在此后的拍摄中你保证会在光线的判断上相当精确。

> **如果你拍摄**
> **最佳质量JPEG图像，**
> **精确的白平衡尤其重要**

专业数码摄影师信赖的一个附件是华莱士曝光盘（www.expodisc.com）。Expo Disc像个滤镜一样加在镜头上为你提供完美的白平衡和精确的曝光。这个公司还生产了一个专业模板，能让你在拍摄时创造暖调白平衡。把这个附件看成一个精确测量白平衡的仪表，白平衡对拍摄数码照片非常重要。

曝光

黑白胶卷 拍摄黑白照片时，你的目标是拍出可靠的纹理细密的底片，尽最大可能展现高光区和阴影区的细节。如果你发现正常曝光的底片对比度太大，或者反差不足，相应地减少或者加重显影。

如果底片经常曝光过度或者曝光不足，那么，你必须调整你正在使用的胶卷速度。例如，如果你用的是中速胶卷（ISO 100或者125），而底片总是曝光不足，就降低胶卷的感光度（设定为80或者64）设置。如果底片总是曝光过度，就提高胶卷感光度设置。

不过，开始调整曝光和显影之前，你应当确信你知道曝光误差和显影误差的区别。曝光不足的底片缺少足够的阴影细节；显影不足的底片缺少足够的对比度。曝光过度的底片缺少高光区细节；显影过度的底片对比度太大，但可能还有足够的高光区细节。如果你不能确定，而且多数人确实也无法确定到底是显影过度还是曝光过度，那就把你怀疑的底片试洗成照片。如果你即使把它洗暗些也得不到高光区细节，就说明底片是曝光过度。如果只有在底片洗暗时才出现高光区细节，就说明你的底片是显影过度。

彩色负片 现在，多数彩色胶卷的宽容度都非常大——从－2挡到＋3挡。这常常导致养成马虎的习惯，因为你知道你可以指望胶卷来处理曝光误差。但是，最好的底片永远是正确曝光的那个。正确曝光的底片会产生丰富的阴影细节和精致的高光区细节。

数码 数码曝光远不如彩色胶卷那样宽容。它几乎就不存在宽容度。大多数码摄影师都把数码摄影比做用透明胶片摄影。透明胶片的曝光宽容度通常是± 1/2 挡。用透明胶片拍摄，任何曝光不足或曝光过度都会导致拍摄失败；拍摄数码照片时，曝光不足尚可挽救，但曝光过度的图像（没有高亮区细节）则永远找不回来了。最初曝光时就已经不存在的高光区，你根本不能恢复。由于这个原因，多数数码照片在曝光时要确保整个高光区的所有细节和中间色调。阴影部分要么就让它曝光不足，要么用辅光或者反射器增加亮度。

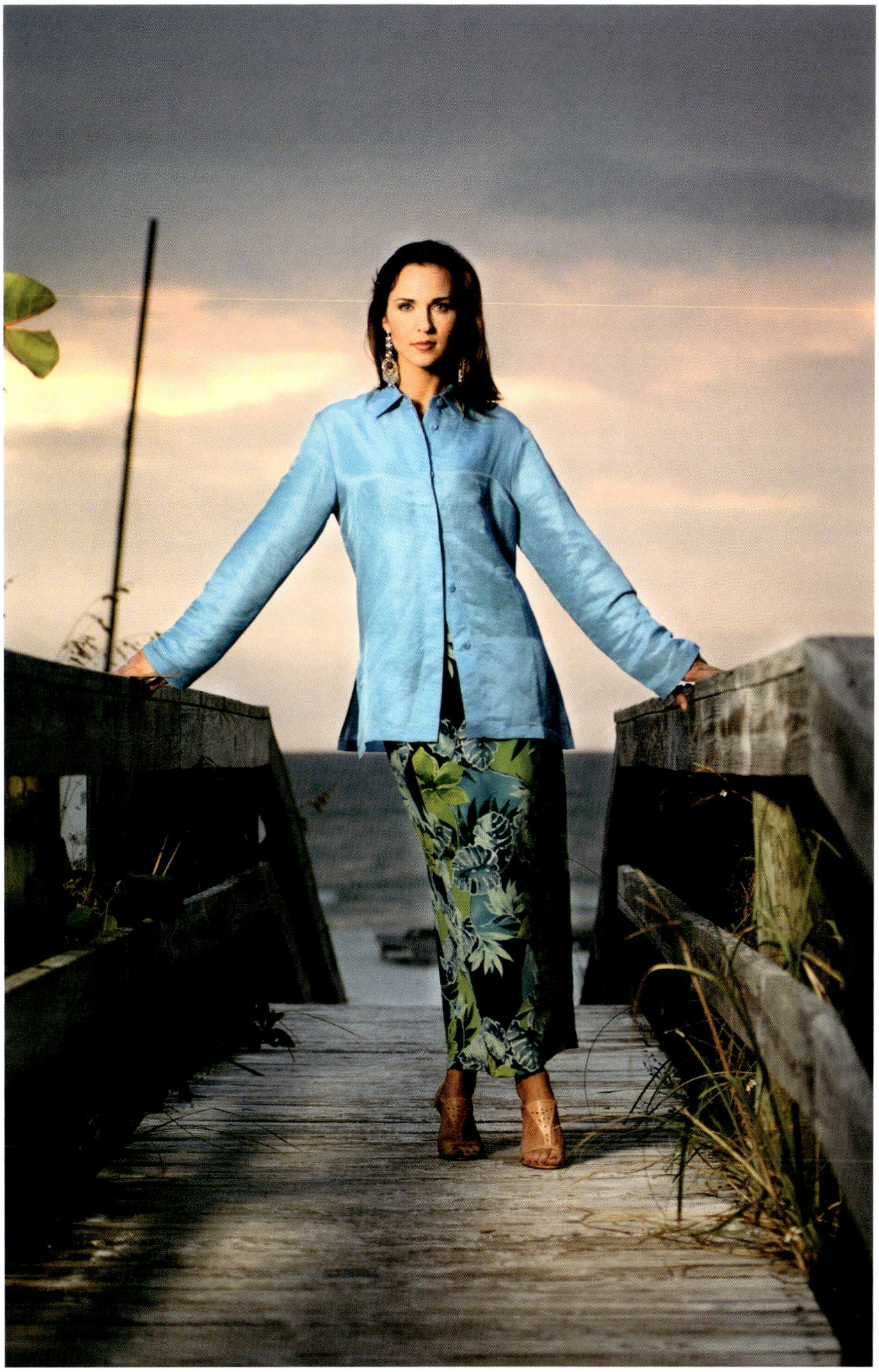

对于这种场景，通过曝光计知道背景的效果很重要。安东尼·卡瓦是为服装设计名录拍摄的这幅商业人像。他测量了现场光，决定少用几乎一整挡来让背景曝光不足，并利用照相室用的那种带反光伞的闪光灯加强人物面部光彩和为面部造型。灯光置于人物右侧高过头顶的位置，创造了类似于“环形光”的模式。他没有用辅光。拍摄本图使用了尼康 D1X 相机，80～200 毫米变焦镜头（设定在80 毫米），曝光时间1/30 秒，光圈为f/3.5。

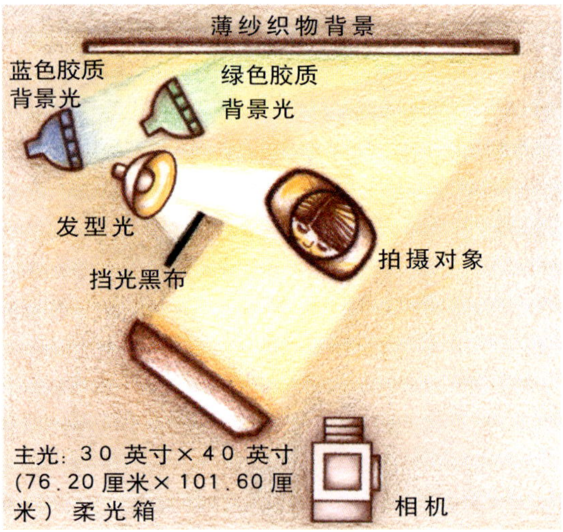

时尚摄影用光需要大型的漫射光源。在这幅照片中，摄影师斯蒂芬·但泽用一个30 英寸×40 英寸(76.20 厘米×101.60 厘米)的柔光箱做主光。发型光和背景光源较小，漫射程度也较轻，但仍是柔光。在拍摄对象左侧的"发型光"前面用黑布挡住一些光线，避免直接照到镜头上产生眩光而降低图像质量。为使光线保持柔和，大光源最好靠近拍摄对象——光源离拍摄对象越远，图像反差越大，漫射程度越小。主光输出设定为 f/11。没有用辅光。发型光设置为 f/8。两个背景灯的输出设置也是 f/8，这一黄一蓝两个胶质灯在背景处产生了混合光。曝光速度1/125 秒，光圈为 f/11。

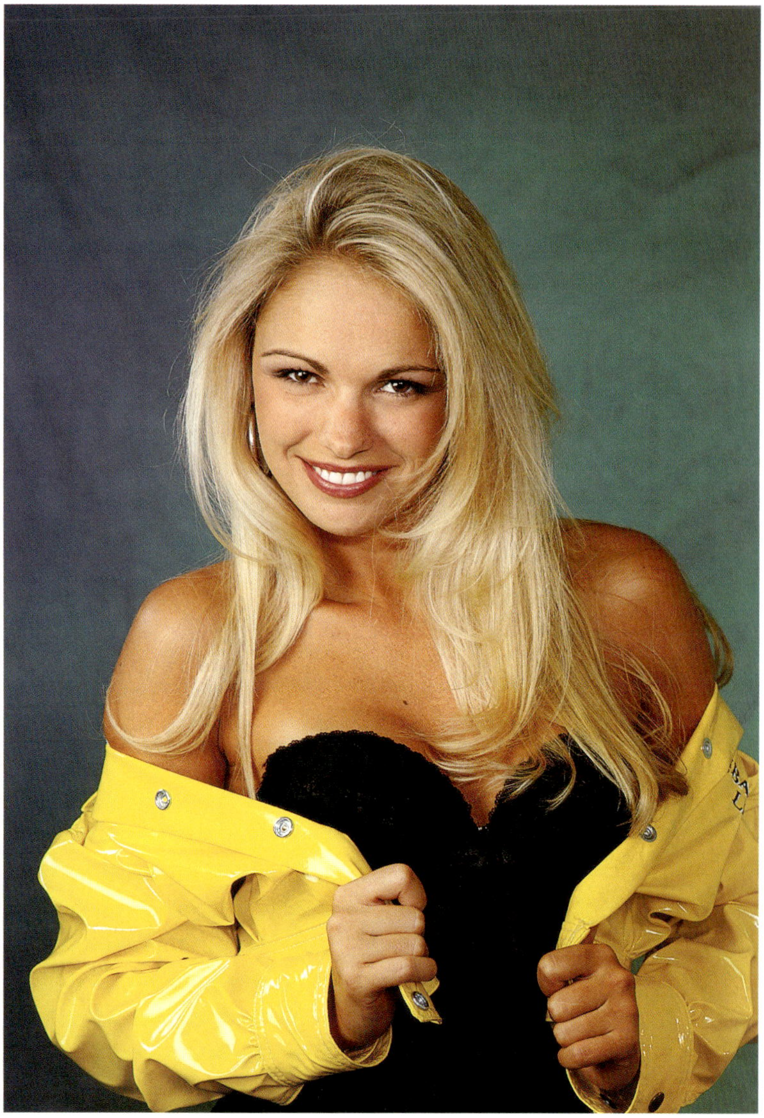

要评估数码照片的曝光情况，你可以利用直方图和/或者液晶显示屏上的图像进行评估。到面前为止，更可靠的是直方图。但是，液晶显示器可以迅速提供参考（为确保图像清晰进行检查时尤为有用）。

直方图就是用图形表示影像文件的色调。它显示每一个亮度等级的像素值。亮度等级范围是0～255，0 表明是纯黑，255 表明是纯白。

在色调范围恰当的图像中，直方图会填满整个表（那就是说，它有阴影区和高光区的细节，也有居于两者之间的细节）。当照片包含详细的高光区时，其数值会在235～245 之间；当照片包含详细的阴影区时，其数值将在15～30 之间。直方图可能显示的是从头至尾的细节（0～255），但是，它将处于两个极端值（当色调接近纯黑和纯白时）之间。

直方图依赖场景。换句话说，阴影区和高光区的数据量与拍摄对象、拍摄对象的照明方式和拍摄方式有直接关系。直方图还为图像色调幅度提供了一个总体印象，也提供了图像"调子"。一个低调图像有大量的数据在阴影里，因为色调集中在这儿；相反，一幅高调图像会把色调集中在高光区。中调图像的色调主要处在中间色调。一个包含所有色调范围的图像在直方图的所有区域都有相当数量的数据。

测光

反射光测光表 由于曝光对拍摄一张好的人像照片非常重要，因此正确测量场景的光线就十分关键。相机内置测光表可能不会给你提供稳定而精确的结果。即使相机内置复杂的多模式反射式测光表，亮度模式仍会影响至关重要的皮肤色调。通常这些测光表都是中心加权，因为多数拍摄师喜欢把拍摄对象放在画面中央。

这些测光表的问题源自这样一个事实：测光表测量的是场景中所有亮度的平均值，从而得出一个普遍能接受的曝光值。确切来说，内置式测光表的设计是提供一个色调相当于反射率为１８％灰卡的读数。即使对于那些被太阳晒黑的、或者黑皮肤的拍摄对象来讲，这个数值也太暗了。因此，如果你用的是内置式测光表，一定要按拍摄对象前面的１８％灰卡测光，灰卡一定要大到能充满画面的大部分。如果使用手持式反射光测光表，也要这样做。

入射光测光表　另一种理想的人像摄影测光表是手持式入射光测光表。它不测量拍摄对象的光线反射率，而测量照射到场景内的光量。你只需站在你想要拍摄对象所在的地方，将测光表的半球面正对着相机镜头，然后测个读数。要保证你所测的光就是要照射到拍摄对象身上的那束光。这种测光表测出的结果极为稳定，因为它测量的是照射到拍摄对象身上的光，而不是拍摄对象反射的光。它不太可能被高反射性或者吸光表面所影响。

入射式闪光仪　手持式入射闪光仪对室内和户外拍摄都至关重要，当使用日光和闪光的混合光拍摄时，你尤其需要它。它也可以用来测量光比。当你在一个大房间里使用多盏闪光灯、并且试图测量光线的总平均值时，手持式入射闪光仪就尤其宝贵。闪光仪也是环境入射光测光表，意思是，它测量落在拍摄对象身上的光，而不像内置式测光表那样去测量光源或拍摄对象反射的光。

光线与光线调节器

持续光和闪光　就用光设备而言你有很多种选择，而光源也是有着无休止争论的话题。不过，三种基本用光设备依然是便携式闪光灯、持续光设备和照相室闪光灯。

在专业人像摄影界，便携式闪光灯通常只适合做辅助光源。尤其应当避免使用相机闪光灯，因为它的光太亮、太平淡，无法表现脸部的立体效果或者勾勒出拍摄对象的面部轮廓。另外，这些设备没有展示用光效果的造型光，使预测用光效果即便并非完全不可能，也非常困难。相反，使用带有用光模型的持续光源或照相室闪光灯，你在拍摄时就能看到用光效果。使用两种灯的任何一种，都比便携式闪光灯有更多的光用来对焦。

到底是用持续光光源还是照相室闪光灯，选择权在你。无论用哪种用光方式，你都可以获得极好的效果。

无论你在室内
还是户外拍摄都需要
一个手持式入射闪光仪

与瞬时光相比，持续光的确有一大优势：由于光源既是造型光，也是实际拍摄用光，你能确切地看到你所用的照明情况。不过，当你用持续光拍摄彩照时，你必须要么使用钨灯平衡胶卷，要么在使用日光平衡胶卷时附加色温滤光片。查阅一下胶卷资料再决定，你到底需要什么滤光片来平衡照明设备的颜色。当然，用数码相机拍摄时，达到色温平衡就非常简单了：把白平衡调到恰当的色温设置，或者为了达到更精确的结果，自定义白平衡设置。

用照相室闪光灯照明时，你可以用任何日光平衡胶卷（闪光灯的色温和日光色温非常接近）。实际上，这些设备所需功率比持续光源需要的功率小得多，还有，用几个闪光灯拍摄时，它们很少（或者不）产生热量——这或许是使拍摄对象感觉舒服的一个重要因素。用照相室闪光灯时，造型光（一种持续光源）只是用光的向导，而不是真正使胶卷曝光的光源。然而在多数情况下，造型光非常准确。

光线调节器　到目前为止，人像拍摄中最流行的光线调节器是反光伞和柔光箱照明，它们可以使光线变柔和、使面容更悦目。光源及光源调节器可置于相机上面，可以拍摄时尚效果；而置于相机两侧就可以拍出更传统的人像。尽管这些光源非常柔和，仍然有必要在面部的阴影处补光以免阴影区看上去“很呆板”。

反光伞　无论你使用闪光灯还是持续光源都可以

利用反光伞。如果使用石英灯或者钨丝灯加反光伞，一定要非常小心，别让光源离布料太近，否则容易引起火灾。

摄影用反光伞通常有白色或者镀银衬里。与不光滑的白色反光伞相比，带镀银衬里的反光伞可以产生类似于轮廓光的直射光。使用强度相同的光源时，有镀银衬里的反光伞可以做主光，因为它增大了光的强度而且方向性强。它还能在面部总的高亮区里制造奇妙的有光泽的高光区。不光滑的白色反光伞可以用做辅光（有一些被称为“斑马”的反光伞，其衬里是白色和镀银交替，它既能产生白色反光伞带来的那种柔和效果，还有镀银衬里反光伞制造的那种亮光）。

灯在反光伞内的位置不同，产生的柔和度不同，你可以试验一下。多数摄影师喜欢把灯置于伞柄的最高点，那样所有灯光都处在反光伞的伞面以内。把灯放在伞的中央可以得到最均匀的光。这就是为伞“对焦”，这样能最有效地使用灯光。

一些摄影师把反光伞倒过来用，就是把灯光和伞倒转，让灯光透过反光伞再照到人物身上（而不是用伞把光反射到人物身上）。这种透过伞面照到人物身上的光比照到伞上再反射到人物身上的光方向性更强。当然，你无法让光源透过镀银衬里的反光伞，因为镀银材料差不多都不透明。

柔光箱　柔光箱是用黑色织物覆盖的箱子，正面是一层白色漫射材料。一些柔光箱有双层漫射材料，第二层是在灯上加的一层薄纱。使用柔光箱时，发光装置放在箱子内部，光线透过箱子正面的漫射材料照射出去。因为发光装置放在箱子里面，多数柔光箱只能用闪光灯（前面讲过，闪光灯产生的热量比持续光少）。为了增强灯的功率和强度，一些柔光箱可以使用多盏闪光灯头。

2. 摆姿和构图

为人物摆姿势的原则早已形式化并成为一种传统。这些原则经过几个世纪的改进，已经被人们接受，成为用二维手段表现三维人像的标准方式。

你不必拘泥于下列摆姿和构图的规则，但应该理解它们，因为这些规则告诉我们很多表现人物最佳状态的方法。像所有

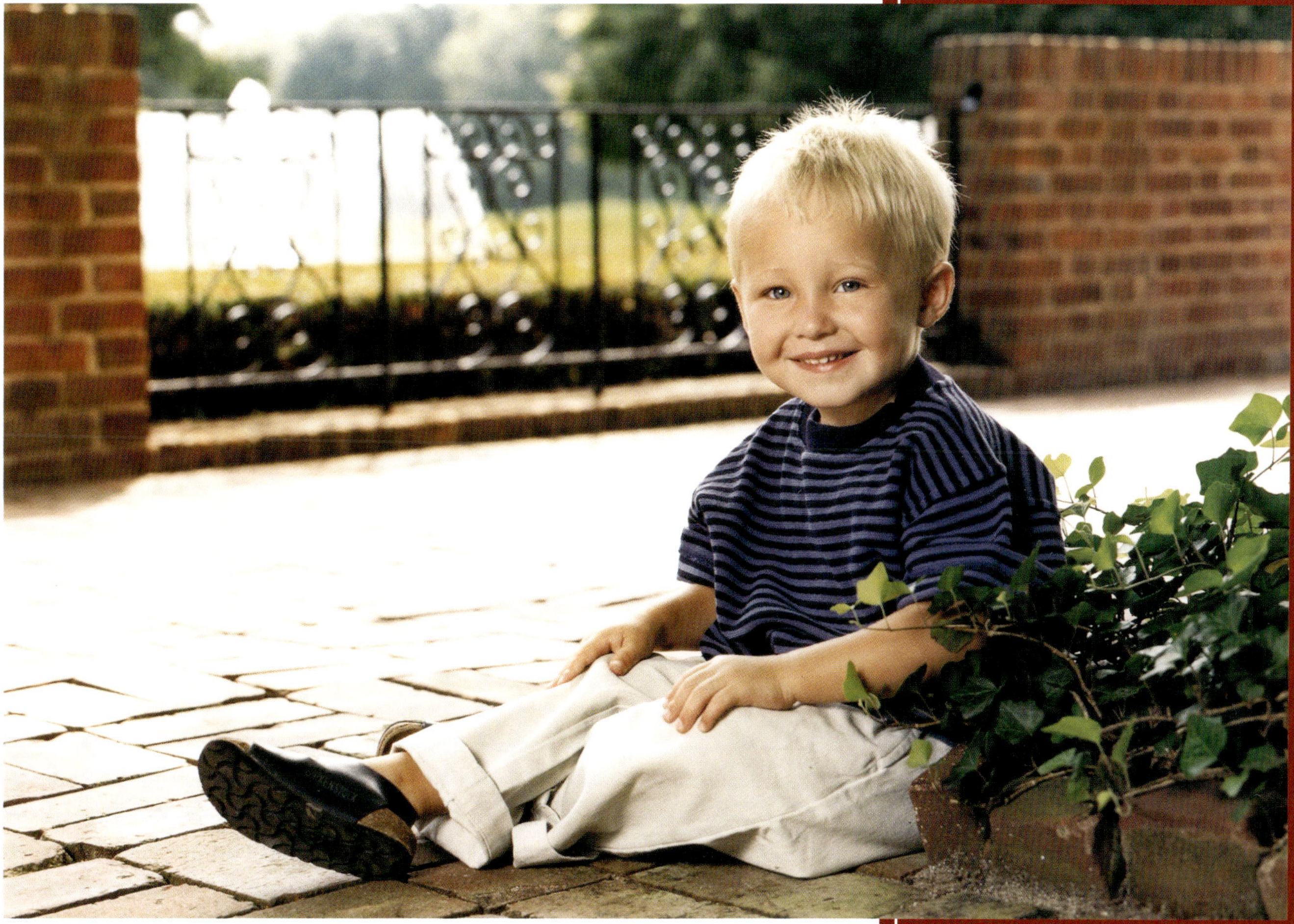

即使拍摄小孩这种不太合作的人物时，头和肩的定位也很重要。照片中，摄影师让他摆了一个典型的男孩子姿势：面部和肩膀轴线在同一方向。摄影：大卫·班特利。

的规则一样——尤其艺术规则——它们需要经常被突破。如果没有创新，人像摄影技法就成了一门呆板的学科，完全失去了情感和美感。

让拍摄对象感觉舒服

摄影师首选必须让拍摄对象感觉舒服。摆姿用的矮凳和长椅可以买到，它们可以在确保拍摄对象摆出优美、笔直姿态的同时感觉很舒服。这些东西在摄影室拍摄非常方便。但是，在室外拍摄时没有凳子怎么办？你必须找一个让人感觉舒适的地方——例如树下或者篱笆下的一片草地。让你的拍摄对象摆个自然的姿势——让其感觉良好的姿势。如果拍摄对象看起来自然而且放松，那么他们摆出的这些姿势对他们来说一定很自然。

注意头和肩轴线

人像摄影的一条基本原则是：拍摄对象的双肩应该和相机有一定的角度。让双肩正对相机，人像看起来比真人要宽，构图也比较呆板。有时候头要转到一个跟双肩不同的方向。为男人拍摄时，他们的头和双肩的方向往往一致；但为女人拍摄，她们的头和双肩的方向经常不同或相反。

在上半身人像中，拍摄对象的胳膊不应该置于身体两侧，而要向外突出，形成一个平缓的斜线，成为整个构图的一个基点。你可以要求拍摄对象两手交叉，放在腰部位置。例如，拍摄站立的男性人像时，只要让他把手放到衣袋里就可以把他的胳膊和躯干分开了。让拍摄对象采用这种姿势可以让他的上臂和躯干之间稍微有点空，让躯干看起来更苗条，避免胳膊的外形产生呆板的效果。这样也能为构图形成一个三角形基线，把观赏者的注意力向上吸引到人物的面部。

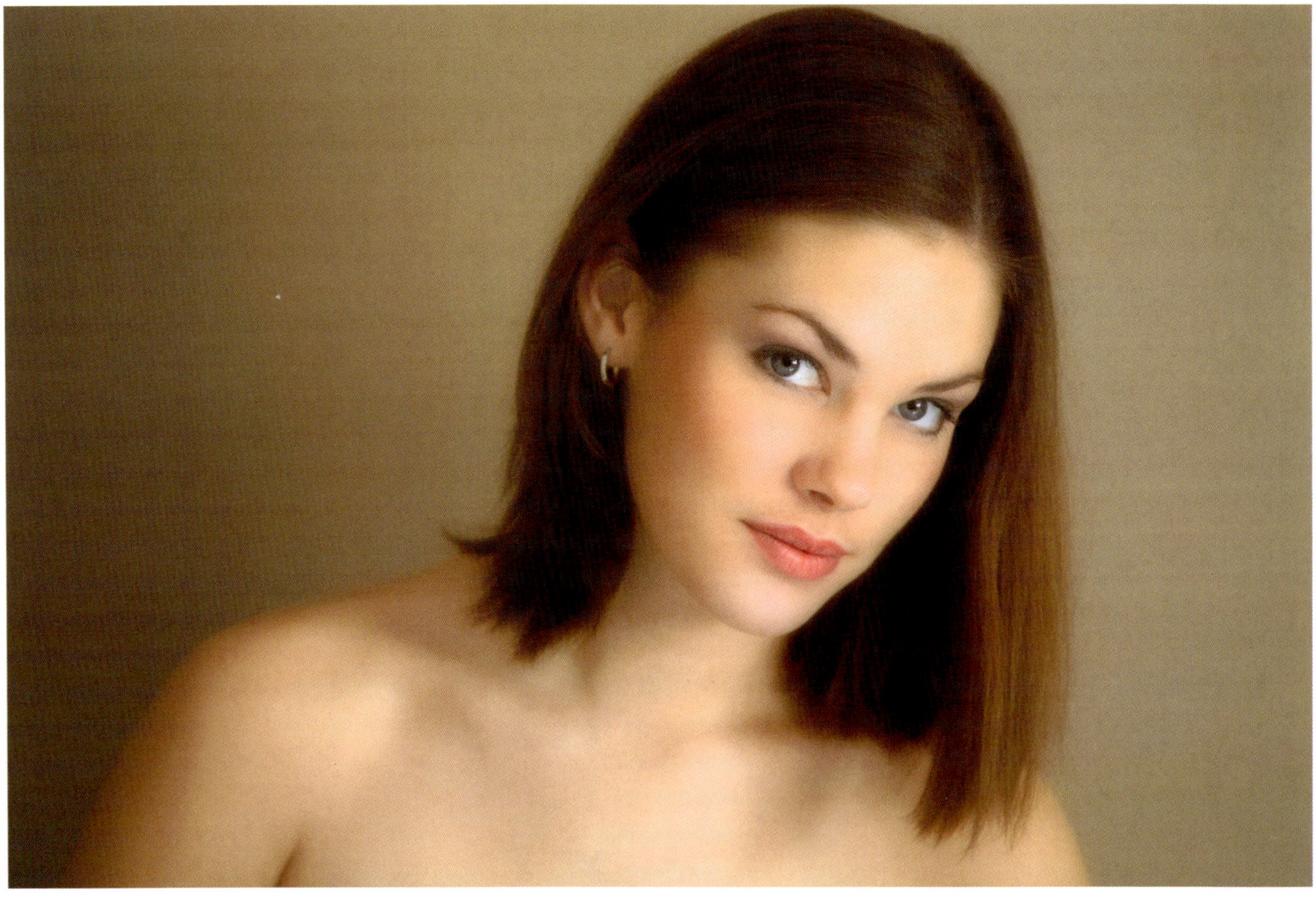

头部的基本姿势采用的是八分之七或四分之三视图（如图）和侧面照。四分之三视图的姿势很生动，但注意让拍摄对象较小的眼睛靠近相机，那样，根据透视原理，两个眼睛看起来就基本一样大，就像这张照片这样。摄影：福兹·杜恩凯尔。

拍摄对象应该站直或者坐直，但是要确保他们看起来不要显得呆板僵硬。

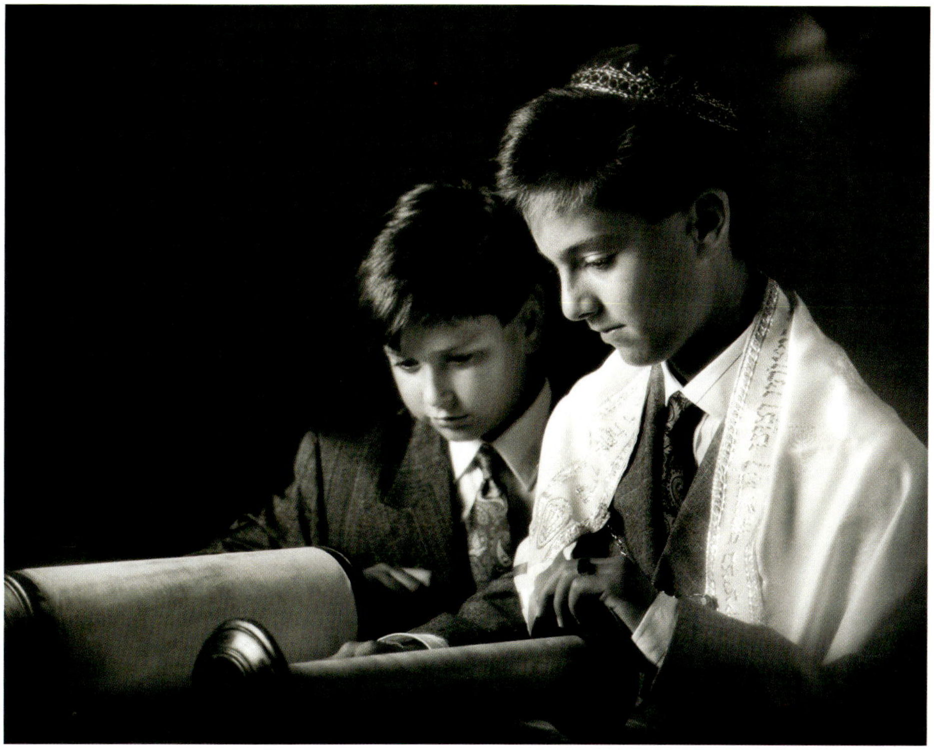

这个生动的姿势包括了一个四分之三面部视图和一个侧面人像。注意看侧面照的摆姿，男孩的脸刚好转到右边的眉毛和睫毛被挡住。还要注意，摄影师娴熟地只让光线照到两张脸的平坦部位，制造生动的光比来表现人像照的自然。摄影：大卫·班特利。

头部姿态要领

人像摄影有3 种基本的头部姿势：八分之七视图、四分之三视图和侧面照。除了头部的三种姿势，双肩应该和相机形成一定的角度。唯一的例外是，你想突出被摄人物的块头（如运动员发达的肌肉）或者想让太过瘦小的他／她略显丰满。在这种情况下，即使正面拍摄也不会让他们看起来块头太大。选择优秀摄影模特的一个基本要求是：她应该比较瘦，因此如果需要，即使给她拍摄正面照也不会显得不自然。然而，即使拍摄正面照片，脸也应当往一边稍稍偏转，避免拍出的照片看起来像“嫌疑犯照片”。

八分之七视图　所谓八分之七视图是指拍摄对象面部稍微偏离镜头。换句话说，当你透过相机观察时，能看到拍摄对象的脸一边比另一边多一点。在这种视图中你仍能看到拍摄对象的两个耳朵。

四分之三视图　在四分之三视图中，离镜头远的那只耳朵看不到，能看到的脸的一侧也比另一侧多得多。采用这种姿势，离镜头远的那只眼睛看起来小点，因为它比离镜头近的那只眼睛实际距离远。采用四分之三视图时，重要的是让拍摄对象较小的那只眼睛（通常来说，人都是一只眼睛比另一只稍小）位于靠近镜头的位置。采用这种方法拍摄，由于透视原理，两只眼睛看起来就一般大了。

侧面人像　在侧面人像中，面部和相机的角度几乎是90°。这时只能看到一只眼睛。拍摄侧面照之前，应引导拍摄对象这样摆姿：慢慢把头转离相机，直到离镜头远的那只眼睛和睫毛从视线中消失。当看不到较远的那只眼睛的睫毛时，你就得到了一个好的侧面照姿势。

头部稍微倾斜

拍摄每幅人像时，都应该让拍摄对象的头部稍微倾斜一定角度。这样做能让人眼睛的自然线条倾斜。面部没有倾斜时，眼睛的连线是直的并与照片的底线平行，使构图显得呆板。让面部向左或向右倾斜，直线变成了斜线，姿势就生动多了。

头是向离镜头近的那个肩膀倾斜，还是向离镜头远的那个肩膀倾斜，人像摄影师们有时会有争议。传统的原则是：为男人拍摄时，头部向离镜头远的那个肩膀倾斜；为女人拍摄时，头部向离镜头近的肩膀倾斜显得更有女人味儿。这些规则经常被打破，因为头部朝哪个方向倾斜效果更好，因个人和照明情况而异。但是，在这里还是要把这条规则提出来，由你自己决定。

无论是哪种情况，为了看起来自然，头稍微

倾斜一点就行，不要太夸张。

眼睛的拍摄要领

人们都说眼睛是“心灵的窗户”。尽管这话有点陈词滥调，但面部的主要看点无疑就是眼睛。人像摄影师必须牢记这些话——确实是这样，眼睛是面部最富于表情的部位。如果拍摄对象心烦或不舒服，你就能从他/她眼睛里看出来。

让人物的眼睛生动和有活力的最好办法是跟他/她交谈。在布置场景时要看着你的拍摄对象，并试着找到一个共同关心的话题。人们几乎都喜欢谈论自己！如果你们谈话时她/他不看你，可能是不舒服，或者害羞。无论是哪种情况，你都必须努力让拍摄对象放松，鼓励他信任你。多试几个话题，当你发现他对某个话题很感兴趣时，就接着这个话题谈下去。由于你抓住了他的兴趣，你就能把他的注意力从拍摄人像照片上引开了。

人物凝视的方向最为重要。拍摄开始时，要让拍摄对象看着你。把相机装在三脚架上，拿着一根快门线，你就成了主人，就能自然地抓住拍摄对象的注意力。当他注视着镜头的时候最好多拍几张，但多数人都喜欢有点变化。由于盯着机器的时候缺乏与人的交流，长时间盯着镜头会让你的拍摄对象感到厌烦。

让拍摄对象的眼睛生动起来的最好办法是讲个有趣的笑话。如果他们喜欢这个笑话，他们的眼睛就会微笑，这是人类最可爱的表情。

眼睛里有颜色的部分是虹膜，它应该紧挨着眼睑。换句话说，虹膜的顶部或底部与眼睑之间不应该有空白。如果有空白，让他/她稍微往下看一点。

瞳孔的大小也很重要。如果在强光下拍摄，瞳孔会很小，拍摄对象的眼睛看起来就像一颗珠子。纠正的办法是，让他们在拍摄之前闭眼片刻。这样做会让瞳孔恢复到正常大小，就可以拍摄了。

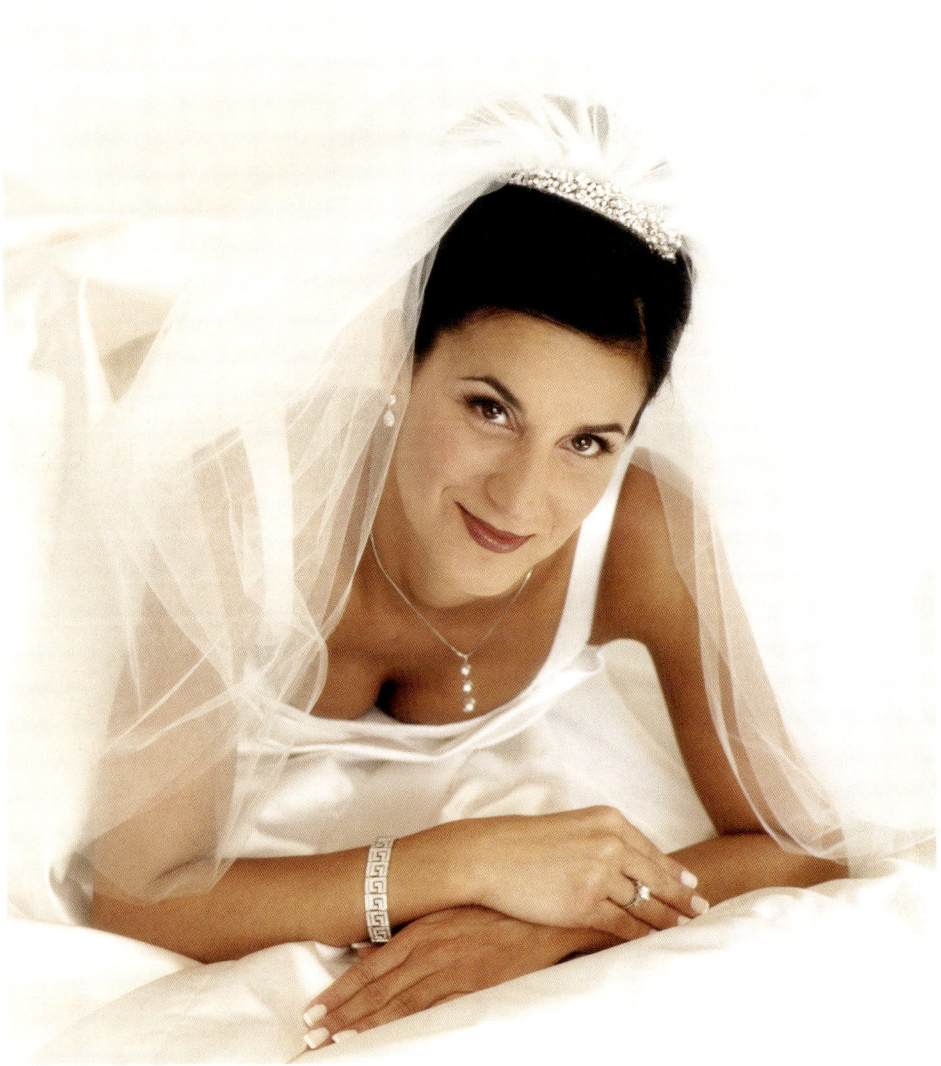

要拍摄漂亮人像，一个最好的方法就是与拍摄对象和谐相处。这幅照片的摄影师和拍摄对象的关系显然“不错”，因为新娘的眼睛生动有神，她的嘴很放松而且还带着美丽的微笑。相机采用高角度，选用了不同寻常但令人愉快的透视法。米歇尔·赛林塔诺用勃朗尼卡SQ-Ai相机和110毫米镜头拍摄了这张照片。胶卷是富士NHG II 800，曝光时间1/30秒，光圈f/5.6。人像的用光是透过窗户的自然光，并在新娘脸部下方使用了镀银反射器。

相反，如果你在柔和的光线下拍摄，瞳孔会看起来太大，使人物的眼睛显得空洞。这种情况下，为了让瞳孔收缩，要让拍摄对象盯着附近最亮的光源稍看片刻。

嘴的拍摄要领

通常来说，各种表情的人像都拍一些是个不错的主意，有微笑的，也有严肃的（或者至少不笑）。人们通常对自己的嘴和牙齿都很有自知之明。不过，如果你认为拍摄对象的微笑很迷人，一定要多拍几张。

微笑要自然　拍摄到自然微笑的一个最好办法是：夸奖你的拍摄对象。告诉他们长得有多好看，你多喜欢他们的某个特征。如果你只对他们说“笑一下！”那么这样拍出的照片会没有生气，像说着“茄子”拍出来的。相反，通过真诚地建立信心和说点奉承话，你就会让他们自然而真诚地笑起来，（不只是嘴）连他们的眼睛也会参与进来。

嘴唇要湿润　提醒拍摄对象定期湿润嘴唇很有必要。这样，在拍出的人像中嘴唇发亮，因为湿润能产生微小的反光高亮区。

避免紧张　人的嘴几乎和眼睛一样富于表情。密切注意拍摄对象的嘴，要确保嘴角周围的肌肉不紧张，否则拍出的人像看起来很不自然，像是摆拍的。再强调一下，放松的气氛最能缓解紧张情绪，因此跟拍摄对象说说话，把他们的注意力从拍照这件事上引开。

注意双唇间的间隙　处于放松状态时，有些人的双唇之间会有点间隙。他们的嘴既没有张开，也没有闭上，而是处于两者之间。发现这一问题，你可以用一种友好的方式告诉他们。如果他们忘记了，你可以礼貌地提醒他们，“请把嘴闭上吧。”如果看一个正在休息的人，这个特征并不那么令人不安。但是，当它定格在人像中时，双唇间的缝隙看起来很不自然，因为牙齿透过缝隙露了出来。

笑纹　面部偶尔带来麻烦的部位是脸颊的正前方——这是微笑时嘴角两侧起皱纹的地方。它们被称做笑纹。为微笑的人拍照时，笑纹很深显得不自然。你应当注意面部的这个部位。如果有必要，你可以增加辅光的亮度来填充这些过深的阴影，或者调整主光，让它从正面照射过来。总的来说，如果笑纹太深，不要让拍摄对象“笑得太灿烂”。

注意下巴高度

你应当意识到细微的面部姿势给人们带来的心理作用，例如下巴的高度。如果下巴抬得太高，人显得太傲慢——好像鼻孔朝天。如果下巴太低，人显得害怕或者缺乏自信。

除了心理暗示以外，如果下巴抬得太高，脖子看起来好像伸得太长或被拉长了；同样，如果下巴太低，人可能看起来有双下巴，或者没有脖子。

拍摄到自然微笑的一个最好办法是：夸奖你的拍摄对象

要解决上述问题，正如你所想的，下巴的高度应该是中间位置。知道了下巴位置太高和太低的效果，你就会找到一个比较好的中间位置。如果你把握不准，问问拍摄对象他／她的那个姿势是否感觉自然，这通常是自然与否的一个很好的指标。

注意手的姿势

为手摆个合适的姿势很不容易，因为在多数人像中，手与相机的距离比头距离相机近。这样，手看起来比实际的要大。用比标准镜头长的镜头拍摄，手看起来会更自然。用长镜头拍摄时，让两手和面部都清晰更加困难，但他们之间的尺寸关系看起来会更自然。而且，即使手稍微模糊点，也不像脸或者眼睛被拍模糊那样会影响效果。

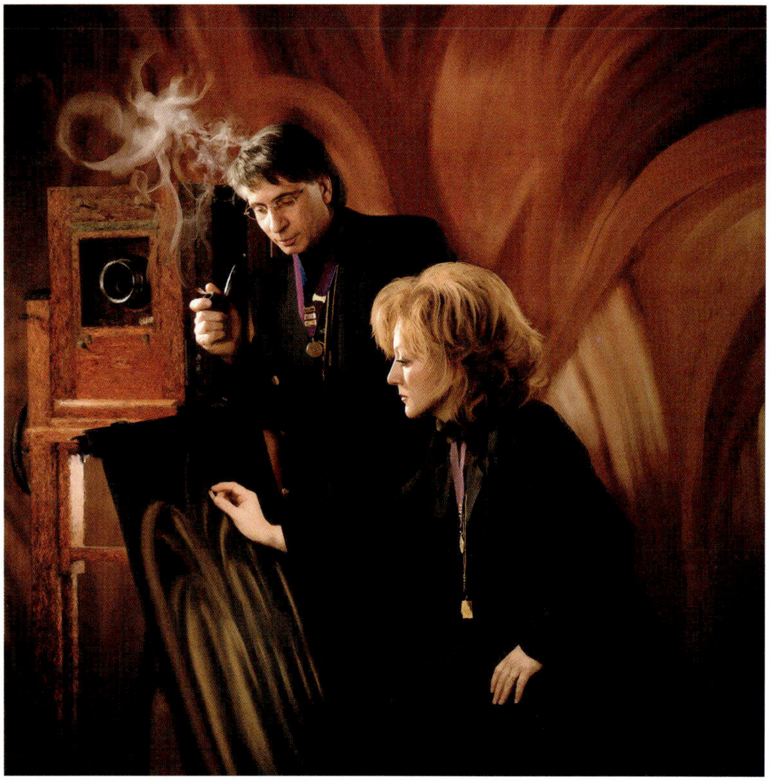

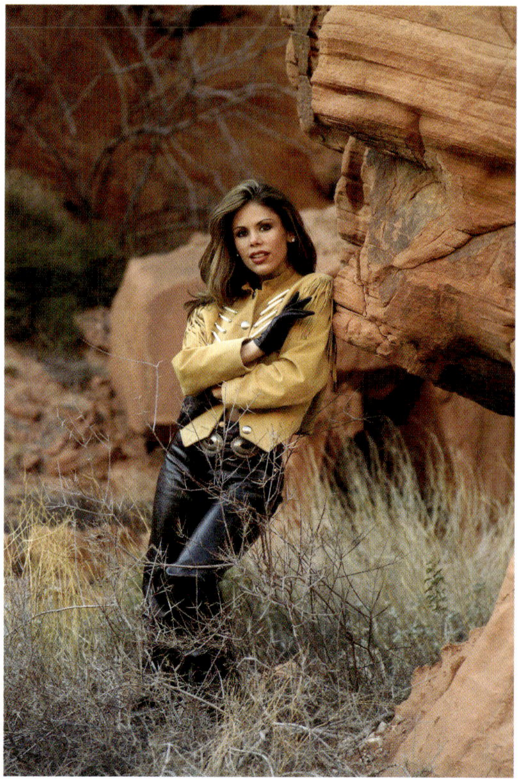

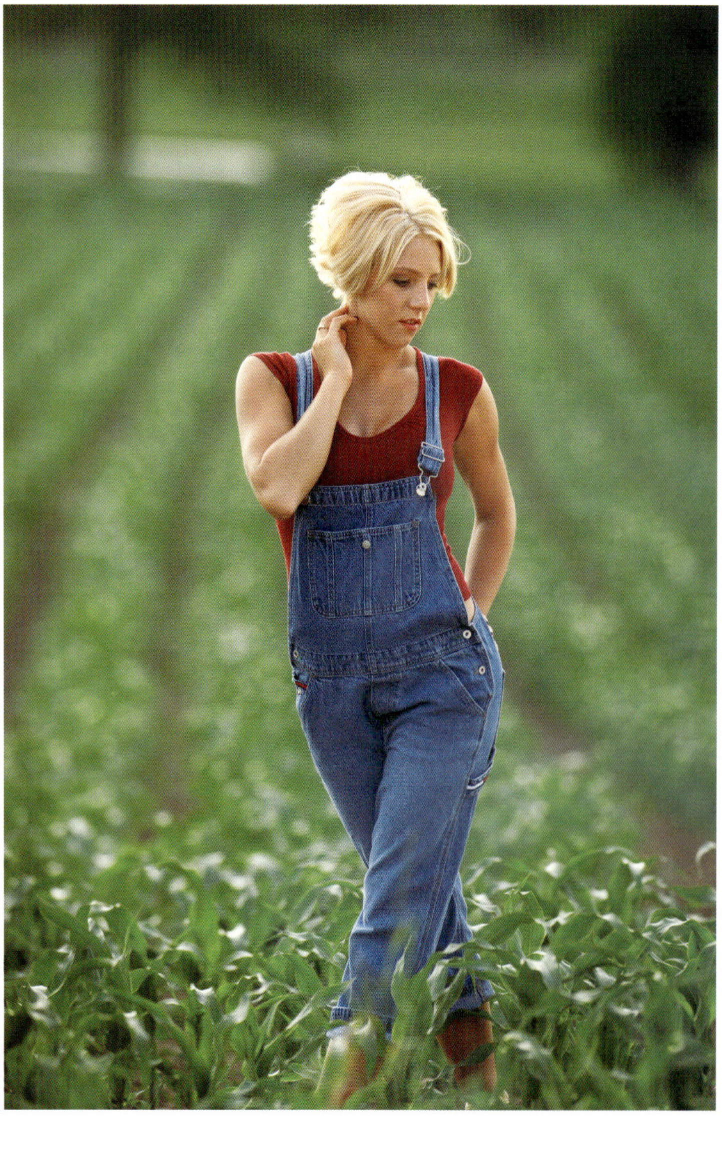

左上图：顿 · 布莱尔为摄影大师约瑟夫和路易斯 · 西蒙创作了这张优美的人像。注意艺术家那只优雅地放在帆布上的手。相对的，注意约瑟夫右手那粗犷而有男人气概的姿势。这个手的姿势既有力，又舒适。

右上图：特里 · 迪格洛是摆姿势的大师。注意看她的右手是怎样往上抬的，手指如何优雅地分开。观赏者的注意力被吸引到人物的主要兴趣的中心——模特的脸上。手和手腕之间的线条有一个轻微的间断，而且手在人像中没有喧宾夺主，而是与其他部位的姿势一样，起到了刻画人物特征的作用。

左图：在这幅人像中，摄影师为人物的手摆的姿势很专业。左手虽然从相机的视野中消失了，但有助于构图。右手温柔地弯曲，手指分开，手腕线条轻微改变——这是年轻女士很优雅的姿势。摄影：福兹 · 杜恩凯尔。

在本书中你会看到很多有关手的姿势的漂亮人像，其中手的姿势不仅尺寸和形状都很美，而且从某个方面看来也展示了人物的个性。

由于在这儿无法把所有可能出现的手的姿势都列出来，因此有必要做些概括（必须记住，这些只是概括而已，并非严格的规则）：

- 拍摄时不要让拍摄对象的手直接指向相机镜头。这样会使手的大小和形状变形。应该让手和镜头保持一定的角度。
- 只要有可能，尽量拍摄手的外侧。这会让手的线条自然、流畅，并能消除因为从上面或正面拍摄手时而产生的手的变形问题。
- 试着“折断”手腕，也就是说你应当让手腕轻微弯曲，在手和腕的连接处形成一条轻微弯曲的线条。
- 试着在拍摄手指时让其稍微分开，这样做能显出手指的形状和轮廓。如果手指紧紧贴在一起，他们可能看起来像个二维的斑点。
- 为女人的手摆姿势时，你通常应当努力创造一种优雅感。为男人拍照时，一般情况下应表现男人的力量（显然也要考虑人像和人物的类型。例如，身穿军服的女兵的手摆出的姿势从逻辑上讲，应该表现她的力量，而不是纤纤玉指的优雅）。

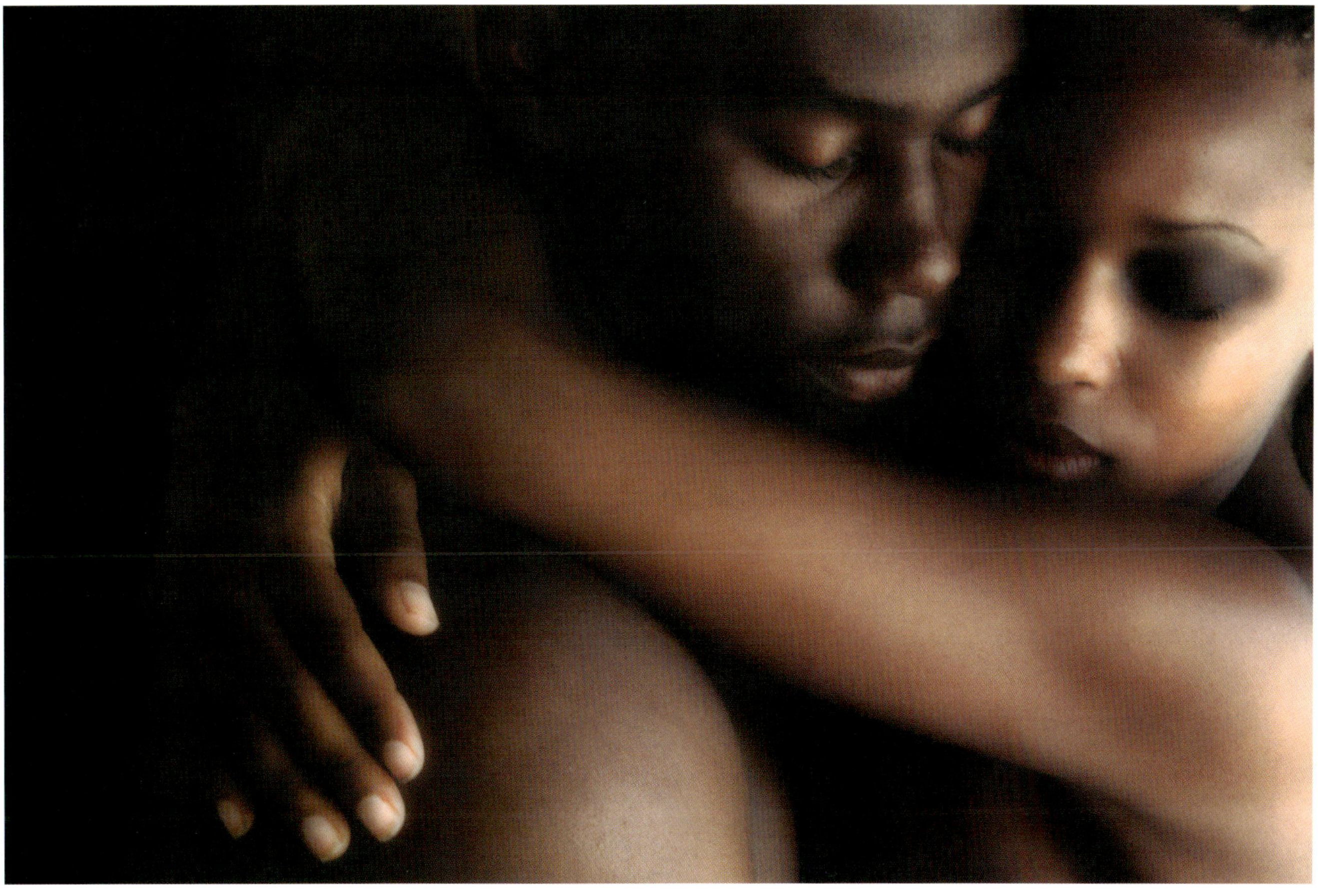

这幅名为《拥抱》的人像是詹尼弗·乔治·沃克的杰作。人像中女人的右手处理得非常完美。手是拥抱的一部分，却没有紧握或绝望的感觉。相反，这只手传达了和睦、一体的情感，以及安全感和满足感。柔和的光线照射到分开的手指上，使其成为人像中美丽而又极其重要的一部分。

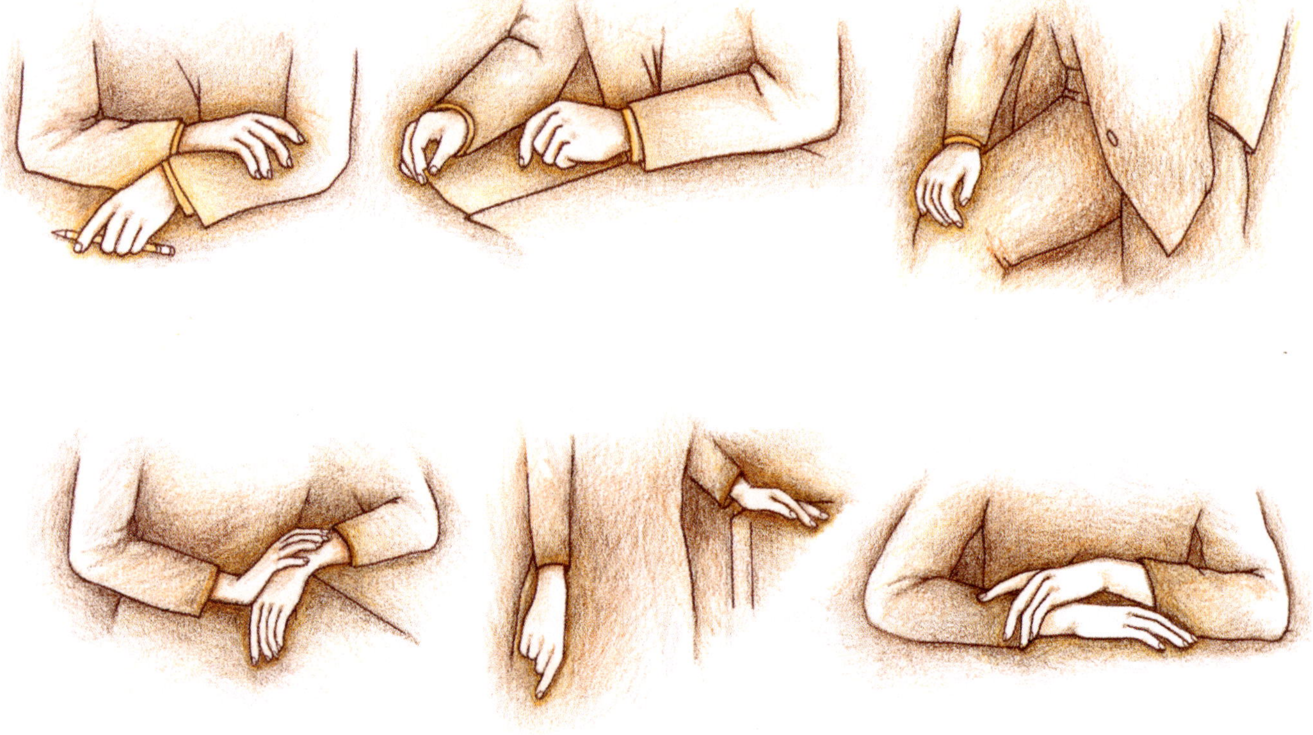

这里有6 种好看的手姿范例。每一种姿势中，手与镜头都成一定角度。在多数人像照片中，女人的手看起来应当优雅端庄。同样，男人的手通常应该看起来强壮高贵。摆出的姿势始终应该看上去自然，绝不要做作。这些范例只是正规的姿势，没必要一直仿效，但这些图告诉我们如何用手来提高人像的质量。这也是拍摄时手不会变形的好方法。

研究一下上面的6幅素描会得到一些启发，学会如何处理人像中手的姿势。

大半身人像和全身人像的摆姿

到目前为止你或许已经明白，在拍摄人像时包括的身体部位越多，你遇到的问题越多。当你拍摄四分之三身长或者全身照时，你需要摆姿势的部位包括胳膊、腿、脚以及整个身体。

大半身人像　在大半身人像中，你能看到拍摄对象从头到腰部以下的某个部位。通常这种人像的底部应在大腿中部或者在膝盖以下，脚踝以上，千万不要在关节连接处，否则会产生负面的心理作用。

全身人像　全身人像从头到脚展示人物。无论人是站立还是坐着，一定记着让身体（ 或者双肩）与镜头形成一定的角度，通常成30°～45°角。不要正面拍摄，因为这样容易增加拍摄对象的块头和体重。相机能让拍摄对象的体重增加10磅（4.54千克）的说法确实不假，如果你不按照某些指导原则去做，你为其增加的体重会不止10 磅（4.54 千克）。

如果采用站姿，让拍摄对象的后腿多负担些重量，不要把重量平均分配给两条腿（如果让前面那条腿多承重就更糟了）。人物站立时，前面那条腿应该稍微弯曲，这样，腿伸直时产生的那种静态线条就被打破了。后面的腿可以伸直，因为人们不太注意后面的腿，也就不会产生负面的视觉效果。

和手一样，脚也不应该正面拍摄，否则后果更严重。如果正面拍脚，它看起来就会又粗又短。

当拍摄对象站立时，手的位置成了真正的难题。如果为男人拍摄，把胳膊横在胸前显得很壮实。不过要记着让男人稍稍转一下手，让手的底边比手的顶部更突出。在这种姿势里，让他轻轻地抓住二头肌，但不要抓得太紧，否则他看起来像是在抱臂取暖。还要记着让拍摄对象把蜷着的胳膊稍微离开身体，让胳膊显得苗条些，否则，紧挨身体的胳膊看上去太粗。还要让手指稍稍分开。

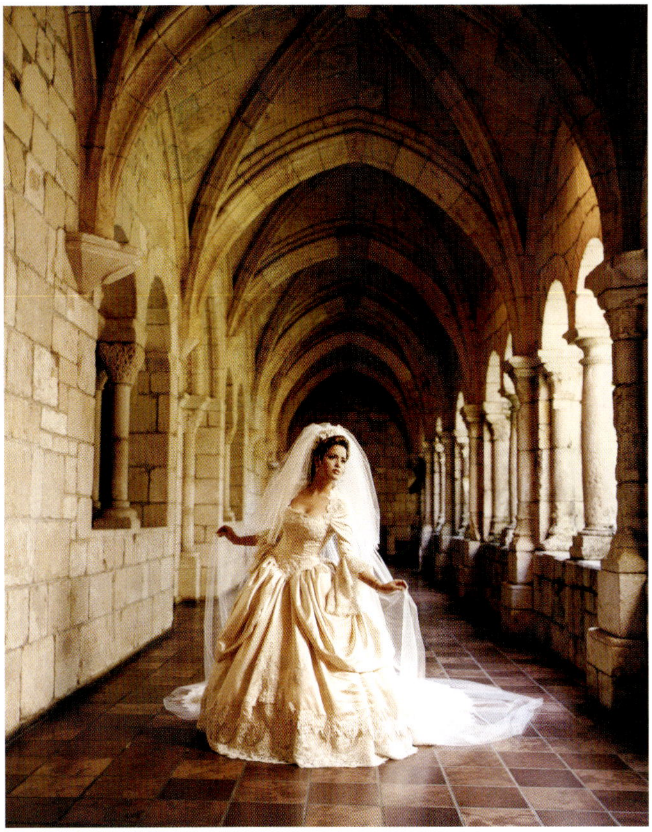

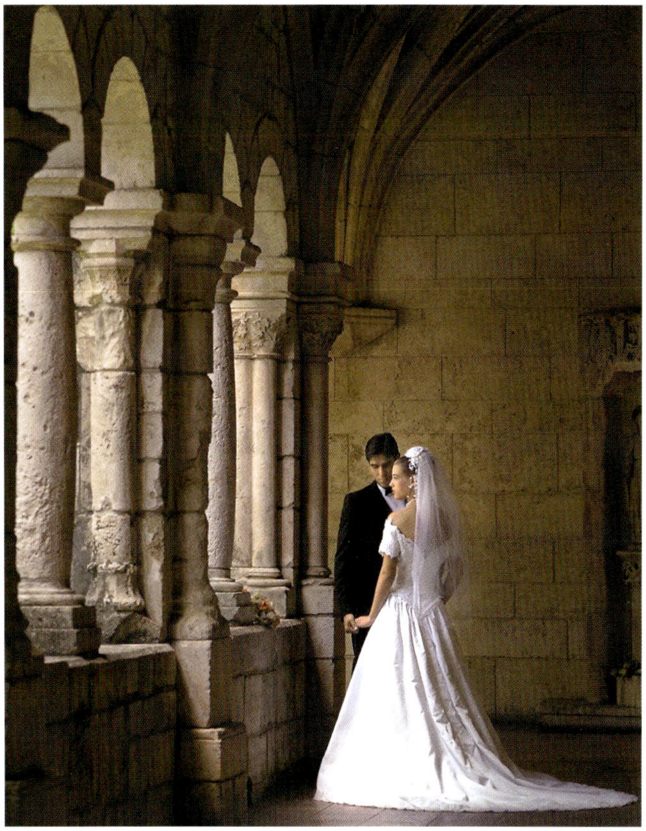

左上图：罗伯特·利诺是摆姿势的大师。照片中，新娘腰部弯曲，形成生动的线条，而她的双手与手腕完美地"弯曲"，也平衡了整个构图。重要的是，姿势要逼真。图中的新娘轻轻地捏起垂到婚纱上的面纱，让人可以欣赏到她的婚纱。罗伯特·利诺用的是勃朗尼卡SQ-Ai相机以及PS80毫米镜头。胶卷为柯达400 PMC，曝光时间为1/30秒，光圈为f/4，光线为现场光。

右上图：这对新人全身照的优雅姿势考虑的是静止的和流动的线条。新娘笔直的胳膊和弯曲的手腕，是对婚纱和拱形建筑上美妙的流动线条的补充。另一个绝妙之处在于：新娘胳膊的线条和婚纱形成了一个有力的斜线，正是它将观赏者的注意力吸引到本图的兴趣中心。摄影：瑞克·费罗。

右图：这是一个表现男儿气概的姿势。即使拍摄的是手背，在拍摄手的形状和轮廓时，用光也是非常出色的。下巴被轻轻的捏着，但不是托着。目光和姿势一样自信。双眼微微向上倾斜，构成了一条斜线；照片的修剪非常紧凑，连人物的前额部分也被剪掉许多。摄影：大卫·威廉姆斯。

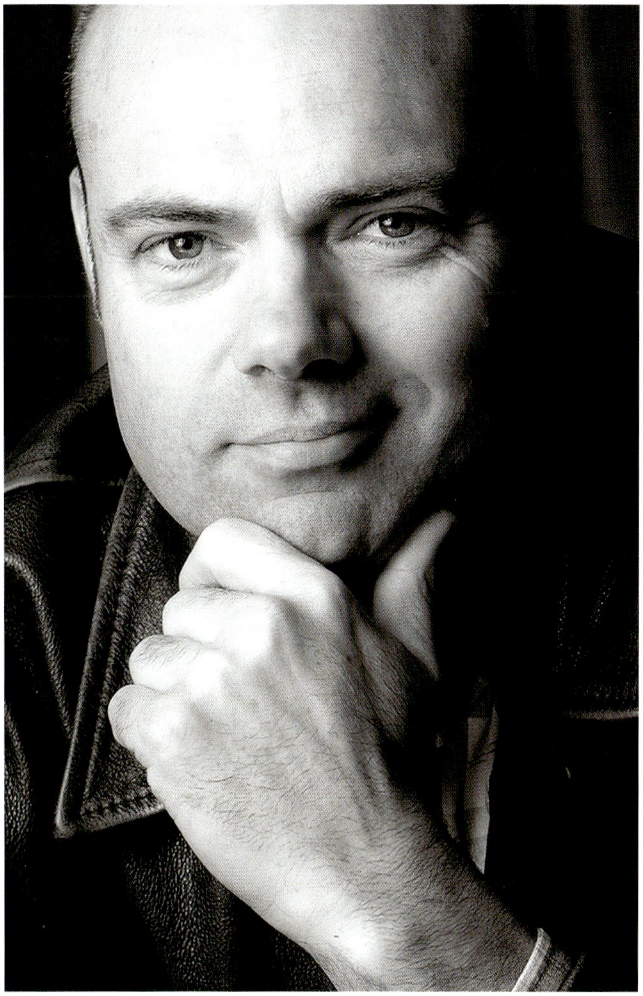

对于站立的女性，最好的标准姿势是一只手放在髋部，另一只放在身体一侧。不要让一侧的那只手荡来荡去，而是把手转一下，让手的外缘朝着相机。为创造更生动的线条，手腕处一定要弯曲。

拍摄对象取坐姿时，两腿交叉的姿势最理想。上面那条腿不要正面对着镜头，而应与镜头成一定的角度。为女人拍摄坐姿人像，把离相机近的那条腿的小腿藏在另一条腿后面。这样小腿看上去苗条些，因为后面那条腿离镜头远，反而成为视觉上最重要的部分。只要有可能，一定要在椅子和腿之间稍微留点空间，因为这让大腿和小腿显得苗条。

无论何时，只要讨论为拍摄对象摆姿这个问题，就要注意最重要的两点：第一，要捕捉人物最典型的姿态；第二，拍摄对象的外貌不能变形。如果姿态自然、外貌正常，那么你就达到了目标，你和拍摄对象都会对所拍人像感到满意。

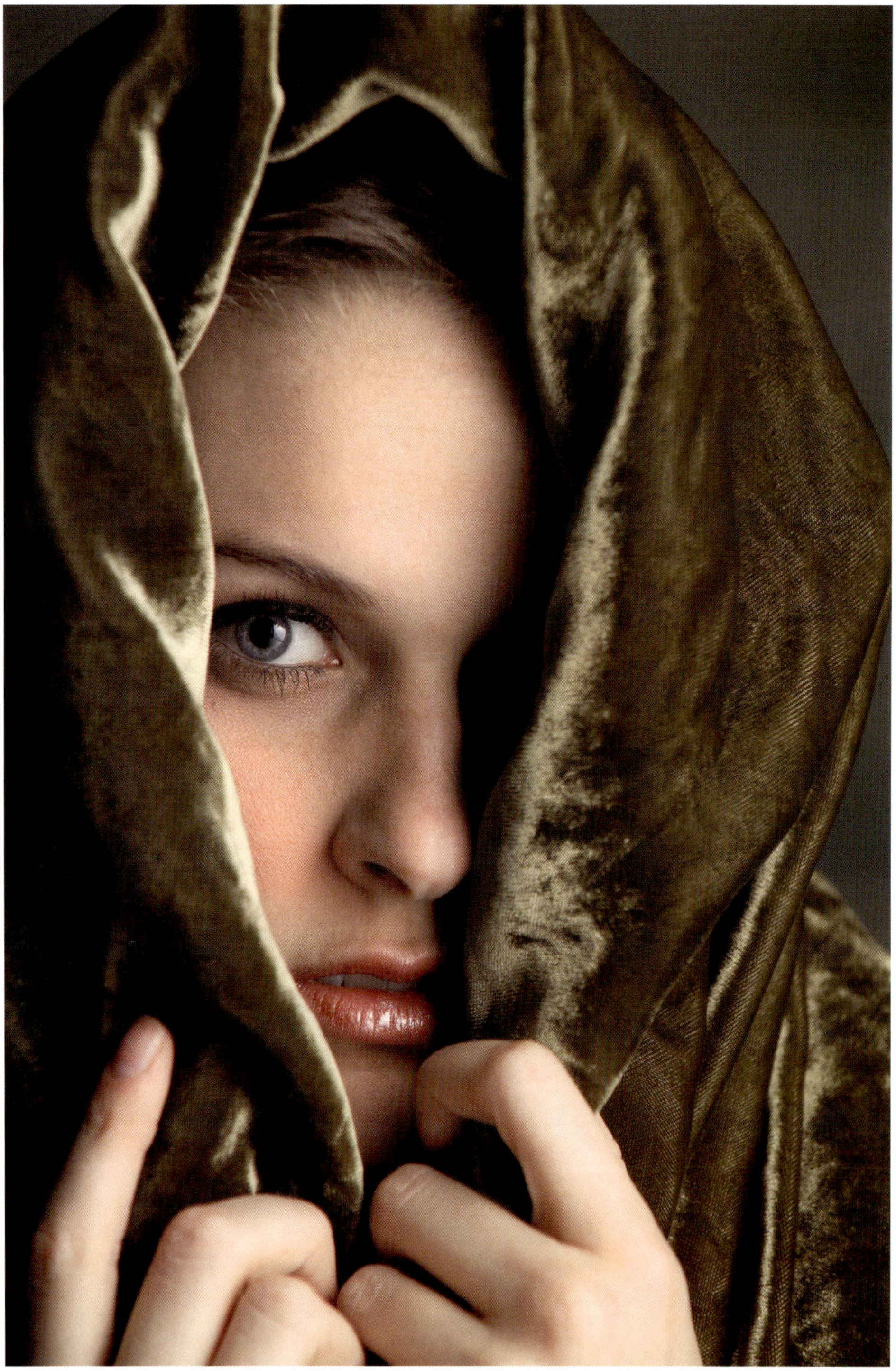

这显然是一幅藏在面罩里的神秘女人像。人们只能看到一只眼睛，聚焦平面也很窄——只有她脸上的面罩最清晰。她的双手很优美，而且手的姿势会把你的注意力吸引到她的脸上，吸引到人像的焦点——人物的眼睛和微微张开的双唇上。弗兰·瑞斯那拍摄这幅人像用的是柯达SLR/n单反数码相机，以及尼克尔80～200毫米f/2.8VR防抖动镜头。他还用了装有摄影用闪光灯的拉森4英尺×6英尺（1.22米×1.83米）柔光箱和一个拉森反光板。曝光时间为1/60秒，镜头焦距200毫米，光圈为f/6.7。

构图

人像构图不过是在画面中合理安排人物。在合理安置人物方面有几大学派，但没有任何一个学派是唯一正确的。这儿告诉你几个原则帮助你最恰当地决定应该把人物安排在画面的什么位置。

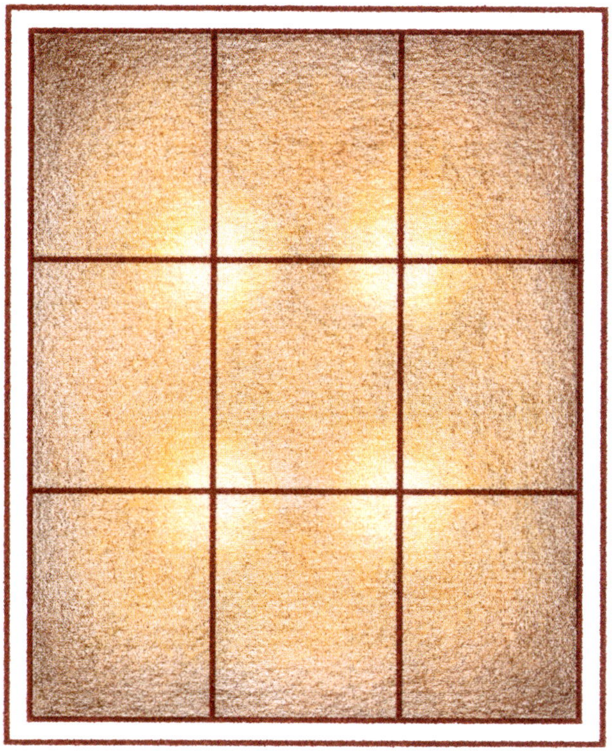

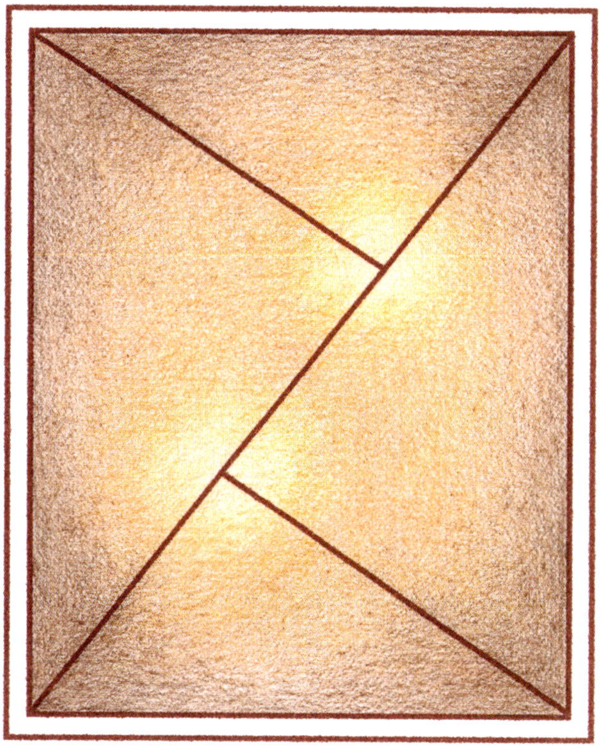

获得生动构图必须掌握的两个方法是三分法则（左）和黄金分割法则(右)。在每种情况下，人物的兴趣中心——脸颊或者双眼，都应该放在矩形画框内任何两条线的交叉点上或者交叉点附近。

三分法则　很多摄影者不知道把人物放在画面的什么位置，结果他们通常选择把人放在画面的中央。这是你所能拍摄的最呆板的人像。

改善摄影构图最容易的方法就是采用三分法则。研究一下上面的示意图。矩形取景区被4条线分成了9个方块。任何两条线的交叉点都是生动的视觉中心。交叉点是放置主要兴趣点的理想位置。人像中的主要兴趣点也可以有效地放在任何一条分割线上。

拍摄半身人像时，眼睛是兴趣中心。因此，最好把眼睛置于分界线上或者在任何两条分界线的交叉点上。在大半身人像或者全身人像中，脸是兴趣中心。因此，应该把面部安排在交叉点或者分界线上。

在多数站立的人像中，头或者眼睛处在从底部算起2/3的位置。在多数水平构图中也是如此，除非拍摄对象坐着或者躺着。那种情况下，可以把兴趣中心移到下面的1/3分割线上。

方向　有时你会发现，如果把主要兴趣点放在分割线上或者交叉点上，人物所占的一边空间太大，而另一边则空间不足。很显然，你会重新构图，让拍摄对象处在靠近中央的位置。但重要的是，人不应位于画面的正中央，而应该在中心线的一侧。

照片中的人物无论面朝哪个方向，其面前的空间都应该稍多一点（即他所面对的那个边框一侧）。例如，在你透过取景器观察时看到拍摄对象在向右看，那么画面中人物右边应该比左边留出更多的空间，这样给人像以视觉方向感。

即使你想在构图中把人物放在靠近画面中央的位置，也应该在人物转头的方向留出稍微多一点的空间。即使拍摄对象正面朝着相机仍要坚持这个原则。他不应该被置于画面中央，为了增强构图效果，一边的空间应该比另一边稍大点。

黄金分割　一条与三分法则类似的构图原则是古希腊人首先提出来的黄金分割原则。简单地说，黄金分割代表的是主要兴趣中心应该处的位置，也是一种理想的人像构图方式。找黄金分割点的方法是先在画框内画一条对角线，然后从另外两个角向这条对角线画垂线（见39页图解）。通过这种方式你就可以为垂直照片和水平照片决定黄金分割的比例。必须注意，如果人物向右转头，你就要把他或她放在画面的左侧；如果向左转头，人物就应该放在右侧。这样可以表现人像的方向感。

构图形式 在所有构图中，S 形构图可能是最舒适的。稍稍倾斜的S 形把观赏者的目光引到了主要兴趣点上。而主要兴趣点仍然应该按照三分或者黄金分割的原则去安置。

另一种舒适的构图方式是L 形或倒L 形。这种构图适于拍摄坐着或者躺着的拍摄对象。兴趣中心仍然应该按照三分或者黄金分割的原则安排。

拍摄对象色调 人们都知道，在视觉上浅色调会前移，深色调则回缩，这是自然的视觉现

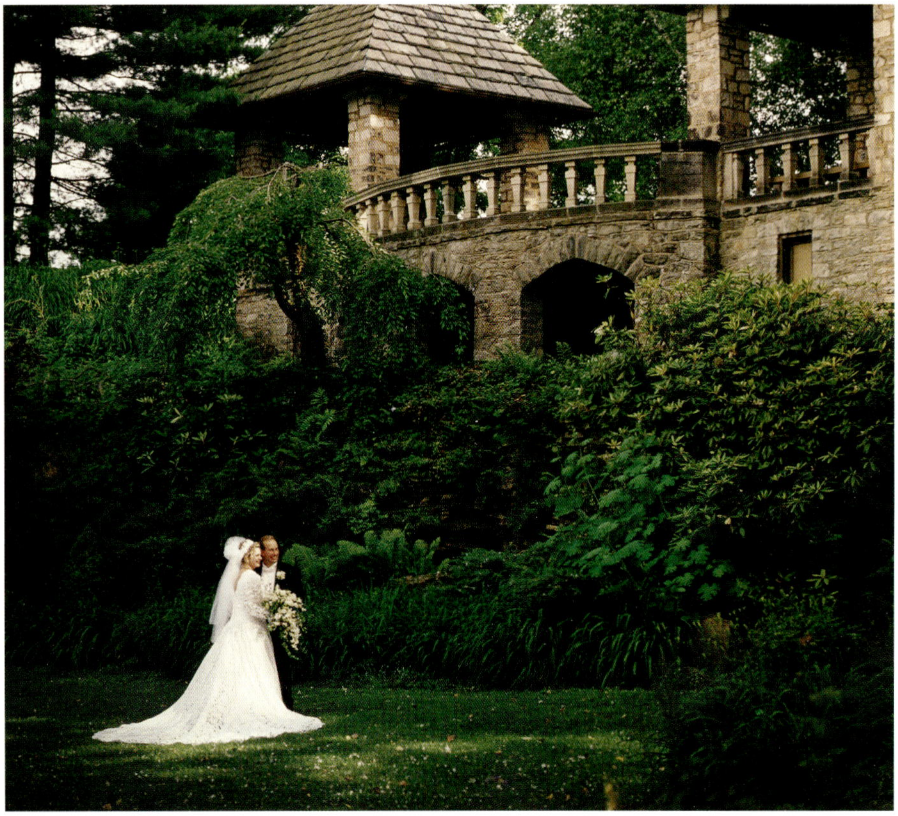

上图：这是一张熟练应用三分法则的优美构图。注意，这对新人被置于一个交叉点附近，上面的桥孔被放在另一个交叉点上。这两个主要的兴趣区在构图中创造了微妙的平衡，使观赏者的目光在这两个区域之间来回移动。由于人物色调的原因，这对夫妇所在区域显然支配着人们的视觉。摄影：帕特里克·赖斯。

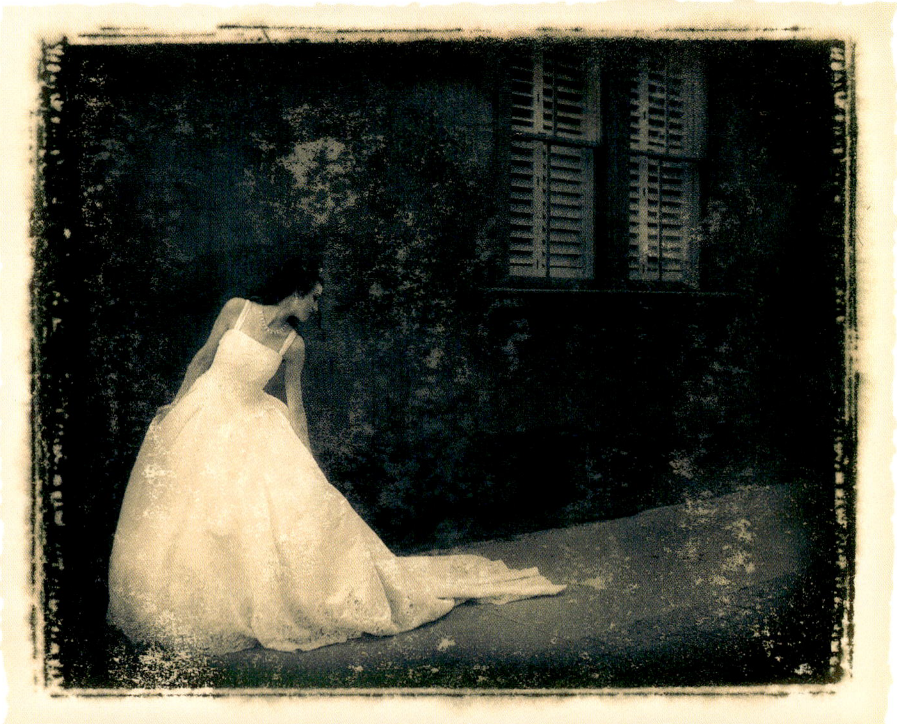

下图：这幅人像是摄影大师肯尼思·斯柯鲁特和洗印大师乔纳森·彭尼协作的结果。乔纳森提议，照片的整体效果采用偏振转印手法。用胶卷拍摄这张照片时用的是佳能A1 相机和35～105 毫米镜头，快门速度1/60 秒，光圈f/16，并使用黄色滤色镜。乔纳森在Imacon Photo Flex-Tite扫描仪上用灰度扫描底片，输入到Photoshop 里，利用色阶命令调整对比度和密度，再转换成RGB 。然后利用曲线命令，调整红色和蓝色通道，达到所期望的颜色，形成色调分割效果。边框效果取自Photoshop 的插件“自动FX 照片边框集”。除了技术因素，这张照片的迷人之处还在于，其构图极为简洁。新娘在照片中的位置、脸的朝向、身体的造型（成C 形）共同组成了可爱的生动构图。

象。因此，照片中所有比人物色调浅的因素都会分散人的注意力。为了避免这种现象，照片的亮区，尤其照片的边缘部位在冲洗时、在电脑上修描时或在拍摄时（在相机上加装遮光罩）应将边缘色调加深，以免把观赏者的目光从人物身上吸引走。

当然，在一些人像中，例如在以白色为背景的高调人像中，画面中色调最深的地方是人物。这和上面讲的原则实际是一样的。因为，在以白色或者浅色为背景的画面中，观赏者的眼睛会关注对比最明显的地方。

总的指导原则是，无论人物的色调是浅是深，在视觉上应该让人物比其他地方更突出。可以采用的方法是：或者增加人物亮度，或者

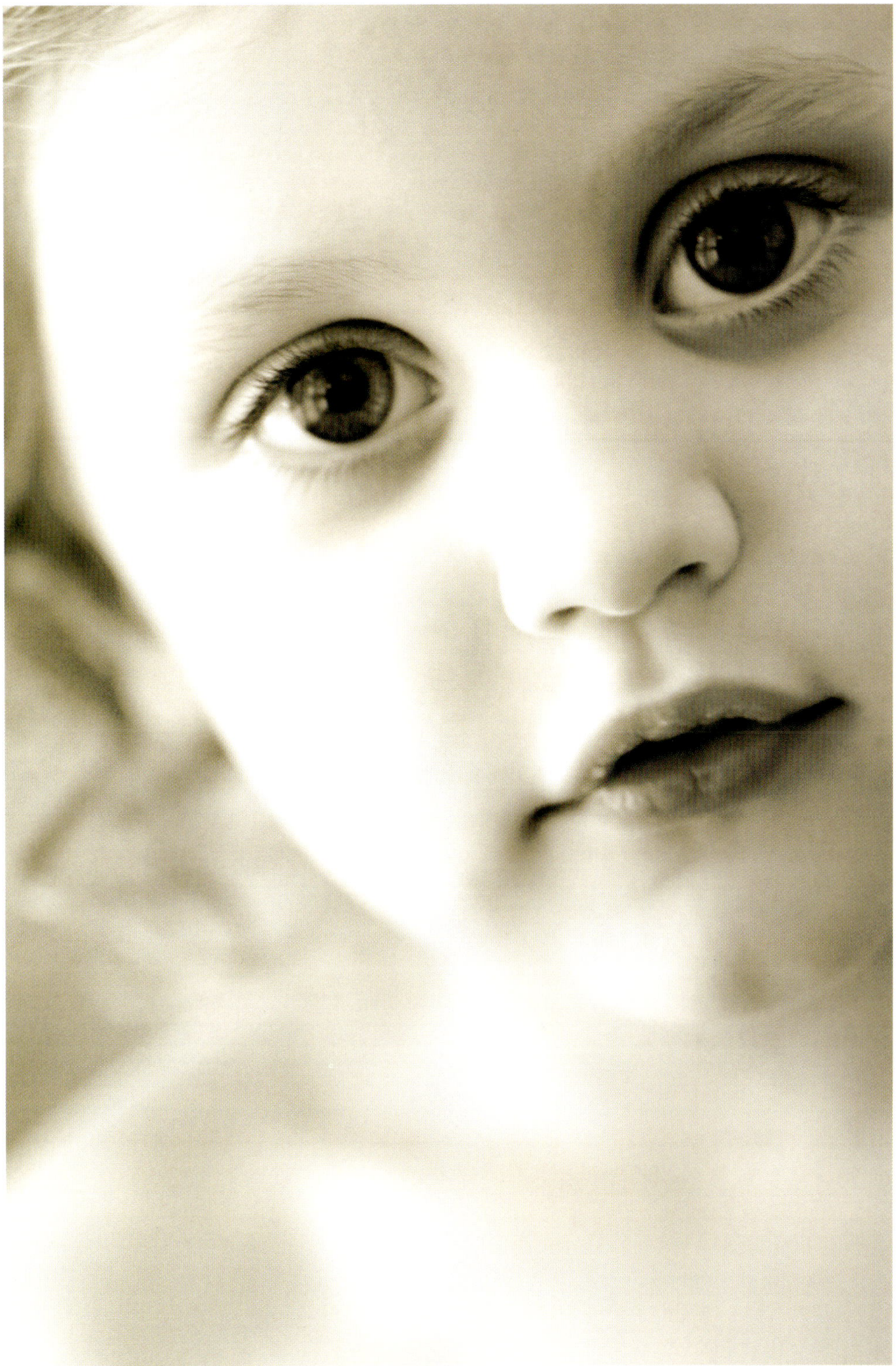

即使拍摄直接面对相机的特写镜头，仍然应该遵循动态构图原则。为这个小天使拍摄人像时，摄影师贝克让双眼形成一条斜线，并定位在画面较高的位置上，这样正好符合良好构图的原则。拍摄人像用的是富士FinePix S2 Pro相机和80～200毫米尼克尔变焦镜头。曝光速度为1/60秒，光圈为f/3.2，使用的是105毫米变焦设置。

让视觉对比更明显。

焦点 一个区域是否清晰，关系到它在视觉上会受多少重视。例如，设想在一幅以绿叶为背景的人像中可以看到一小片天空。这种情况下，人们的眼睛通常首先去看天空。但是，如果这片天空被柔化并且很模糊，观察者的目光又会回到对比最明显的地方——最有可能的是面部。

前景也一样。尽管让前景的色调比人物的色调深是个不错的想法，但是有时你做不到。不过，如果能让前景模糊，它就不会过多分散观赏者对人物的注意力了。

线条 要想有效掌握构图的基本原则，摄影师必须能够分辨照片中的实际线条和隐含线条。实际线条就是明显的线，例如地平线、水平线。隐含线条就是不太明显的线，手腕的曲线或胳

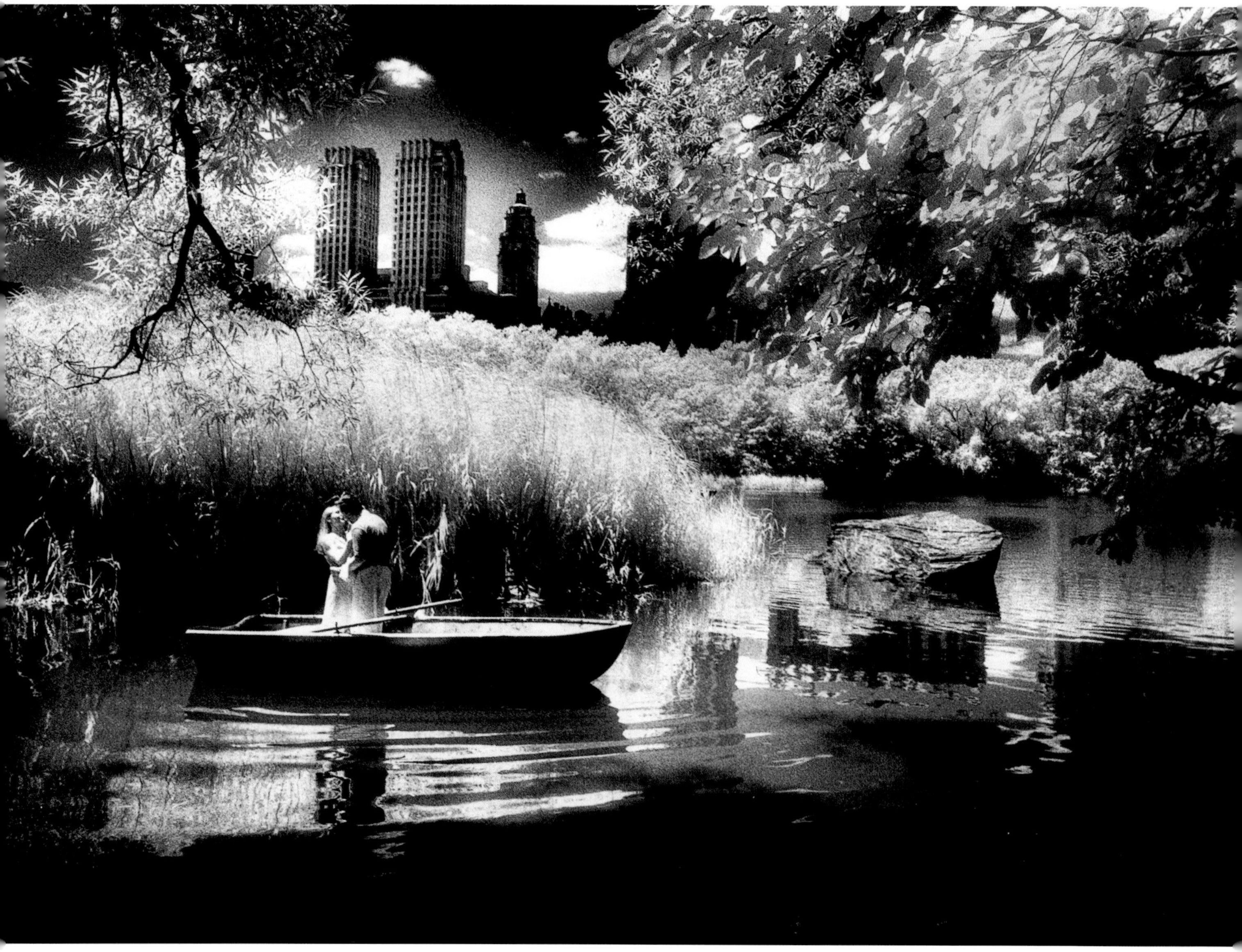

在纽约市中央公园用红外线技术拍摄的这幅超现实主义人像中，人物的色调把你的眼睛吸引到这对情侣身上，尽管画面中还有其他色调明亮的地方。在这幅广角的人像照片中，色调把这对情侣和这条船定为最该看的部分。费迪南·纽鲍尔拍摄这幅照片时用了柯达黑白红外胶卷、康太克斯35 毫米相机和25 毫米蔡司镜头。

膊的弯曲就是隐含线条。

实线不应该把照片分成两半。这样实际上就把构图断开了。最好把实线放在照片的1/3处，这样能让照片更吸引人。

所有和照片的边缘交汇的线条，无论实际线条还是隐含线条，都应当将观察者的视线引入场景，引向拍摄对象，而不是引向场景之外。一个很好的例子是乡间道路，在前景中路面最宽，到了正在走路的拍摄对象那里，路面变窄并成为一个点。这些线条直接把观赏者的目光引到人物身上。

那些隐含线条，例如人物胳膊、大腿的线条，不应和构图的方向或者重点相矛盾，而应当起到修饰作用。这些线条方向的改变应该很柔和，而不是很剧烈。需要再次强调的是，这些线条应该把人们的注意力引向人像的主要兴趣点——眼睛或者脸上。

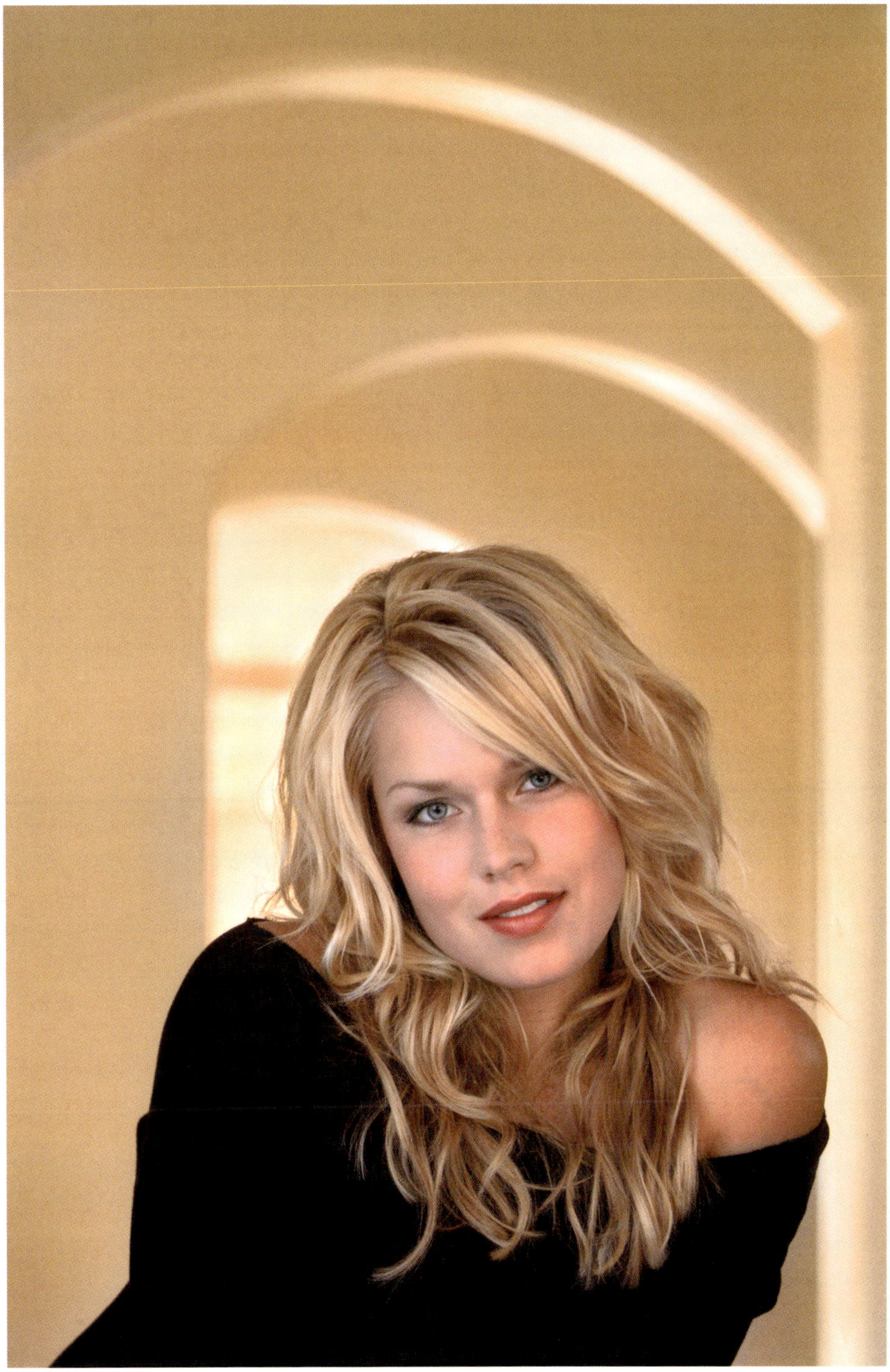

人们常说，成为杰出的摄影师必须成为一个善于观察的人。福兹·杜恩凯尔为与他交情很深的拍摄对象创作了很多杰出的作品。而这些作品都是在他们的家里，用自然光拍出的。拍摄这张照片时，他发现下午的阳光照亮了她家的拱形门，产生了完美人像构图所需要的反射光。福希把她的头发、皮肤和墙壁的色调搭配在一起，拍出了这幅精美的人像。

3.人像照明基本知识

这一章讲的是常规人像用光的基本形式。说它们常规是因为专业人像摄影师为了拍摄商业人像，每天都在使用。说它们基本，是因为它们是每个摄影师的起点。一旦你掌握了这些基本的用光形式，你就能对它们加以提炼和改变，以满足拍摄对象和摄影艺术的需要。

摄影不过是以二维形式表示三维现实，因此摄影师的目标就是拍摄出表现人物面部形态和丰满程度的人像。这主要通过制造高亮区（被光源照亮的区域）和阴影区（没被照亮的区域）实现。就像雕塑家用黏土创作出有纵深感的艺术品一样，光也可以塑造出脸部形状，表现其纵深和形态。

人像摄影师在照相室内比在其他地方更容易控制高亮区和阴影区，还能够操纵高亮区和阴影区的布局和强度。尽管拍摄时可以使用无数种光，但必须有一种光起主导作用，在面部建立阴影区和高亮区的模式。所有其他的光应当是次要光，对主光起修饰作用。主光的布置决定着照相室人像的用光模式。

人物的脸形通常决定着用光模式。通过创造性地使用灯光，你可以使窄脸变宽、宽脸变窄，隐藏皮肤缺陷、掩饰拍摄对象的某些面部特征（例如大鼻子）等。

光的类型

用非常基本的设备就可以达到上述各种用光技巧。一套包括4 种灯光、支架和抛物面反射器在内的设备可以用比较公道的价格买到。如果你去二手店买，价格更便宜。这些灯可以是一套电子闪光灯装置，也可以是白炽灯。在初学阶段最好使用后者，因为你看到的就是你拍到的效果。使用闪光灯时，要先用一种辅助造型光放在灯罩内模拟闪光灯效果。

主光和辅光应当是安在抛物面反射器内的高亮度灯泡。小房间一般用250～500 瓦就足够了。如果使用电子闪光灯，200～400瓦秒很适合拍人像照。反射器内壁应为镀银，这样能最大限度地反射光线。如果使用漫射装置、反光伞或者柔光箱，整个照明设备应该固定在坚固的架子上，防止它们翻倒。

主光如果不漫射，应该安装挡光板。挡光板是可调的黑色金属薄片，可以通过打开或关闭挡光板控制主光光束的宽度。它们可以确保你把光照射到你想照的部位，还能防止杂光照到相机镜头上，避免在镜头上形成反射光斑。

辅助光源应当装配一个漫射器，这种漫射器不过是安装在反射器上的一块磨砂塑料片或者聚酯材料做成的挡板。当你在光源上使用漫射器时，要确保在漫射器和反射器之间有足够的空间散热。辅助光也应当安装挡光板。在使用漫射光源如反光伞作辅助光时，要确保不让“溢出”的光线照射到你不想照亮的地方，如背景上。

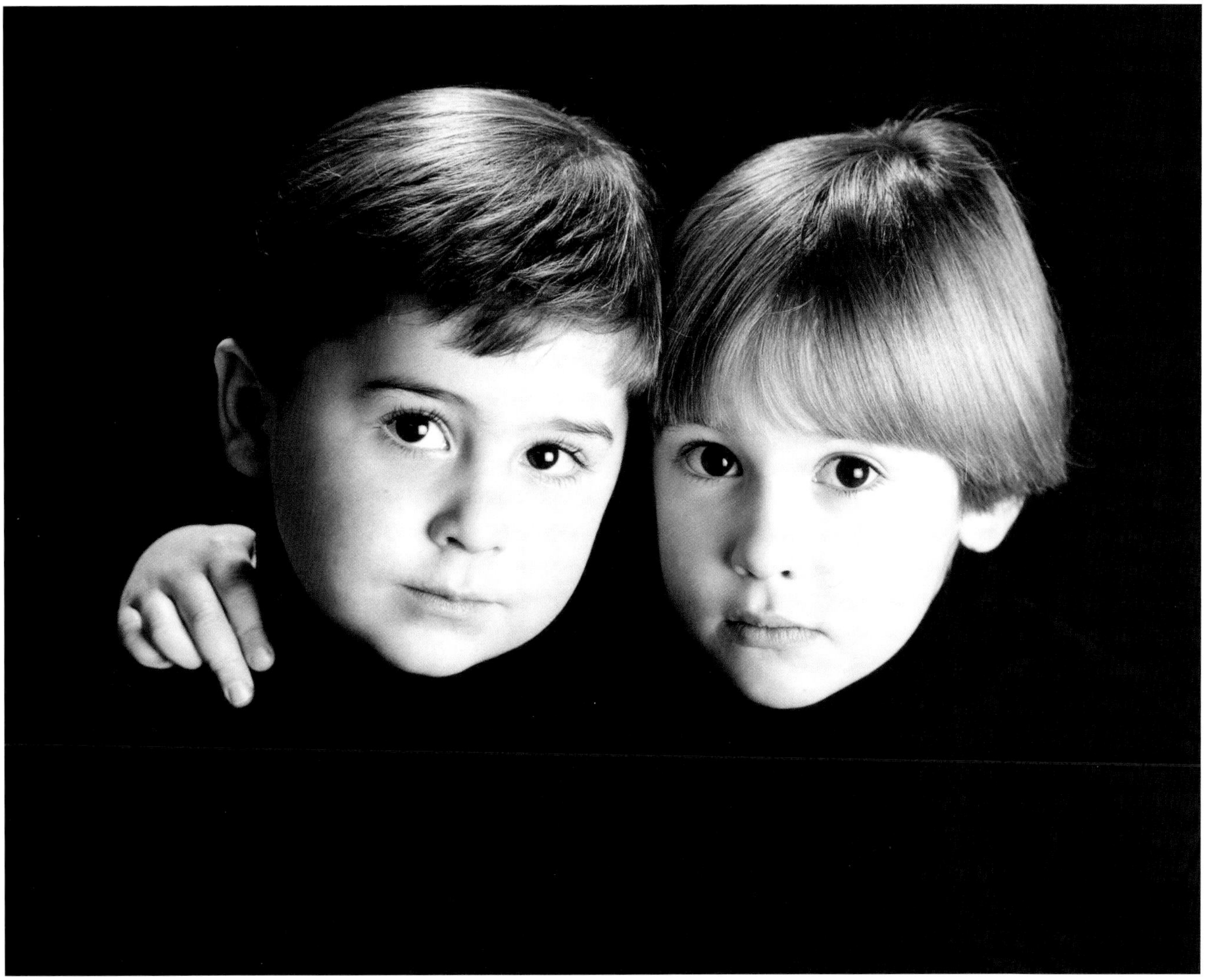

在这幅照片中同时使用了平光照明和狭光照明。要注意在表现两张脸的特征时有什么不同。平光照明让脸看起来很平，而狭光照明制造了更生动的效果，使面部更丰满。主光是一个覆盖了双层柔光纱的35 英寸（88.9 厘米）柔光箱，输出是f/8 。输出为f/8 的长嘴灯罩发型光直接从孩子们的背后照过来。辅助光是Halo Mono（一种封闭型反光伞），其光线从后墙反射出来，设定为f/2.8。曝光时间1/60 秒，光圈为f/8。PXP ISO 100 胶卷。摄影：诺曼·菲利普斯。

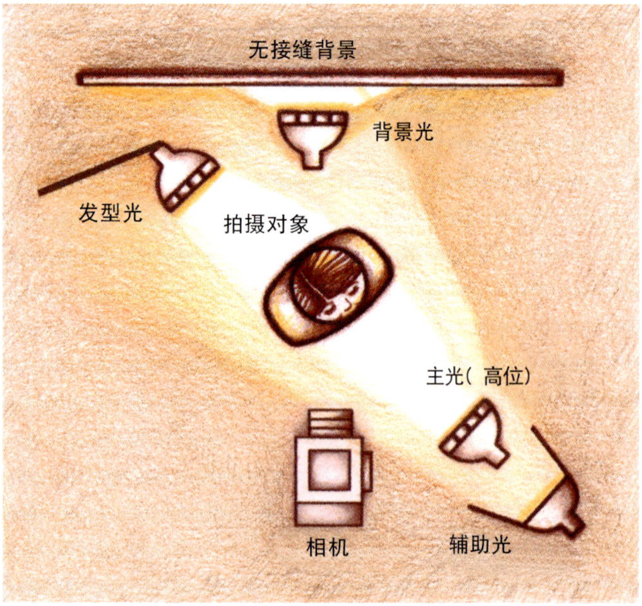

派拉蒙式照明

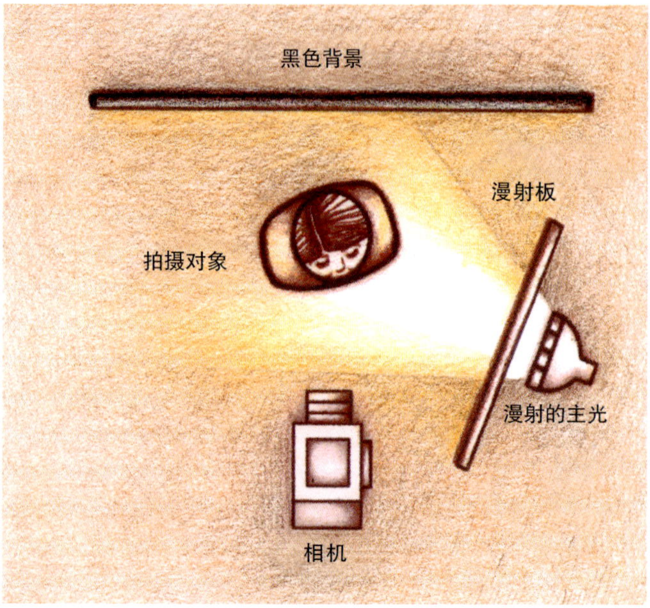

环形照明

发型光是小功率灯光，如果经济不允许可以不用。通常情况下，发型灯的反射器是按比例缩小的，并安装挡光板控制灯光，还装有减小功率的装置，因为发型光一般不用散射。挡光板必须安装，因为发型光从拍摄对象的身后投射到头发上，没有挡光板，光线会散得太开。

背景光也是小功率光，它用来照亮背景，区分人物与背景的色调。背景灯通常安装在一个小架子上，直接放在人物背后，从相机镜头里看不到。也可以把背景灯安装在高一点的架子上，从两侧照射到背景上。

轮廓光和发型光一样也是选择性光线。使用轮廓光能增加面部或身体两侧的亮度，增强人像的立体感和丰满程度。由于轮廓光只是掠过皮肤或衣服，它制造的亮区非常绚丽。由于轮廓光来自拍摄对象身后，因此必须使用挡光板或者长嘴灯罩（一种用于收缩光束的锥形黑色反射器）。

平光照明和狭光照明

平光照明和狭光照明是拍摄人像使用的两种基本照明方法。

平光照明是指主光照在面部正对相机的一侧。平光照明不如狭光照明常用，因为它会使面部变平，无法突出面部轮廓。它常用来加宽瘦削和较长的脸型。

狭光照明（也称窄光照明）是指主光照在面部远离相机的一侧。狭光照明能突出面部轮廓，也可以作为矫正性用光技巧来使圆脸或者宽脸变窄。狭光和较弱的辅光一起使用时，可以产生戏剧性用光效果：高光区很明亮，同时阴影区又很浓重。

基本照明设置

人像共有 5 种基本的照明设置。在你从派拉蒙式照明过渡到分割式照明的过程中，每一种方式都能比另一种让脸看起来更瘦削，每一种也比另一种更能表现面部皮肤的质感，因为光线越来越集中到面部的一侧。除此之外，当你从正前照明过渡到分裂式照明时你还会注意到，主光在模仿落日的运行轨迹——它与拍摄对象的相对位置起初很高，并逐步降低。重要的是，主光不会低于拍摄对象头部的高度。在传统的人像摄影中主光从来不会低于头部的高度，主要是因为在自然状态下这种情况不会出现，因为阳光总是从上面照射下来。

派拉蒙式照明 有时也叫蝴蝶照明或魅力照明，是传统的女性用光模式，能在拍摄对象的鼻子下方制造出对称的、蝴蝶般的阴影。蝴蝶光常用来突出女性的高颧骨和漂亮的皮肤。为男人拍摄时通常不用这种光，因为它会使男人的面颊和眼窝显得很空洞。

作为主光的灯置于高处，正对拍摄对象，与拍摄对象鼻子的垂线平行（见示意图）。由于

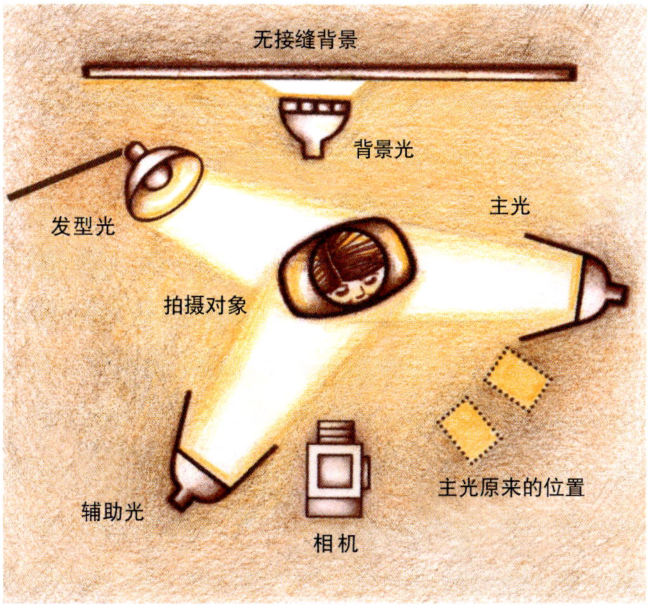

伦勃朗照明

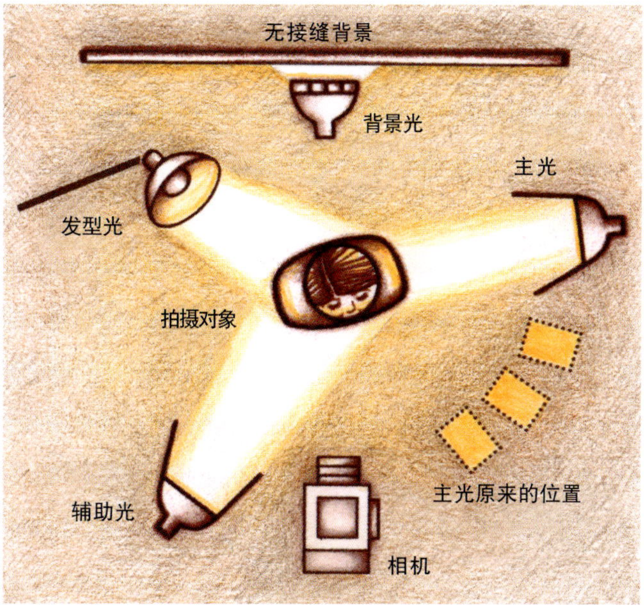

分割式照明

本页和46 页的图表展示的是5 种基本照明设置。它们最根本的不同是主光的布置。随着主光从高位靠近拍摄对象向低位置于拍摄对象一侧的转变，照明模式也跟着发生变化。主光高度不应当低于眼睛，因为自然界没有低于眼睛的光。你会注意到，当主光和辅光都在相机同一侧时，在拍摄对象的背面都使用反射器来照亮阴影。

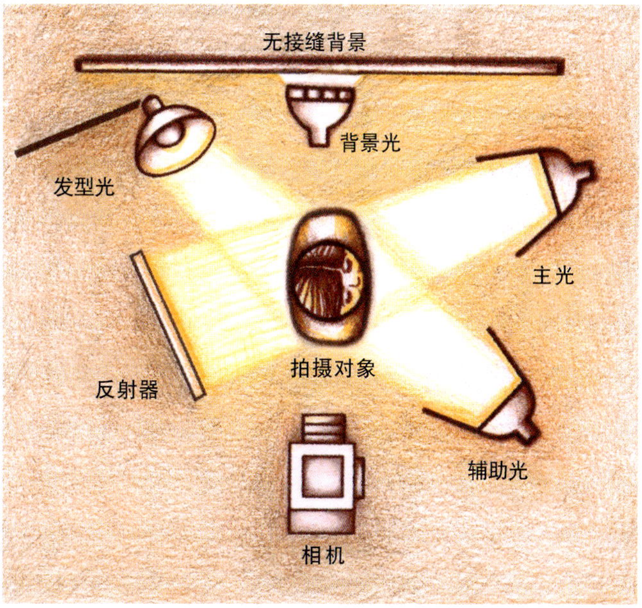

轮廓或侧面照明

灯光必须处于高位而且靠近拍摄对象才能制造出所期望的蝴蝶状阴影，因此这种照明设置不适于深眼窝的女人，否则光线照不到眼睛上。辅光和头的高度一致，直接处在主光下方。由于主光和辅光都在相机的同一侧，必须在这些光的对面靠近拍摄对象的地方用一个补光板来照亮颈部和面颊很深的阴影。

发型光通常放在面对主光的位置，应该只照亮拍摄对象的头发，而不应该照到其面部。背景光放在拍摄对象身后的低位，在无缝背景上（如果有的话）形成半圆形亮区，这样，背景距离拍摄对象越远，背景的色调就越暗。

环形照明 环形照明是在正前照明基础上稍加变化而成。主光位置降低，并偏向拍摄对象的一侧，这样鼻子下方的阴影在面部的阴影一侧变成了环形。这是更常用的一种照明设置，最适合拍摄正椭圆脸形的人。

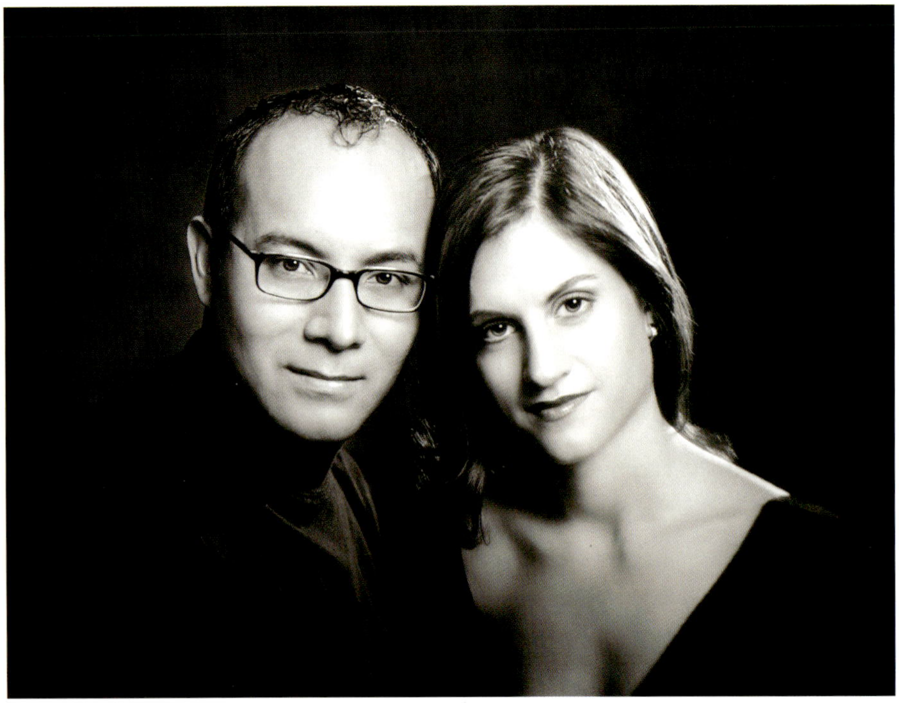

环形照明中，辅助光安置在相机与拍摄对象的轴线上。重要的是，为了保持人像一盏灯的效果，辅光不能产生阴影。能真正观察到辅光作用的唯一位置是相机所在之处，透过取景器可以看到辅光是否造成了自己的阴影。

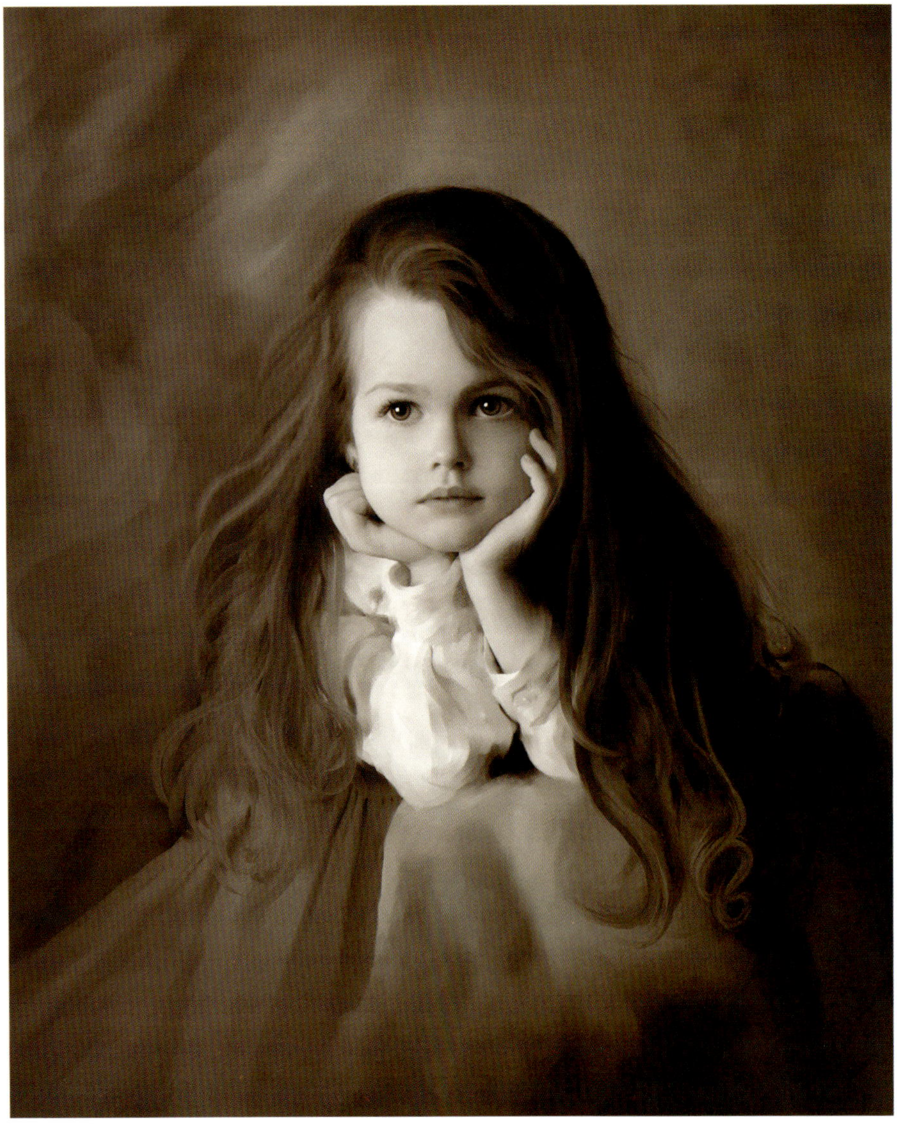

上图：比尔·麦肯塔什仿效好莱坞的用光模式，用31英寸（78.74厘米）反光伞作为主光，用一把较弱的反光伞作辅光（它的强度比主光少3挡）。从照片可以看到，派拉蒙式照明在男人鼻子下方形成了蝴蝶状的阴影。由于女人的头稍微转向灯光，从她脸上你能看到更多的环形用光模式。好莱坞风格的一个特点就是采用较弱的辅助光，它能增强反差和用光的动人效果。

下图：约瑟夫和路易斯·西蒙评价他们自己的人像作品时说，“为我们的拍摄对象拍摄时，用光都是精心布置好的，再加上优雅而精确的构图原则，能把人物的个性通过人像充分展现出来。”拍摄这幅照片用的是康太克斯645相机，柯达645数字专业机背；经过柔化的主光精确地按环形用光模式摆放，表达出了这张优美人像的特点。尽管在后期制作时用Painter和Photoshop等软件对人像进行了大范围“上色”，但人像在动人的用光和完美的摆姿方面仍然保留了摄影的本质。这幅照片的标题是：《我是谁》。

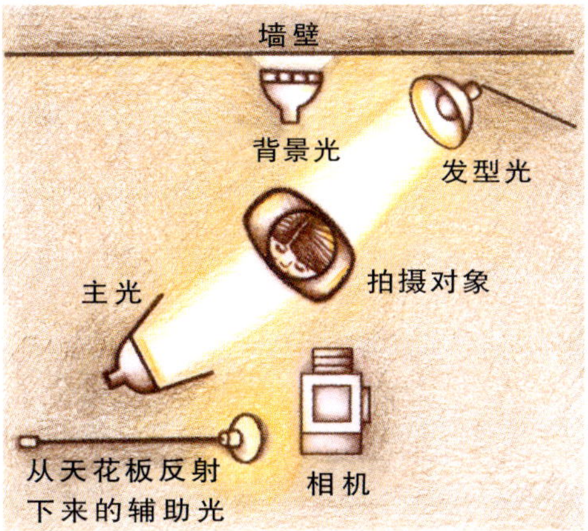

这是环形照明模式的变化，主光的位置相当低。这种用光模式在拍摄均匀椭圆形脸形时最为理想。为创作这幅人像，罗伯特·里诺用了玛米亚RB 67相机，玛米亚Sekor SF 150毫米镜头。胶卷为柯达Portra NC 160，曝光时间为1/125秒，光圈为f/8；主光为Speedotron Force 10，加一个美光抛物面反射器，辅光是Norman 808（功率调至最大，通过天花板反射下来）。背景光是Norman 808（用1/4功率）；发型光也是Norman 808，但用最大功率并安装锥形散射器。

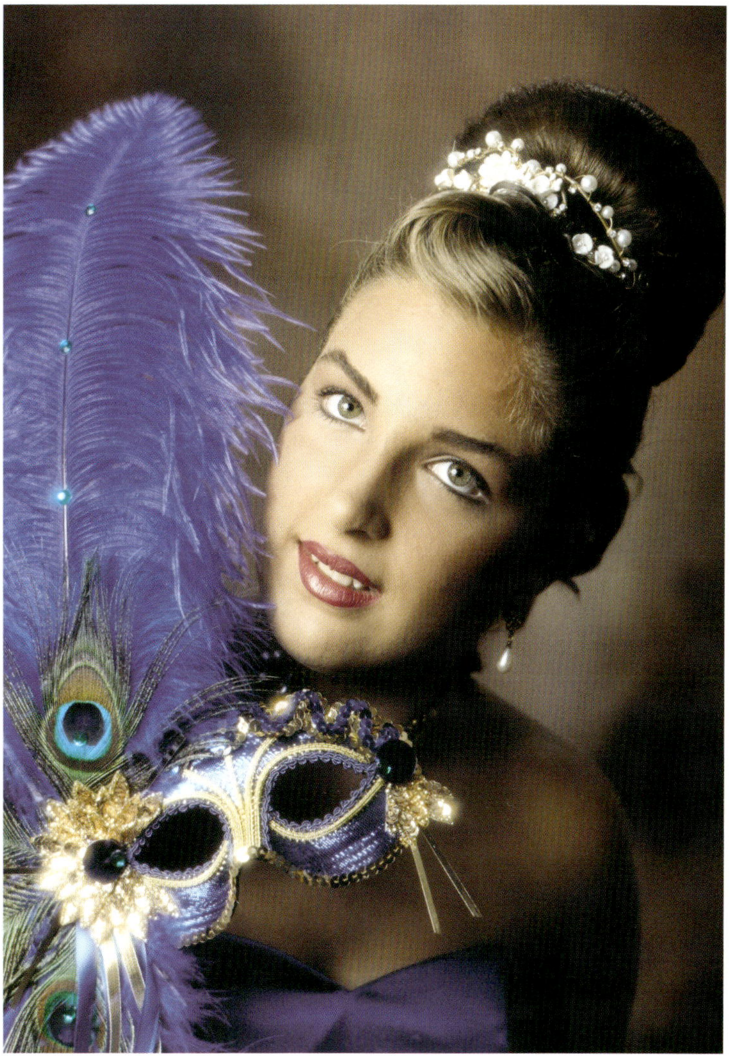

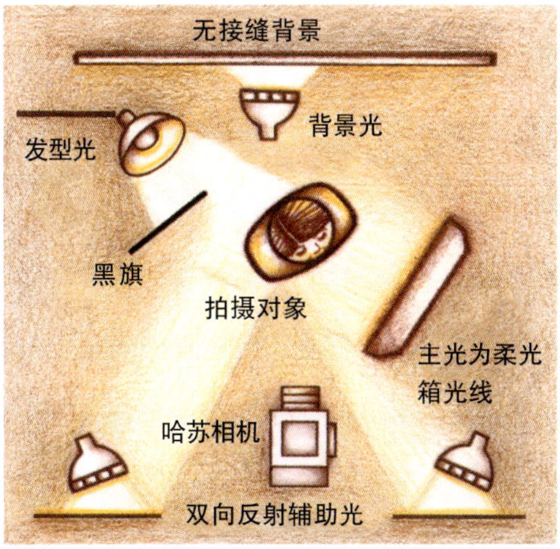

柔光也有模仿自然光的照明模式。图中的两束反射辅助光放置在相机后面，相互之间成45°。拍摄对象面对相机坐着并稍向左侧身，头顶有发型光，背景光就在她的正后方，主光柔光箱在她左侧90°的地方。她的双手和竖琴为脸“做了框架”。迈克尔·阿耶斯用了哈苏相机和150毫米镜头。ISO 800的富士NHG II 120胶卷，曝光时间为1/60秒，光圈为f/11。

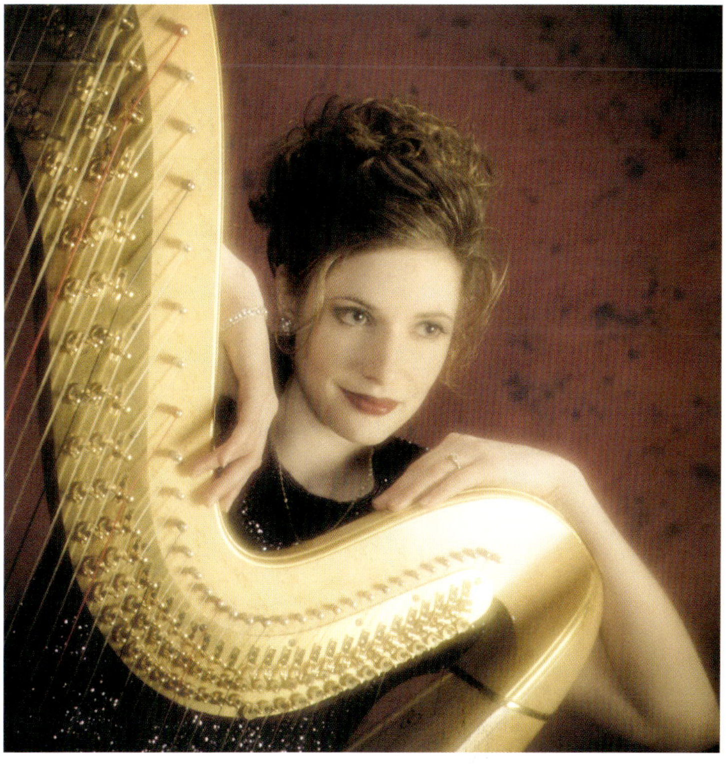

在环形照明中，发型光和背景光的使用方式与派拉蒙式照明一样。

伦勃朗照明 伦勃朗照明(又叫45°角照明)的特点是在人物处于阴影区的面颊上制造一个小三角形亮区。其名称来源于荷兰画家伦勃朗，他普及了这种戏剧风格的用光方式。这种照明具有戏剧效果，为女性拍摄时常常使用。在这种照明方式中，通常使用很弱的辅助光来强调阴影面的亮区。

与环形照明和派拉蒙式照明相比，伦勃朗照明的主光位置更低，更偏向一侧。事实上，主光几乎来自拍摄对象的侧面，其位置依赖于人物的头转离相机的角度。

辅光的用法与环形用光一样。不过，为了让头发上有更多的亮光，发型光距离人物更近。背景光仍处于标准位置上。

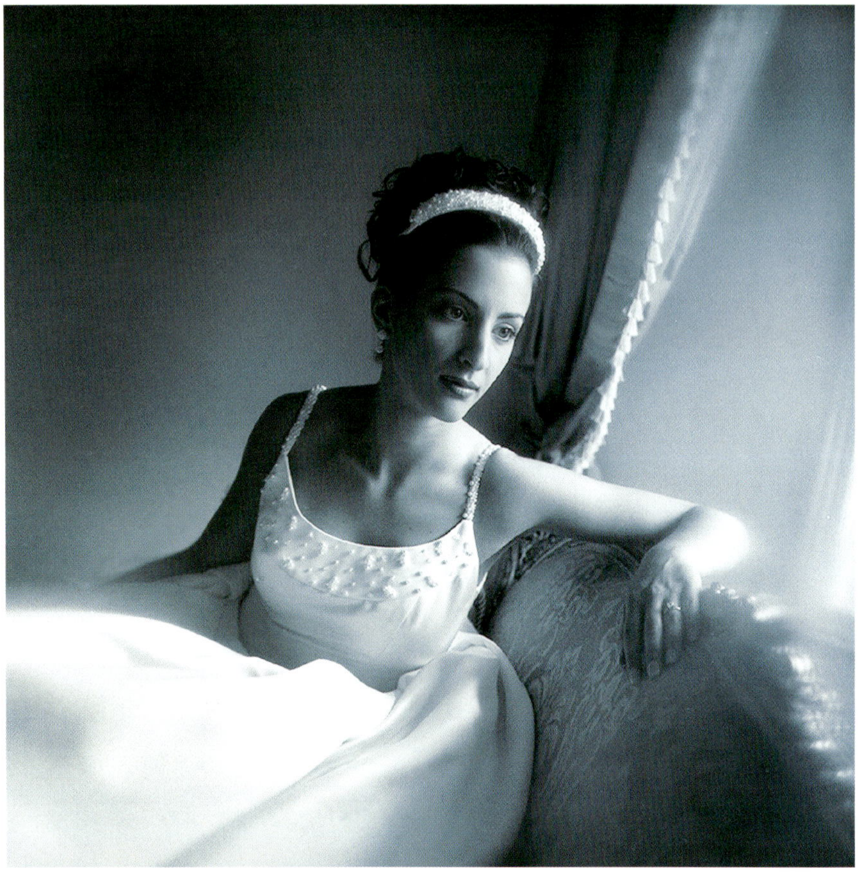

上图：经典的伦勃朗照明的特点是在处于阴影区的脸颊上制造三角形的亮光区。安东尼·卡瓦在拍摄这幅杰出的人像时用窗户的自然光作主光，用一个镀银反射器作辅光。他用了哈苏相机和80毫米镜头，在Lindahl镜头上安装了一个Lindahl嵌入式过滤镜。

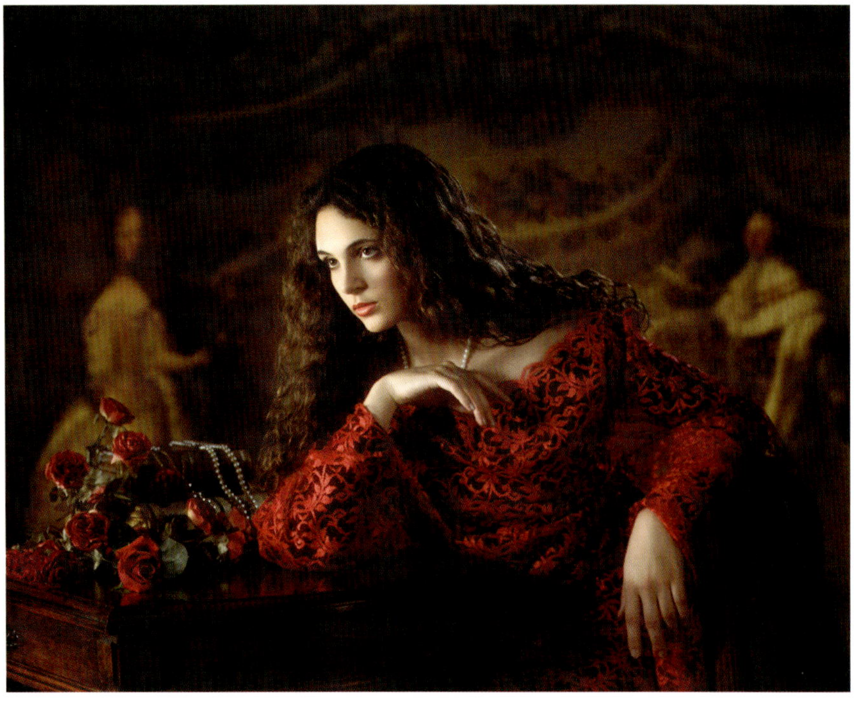

下图：约瑟夫和路易斯·西蒙拍摄的这幅人像名叫《蒙娜丽莎》。其用光特点是：强光接近伦勃朗照明方式，为了减少用光的戏剧效果，又使用了柔和的辅光。人物的姿势非常优雅而美丽——右手的曲线恰好指向左手，它在提示欣赏者，双手是解读人物个性的关键。清晰的发型光使她的头发和背景更加生动，而背景是由被称为背景机的背景投影系统放映的手绘挂毯。拍摄这幅人像用的是康太克斯645相机，柯达645数码专业机背。

上图：大卫·威廉姆斯的墨尔本照相室有一个朝南的大窗户（就像我们北半球朝北的窗户一样），它能提供充足明亮的柔和光线。为了制造漂亮的分割式照明模式，他只用一个小反射器或者反光伞来补充光线，提高光比。在本图中，他只用了一个小反射器照亮新娘处于阴影区的面颊。

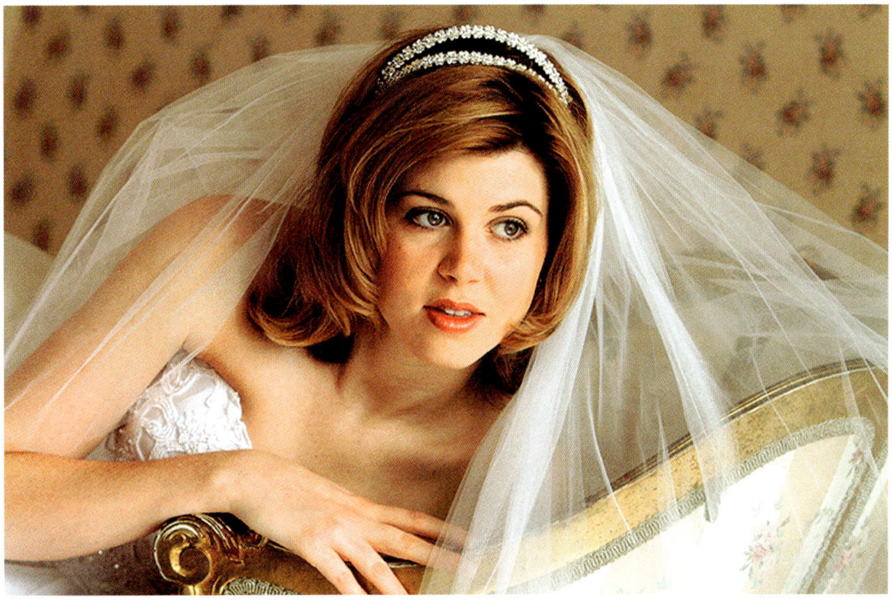

下图：大卫·威廉姆斯喜欢现实主义的人像。在他拍摄的人像中，你几乎能伸手触摸到人像的点点滴滴。在本图中，他运用柔和的侧面光在人物脸上形成了45°角照明模式。你能清楚地看到门上的纹理和人物身上的各种工具。大卫通过仔细的曝光保留了图像的阴影部分——阴影中的细节表明房子还没装修好。拍摄使用的是富士Fine Pix S2专业相机，适马 DG 24～70毫米变焦镜头，光圈为f/2.8。

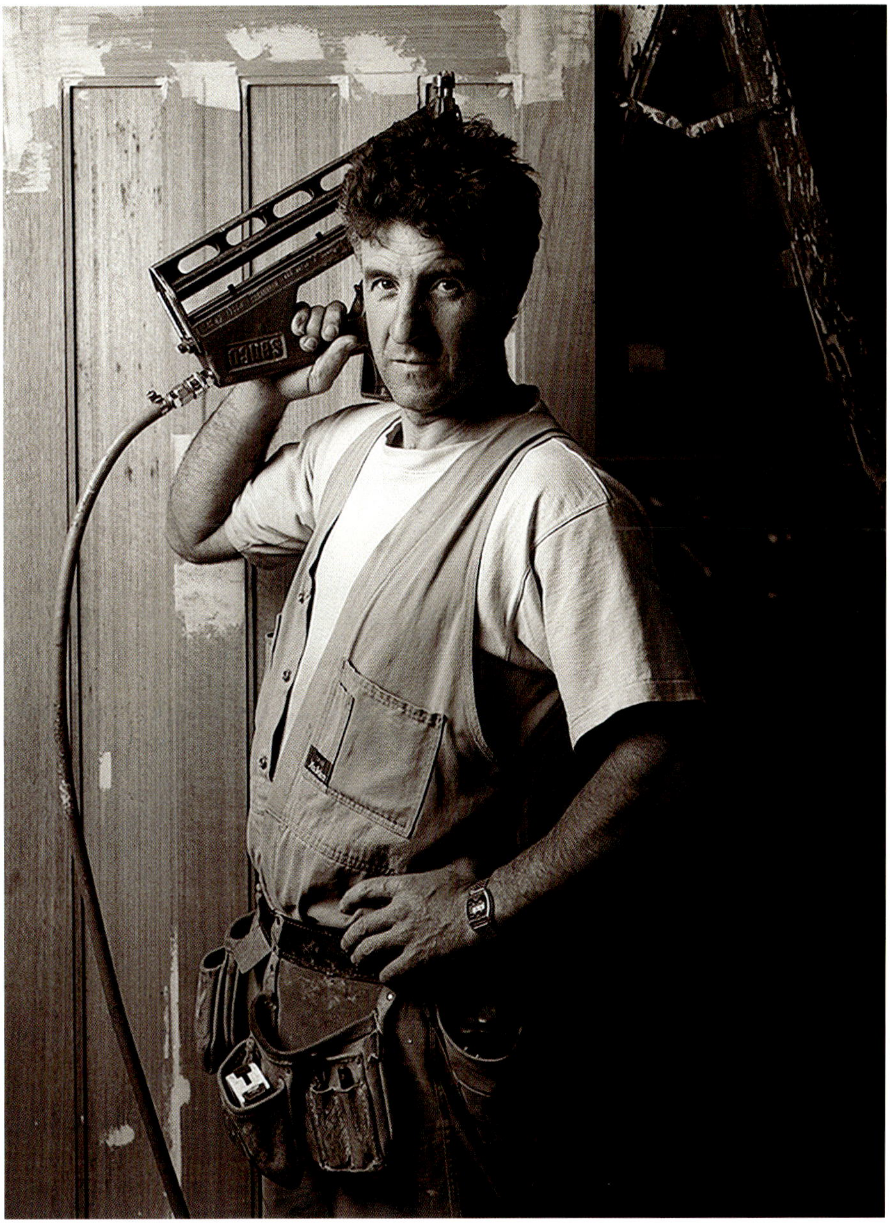

在伦勃朗照明模式里，常使用轮廓光塑造面部两侧轮廓，以及制造鲜明的亮区。要注意的是，使用这种光时不要让它们直接照到相机镜头上。最好的检查方法是：把手放在拍摄对象和相机之间轮廓光的轴线上。当手放在镜头前面时，看看你手的影子是否落在镜头上。如果镜头上有影子，就证明轮廓光直接照到镜头上了，应当进行调整。

分割式照明 当主光只照亮半边脸时就是分割式照明。这是把拍摄对象拍得苗条的最理想光线。用它可以让胖脸变瘦，宽鼻子变窄。它也可以和微弱的辅助光一起使用掩盖面部的不对称。只用主光不用辅光会产生更强的戏剧效果。

在分割式照明中，主光更偏向人物的一侧，位置也更低。有时候，根据拍摄对象转离相机的角度，主光甚至偏到人物侧后的位置。此时辅光、发型光和背景光都按正常方式使用。

侧面照明 当人物的面部与相机成90°角时，通常用侧面照明方式。这是一种突出优美轮廓的动人的照明方式，与过去相比，这种照明人们用得少了。但在今天，它仍不失为一种时髦的人像照明方式。

在侧面照明中，主光置于拍摄对象身后，照亮其侧面并在面部边缘形成强光区。主光同时也照亮拍摄对象的头发和颈部。应当注意的是，主光的核心应该集中在脸上，而不是颈部和头发。

辅光此时与主光在相机的同一侧，并使用一面反射器为阴影处补光（看侧面照明图解）。可在主光的对面选用发型光，使头发和背景的色调更好地区分开。背景光正常使用。

要点

在为我们所讨论的人像基本照明模式安排灯光时，重要的是你自己要敏感。如果你只是把光对准拍摄对象，就很有可能把拍摄对象照得过亮，强光区一片苍白，毫无生动的细节可言。你必须小心地调整灯光，然后在相机的位置上观察灯光效果。

羽毛遮挡 与用灯光的中心部位照亮拍摄对象不同，这回用羽毛把灯遮住，只用灯光的边缘部分去照亮拍摄对象。这种办法可以加强高光区的亮度，记录下反光（纯白）的亮区，进一步增强人像照片的立体感。但是，由于你用的是灯光的边缘，有时你可能会使光的强度略微下降，没能明显增加光亮区的亮度。这种情况下，最好横向稍微调整一下灯光的位置，然后在取景器中检查一下效果。

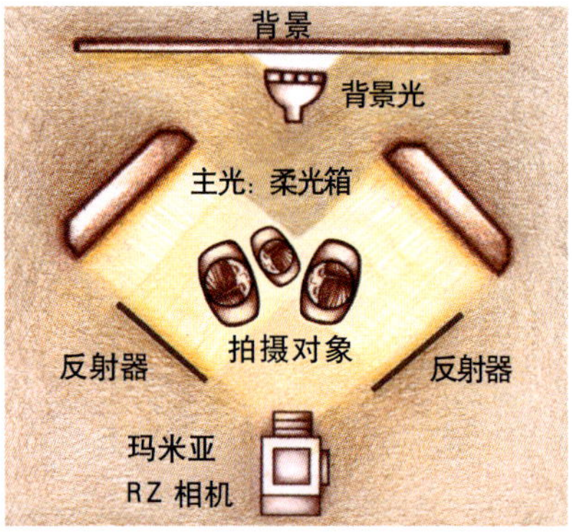

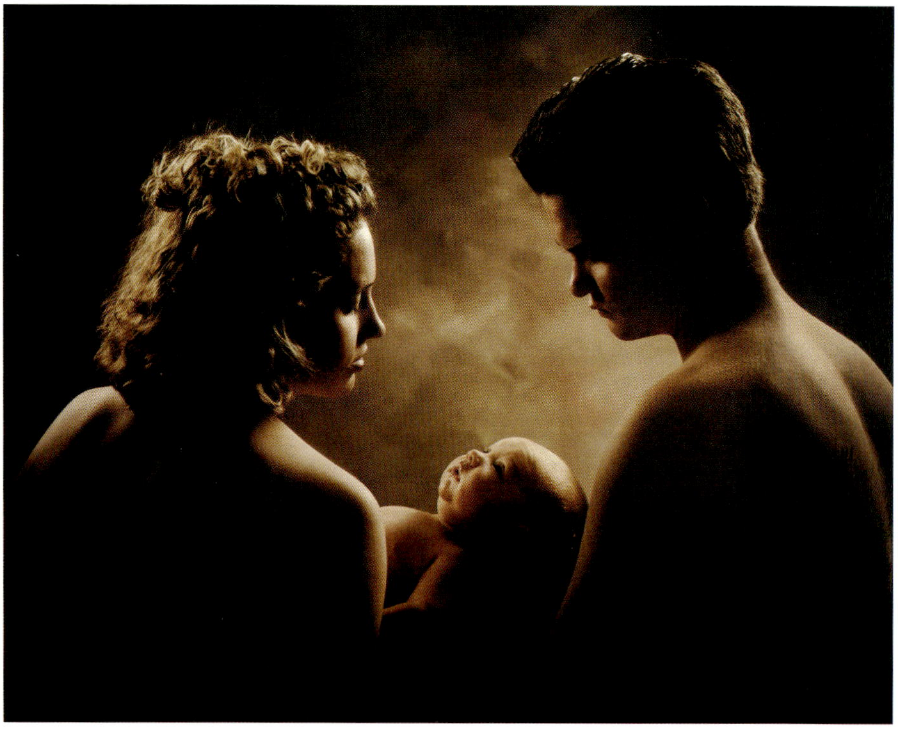

如果使用得当，侧面照明是你能使用的最漂亮的用光方式之一。本图中，摄影师采用两束主光，都是30英寸(76.20厘米)柔光箱。第3个柔光箱用来照亮背景。两束主光都照到婴儿的身上。为了强调母子之间的纽带关系，照到母亲身上的光比照在父亲身上的光强1挡。唯一的辅光是主光散射出来的光线。测光是以母亲面部的亮区为基准完成的。戴尔·汉森使用玛米亚RZ 67相机，120毫米镜头拍摄此人像。胶卷为柯达NC 400，曝光时间1/125秒，光圈f/11。

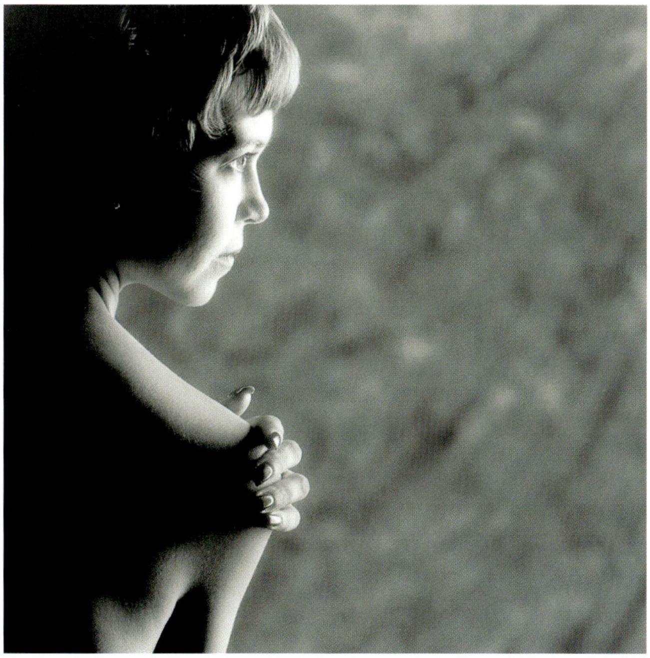

这是另一幅娴熟运用侧面照明方式拍摄的照片。在本图中，主光灯的位置几乎与她的面部平行，能照亮脸部正面更多的地方。没有使用辅光，阴影区看上去“逐渐变成了黑色”。摄影：托尼·考贝尔。

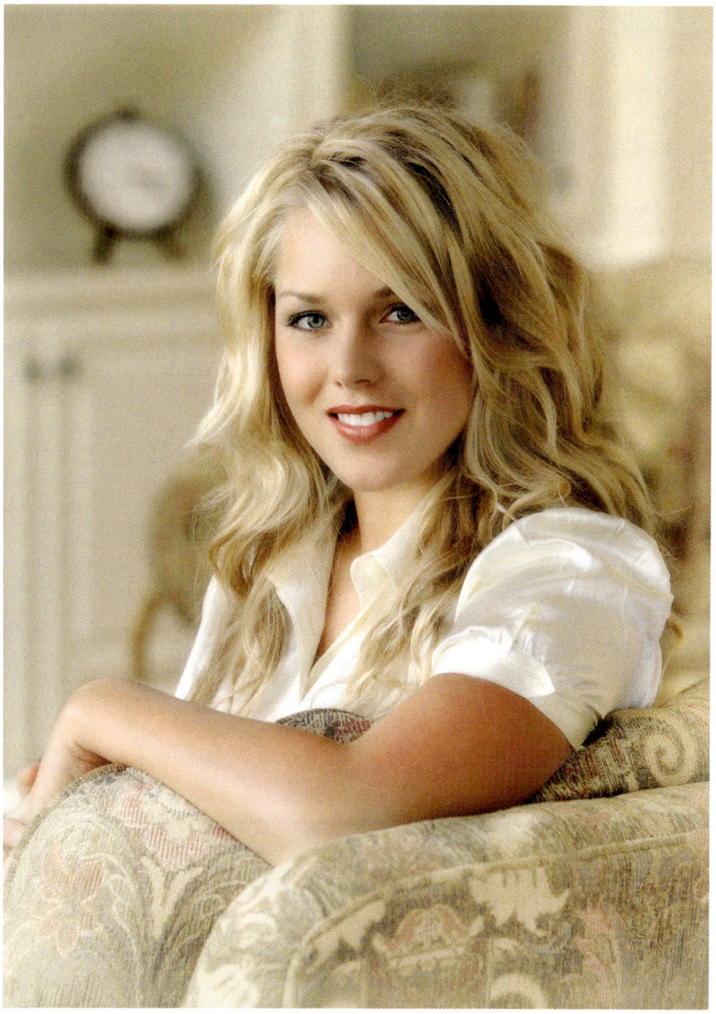

高调照片不一定都是白色的。在福兹·杜恩凯尔拍摄的这幅人像中。作为主光的柔和窗户光与反射器反射的辅光之间的光比接近2：1。此外，为了让色调更接近强光区的色调，照片故意轻微过度曝光。照片中最暗的色调大约是18%灰度。用的是尼康D1X相机，尼克尔80～200毫米变焦镜头，光圈f/2.8。

有时候，无论如何调整主光，你都无法让人物的皮肤“突出”。这种情况通常意味着光源距离拍摄对象太近，而且把他照得过亮了。把灯向后移，根据照相室的大小和光的亮度的不同，主光的工作距离一般为8～12英尺(2.44～3.66米)。

辅光灯的摆放 辅光灯本身也会带来一系列的问题。如果辅光距离人物太近，在面部的阴影区就会形成反光高光区，使皮肤看起来油腻。如果这样，把相机和辅光都向后退一点，或者把辅光灯横向移动，距离相机更远些。也可以用羽毛挡一下。这种限制辅光的办法比关闭遮光板来降低辅光强度要好得多。

辅光经常产生的另一个问题是出现多处反射光。它们是那些出现在眼睛虹膜上小的反光区（纯白色）。用辅光和用主光一样，都会出现一组反射光。这两种反射光会让拍摄对象看上去像“发呆”，眼神毫无方向感。第二种反射光通常在修描时去掉。

光比

“光比”这个术语被用来描述面部强光区和阴影区之间光的强度的差别。它通常用数字表示，例如光比3：1的意思是，脸部强光区的亮度是阴影区亮度的3倍。

光比是这样测定的：先用测光表测量照射到面部两侧的辅光强度，然后测量面部主光的强度。如果辅光紧挨相机，它就向面部两侧（阴影区和强光区）各照射1个单位的光。而主光则只照亮面部的强光区，它不往阴影区投射光线。如果主光和辅光的强度一样，那么你的光比就是2：1（辅光照射到面部两侧各1个单位的光，而主光那1个单位的光只照到强光区。这就意味着照射到面部强光区光的强度是阴影区的2倍，这样就得到了2：1的光比）。

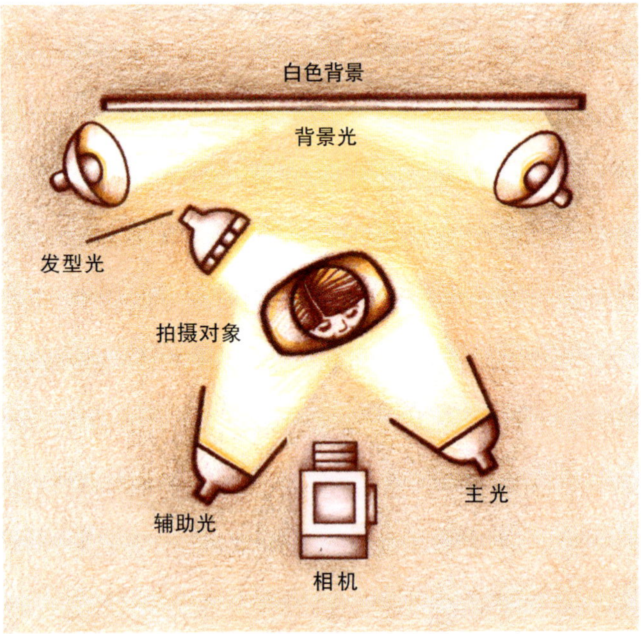

在高调照明设置中，如果你想得到纯白色背景，你必须过度照亮背景。本图使用2 个泛光灯照亮背景，使背景的亮度比人物正面的亮度高1 档。

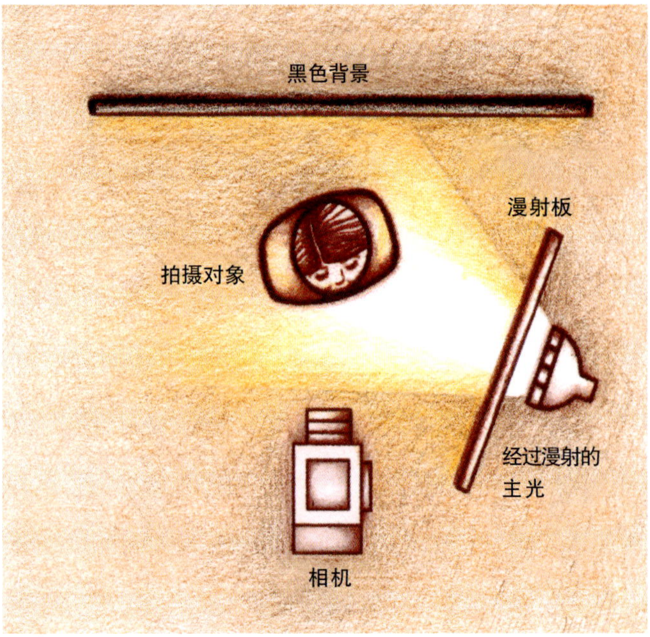

在低调照明中，只在一侧使用一盏灯。为了保持照片的黑色基调，既不用背景光，也不用发型光。

光比虽然不能决定场景的总体对比度（决定因素是拍摄对象的服装、背景和面部的色调），但确实说明了光在拍摄对象身上形成的对比度。光比也可以说明面部能够被光线变瘦的程度。光比越高（面部强光区和阴影区的色调区别越大），拍摄对象的脸显得越瘦。由于光比反映的是辅光和主光之间强度的差别，因此光比也能预见人像最终将会有多少阴影区细节。

光比 2：1 是你所能使用的最低光比。这种光比只能最低限度地表现面部的完整性，最适合用于拍摄高调效果。高调人像是指使用低光比、浅色调，并通常选用白色或者浅色背景的人像照片。

当主光比辅光的强度高 1 挡时就形成 3：1 的光比（面部两侧各 1 个单位的辅光，高亮度一侧再加2 个单位的主光，因此形成3：1 的光比）。无论是拍摄黑白照还是彩照，这种光比都深受喜爱，因为这种光比下的曝光能将阴影区和亮区的细节都表现得很生动。它能表现面部的丰满程度，因此用于拍摄普通脸形最理想。

当你想获得戏剧性效果，或者想把人物拍得瘦削些的时候，你可以用 4：1 的光比（主光比辅光的亮度高 2 挡）。这种光比下，面部阴影区中的少许亮光也失去了，人像的重点在强光

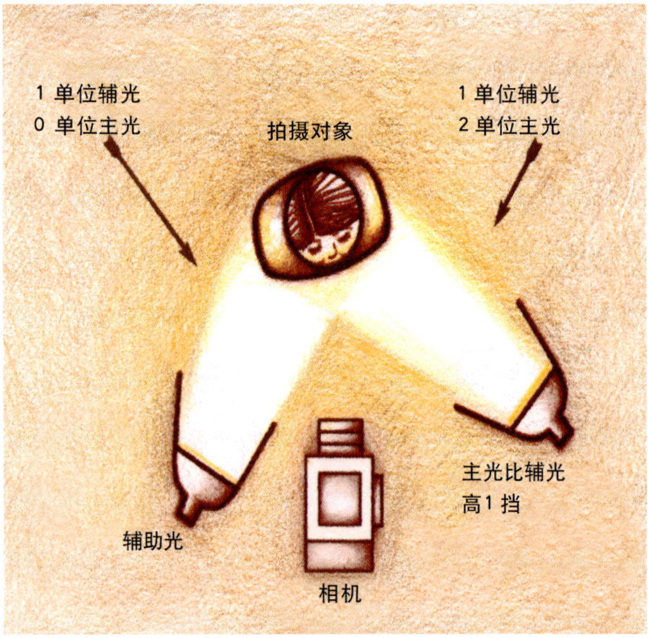

在这个光比为 3：1 的设置中，主光和辅光的输出相同，但主光更靠近拍摄对象，因此主光比辅光高 1 挡。辅光各照射1 个单位的光到达面部的强光区和阴影区。强度为辅光 2 倍的主光，只向面部的强光区照射了 2 个单位的光。主光没有把光照射到阴影区，因此光比是 3：1 。

区。4:1或者更高的光比适合拍摄低调人像，其特征是暗色调，通常采用黑色背景。

5:1 光比（主光比辅光的强度高3 挡）以及更高光比会拍出反差强烈的照片。用来表现人物的戏剧性效果最为理想，常用来研究人物特征。高光比的情况下，阴影处的细节特点几乎无法表现，因此，除非你只想关注强光区细节，建议你不要用这种光比拍摄彩照。

在决定使用何种光比时，必须考虑你所使用的胶片。受彩色相纸色调宽容度的限制，彩色胶卷适合的光比是3:1 。而黑白胶卷能承受更高的光比，最高可达8:1 ——此时，如果要把强光区和阴影区的细节都表现出来，则需要近乎完美的曝光技艺才行。

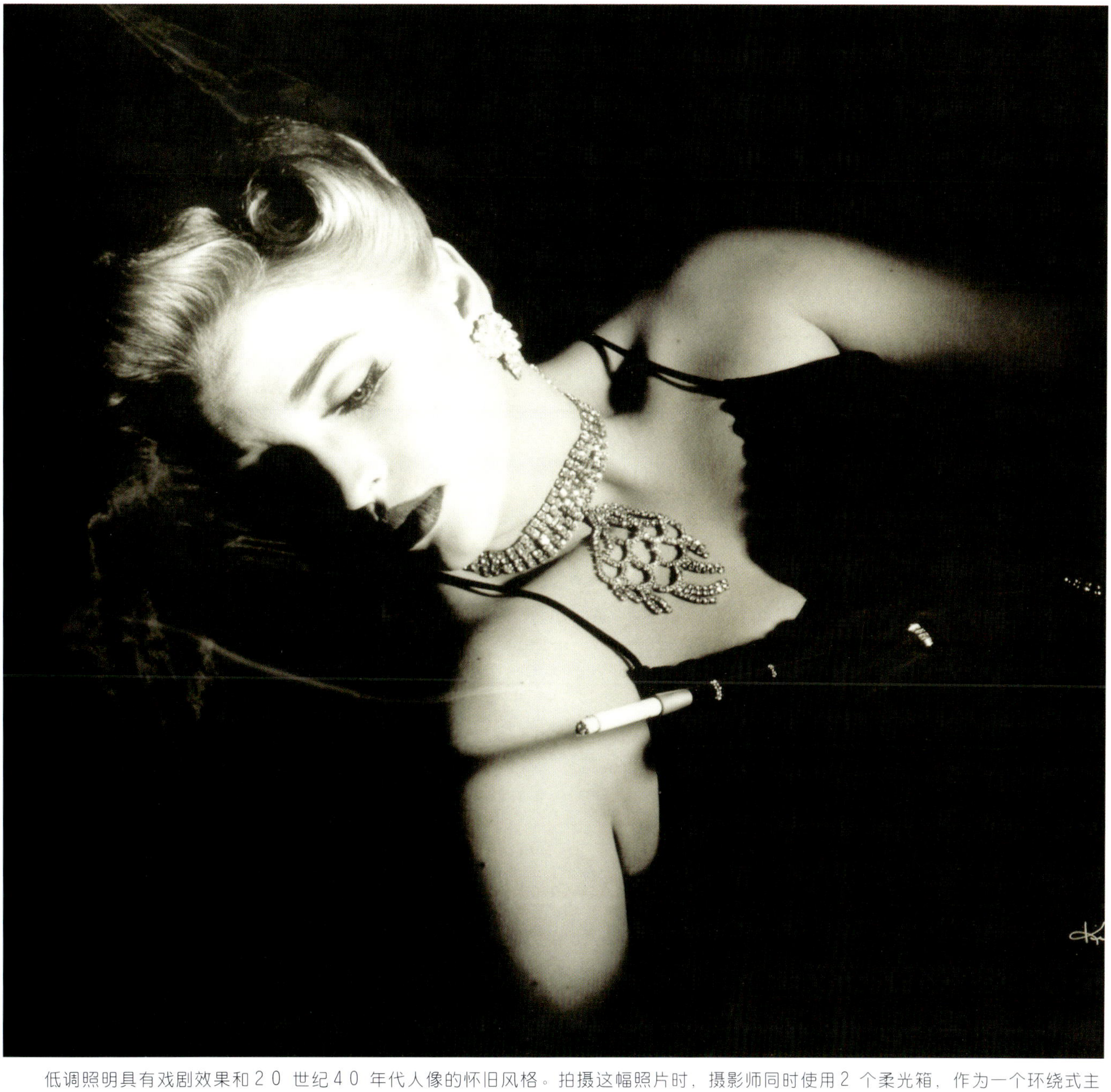

低调照明具有戏剧效果和20 世纪40 年代人像的怀旧风格。拍摄这幅照片时，摄影师同时使用2 个柔光箱，作为一个环绕式主光，没有使用辅光。为创作这幅人像，基默瑞·理查森用的是玛米亚645 相机，80 毫米镜头和T-Max100 胶卷。光源是2 盏分别放在左右2 个柔光箱内的诺尔曼LH4a 灯，它们与相机分别成45°。

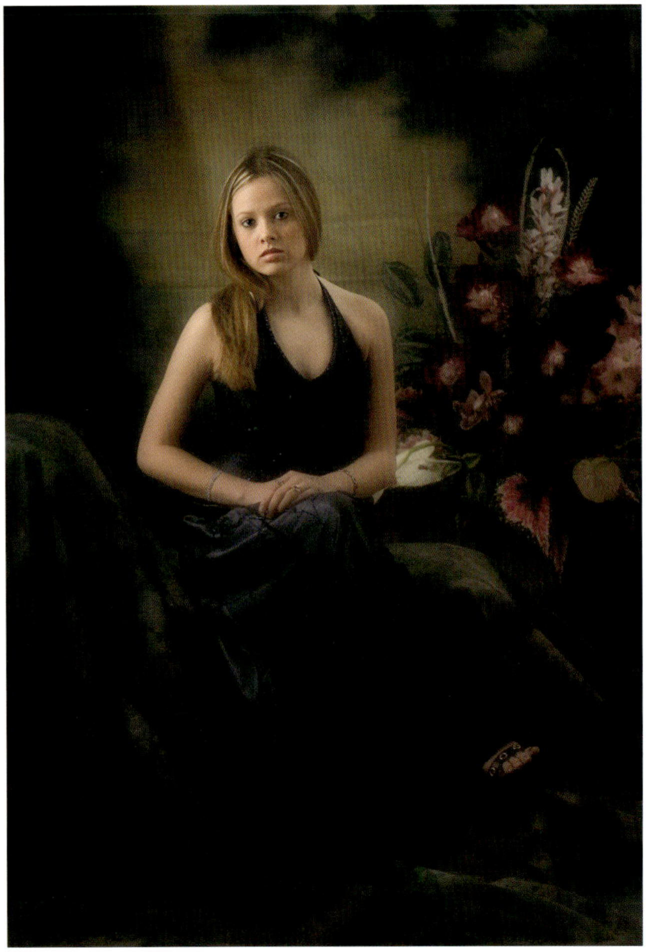

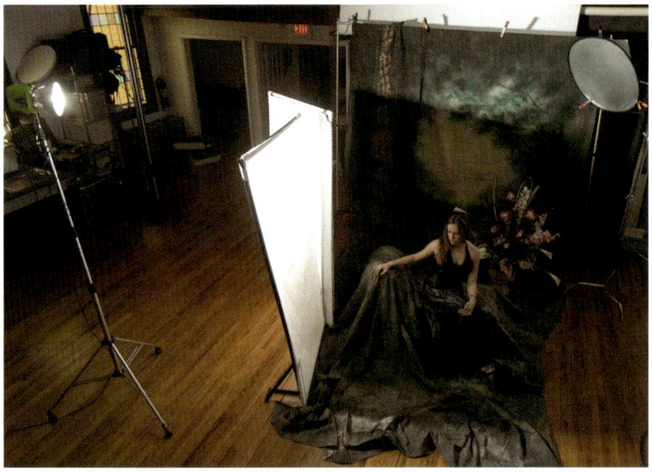

在这一系列图片中，克劳德·乔德恩向我们展示如何只用一种主光而不用辅光来创作低调照片。一盏Alien Bees闪光灯透过两个纱幕制造出柔和的环绕式分割照明效果。一个镀银反射器把一小束光反射到人物的头发上，产生三维效果。为了表现更浪漫的情调，又在Photoshop中添加了温和的漫射（高斯模糊）。尽管照片是低调的，但光比只有2：1。低调效果是通过偏向阴影曝光以及整体使用暗色调来获得的。

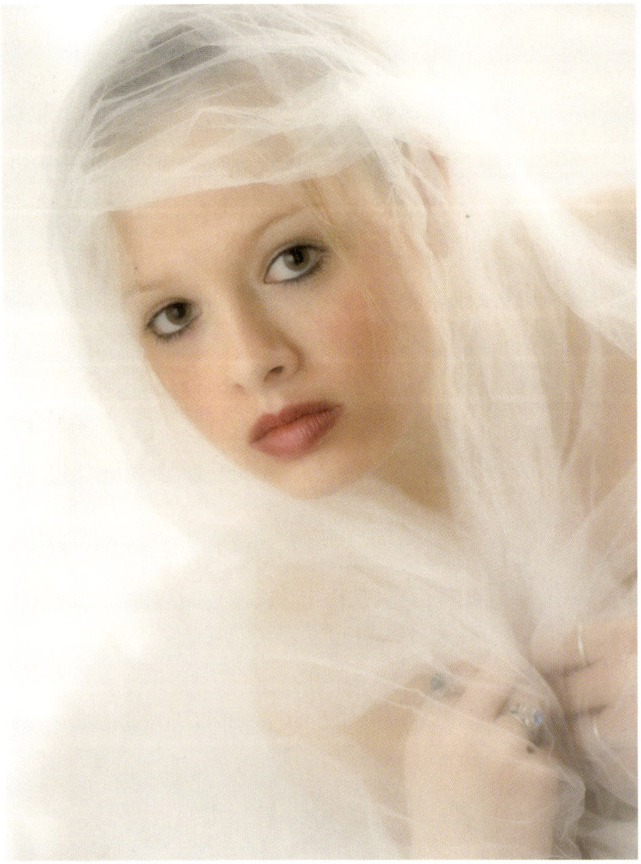

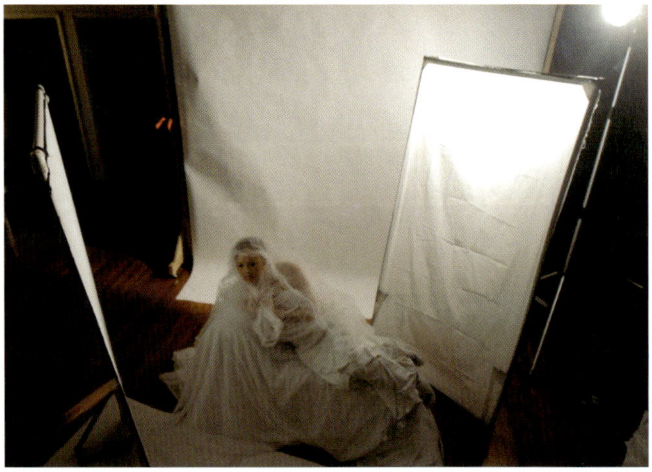

克劳德再次展示了如何用一盏灯拍摄人像：光从后面透过纱幕照过来，并用另一片纱幕作为前反射器。同样小功率的Alien Bees闪光灯从高处瞄准拍摄对象，在她身上形成顶部背光。为了制造高调人像的效果，照片偏向强光区曝光。在拍摄这些照片时，克劳德使用了富士FinePix S2相机，通过华莱士曝光盘自定义白平衡读数。克劳德拍摄时使用精细JPEG格式，在Photoshop中，他从不管色彩平衡，因为他在相机中早就做好了。

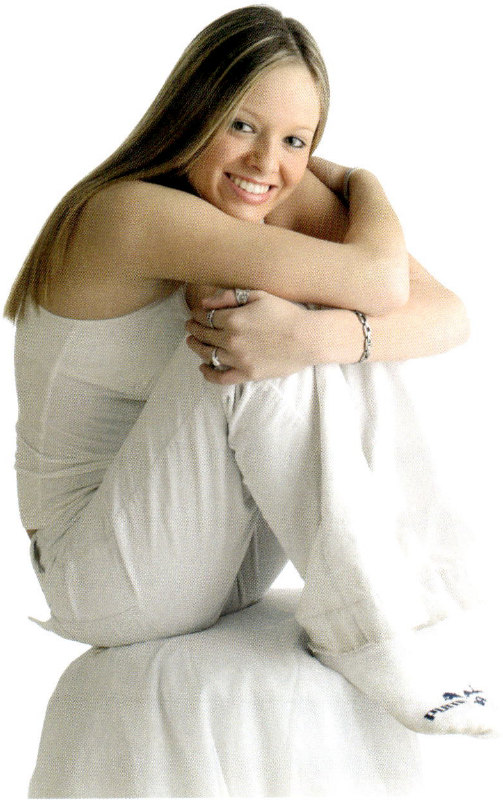

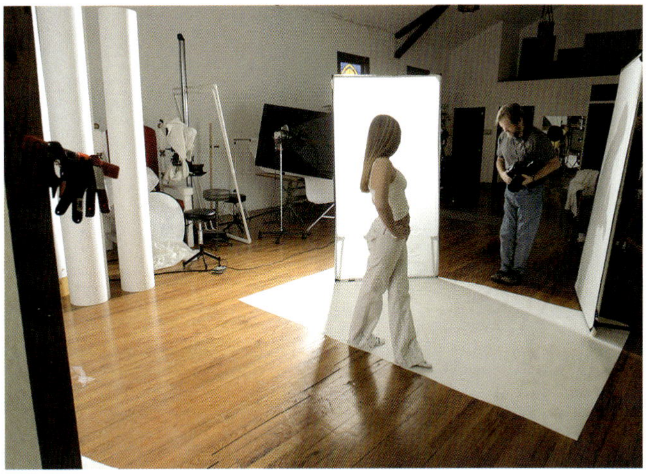

克劳德非常喜欢这幅照片（主要因为这双“Puma”牌的袜子）。这幅高调照片仍是用一盏低功率Alien Bees 闪光灯拍摄出来的。观察拍摄对象的站姿你可以看到，灯光透过纱幕照射过来，另一个立式纱幕和铺成白色的地板充当了辅光。这幅照片能充分体现克劳德的数码人像中所表现的那种清清亮亮的白色。这是他引以自豪的特征，这要归功于华莱士曝光盘和恰当的曝光。

布置光源

多数摄影师按自己的程序安排人像摄影的灯光。当你获得一些经验以后，你也会形成自己的体系。你可以先从下面的计划学起。

一般来说，你要安排的第一盏灯应该是背景灯（如果你需要）。 把它放在拍摄对象身后，照亮你需要的背景部分。通常情况是，背景距离拍摄对象越近的部分越亮，离拍摄对象越远的部分就越暗。灯光向下照射就能做到这一点。如果构图中拍摄对象面前的空间比身后大，从相机看，他/ 她身后的光线应该比前面亮。换句话说，如果拍摄对象在取景框中稍微偏左一点，取景框中的左侧的背景光线应当比右侧亮。这样有助于增加人像的方向感。架设背景灯时，其他所有的灯都应该关掉。

接下来该安排发型光了（如果用）。安排发型光时也要把前置光都熄灭，这样可以看到是否有散射光照到脸上。如果有，调整光线位置直到它只照到头发为止。为男人拍摄时，有时发型光同时兼作轮廓光，照亮头发的同时，也会照亮一侧前额或面颊。

下面该安排辅助光了。通常它安置在相机附近（参看46～47 页图）。根据你想得到的阴影量调整辅光量。只打开辅光来检查拍摄对象的面部，看看皮肤是否显得太油或者面部轮廓是否显得扁平。如果调整辅光不能纠正上述问题，你必须用化妆粉饼擦去脸上过度的油脂。如果皮肤看上去太粗糙且毫无生气，增大辅光的强度。

下一步，打开主光并调整到你期望的用光模式。为了达到你需要的光比，把灯移近点或挪远点。测量光比的最好方法是拿一个入射式测光表，先在面部阴影区前面测量，再到亮光区前面测量，在这两种情况下，都要让测光表正对着光源。通过测量2 种光线强度的差别，你就能得到光比：

主光和辅光强度相同，光比为2∶1

主光比辅光高1挡时，光比为3∶1

主光比辅光高2挡时，光比为4∶1

主光比辅光高3挡时，光比为5∶1

曝光测量

如果使用入射式测光表，把测光表拿到拍

摄对象的鼻子跟前，并直接指向镜头。如果发现有任何背光（如发型光或者轮廓光）照到了测光表的感光半球上，就要把这些光遮住，因为它们对曝光有不利影响。在决定是否曝光正确时，你只对正面光的强度感兴趣。

另一种能够正确测量曝光指数的是点测光计，它只有很窄的视野——通常小于5°。点测光计是反射式测光计，要想获得最佳效果，应当和18%的灰卡一起使用。把灰卡放在照亮人物的光里边，那就能产生恰当的曝光设置。如果你想检验光比，持灰卡面对主光光源，在那个光轴上测个读数。辅光也这样测，手持灰卡对准光轴，并在光轴上测个读数。测量读数时要确保卡上没有任何来自其他光源的眩光。

黑旗或者遮光黑布

由于光的本质特征，有时很难防止令人讨厌的光照到人像的某个部位。一个很好的例子就是双手，它们吸收了太多的光，并在人像中得到了太多的注意力。一个很好的解决办法就是使用一种被称为遮光黑布的装置，它是一种很轻的遮光卡，通常是黑色的，放在活动的灯架上。遮光黑布，有时也叫黑旗，放在相机和拍摄对象之间防止某个部位受到光的直射。如果放在漫射光通道上，光会绕过黑布，产生一种微妙的遮光效果。光源被漫射的越少，遮光黑布的作用越明显。

反射器

与黑旗相对的是反射板，它们可以是白色、亮银色，也可以是亮金色的。它们可以是有弹性的，也可以是硬质的，但它们的唯一作用是把光反射到照片中的阴影区。反射器可以充当辅光，尤其当你使用大量漫射光作为主光时。由于有太多的光从漫射光源散发出来，因此反射器就充当了光线收集器的角色，把光线集中到需要它们的地方。

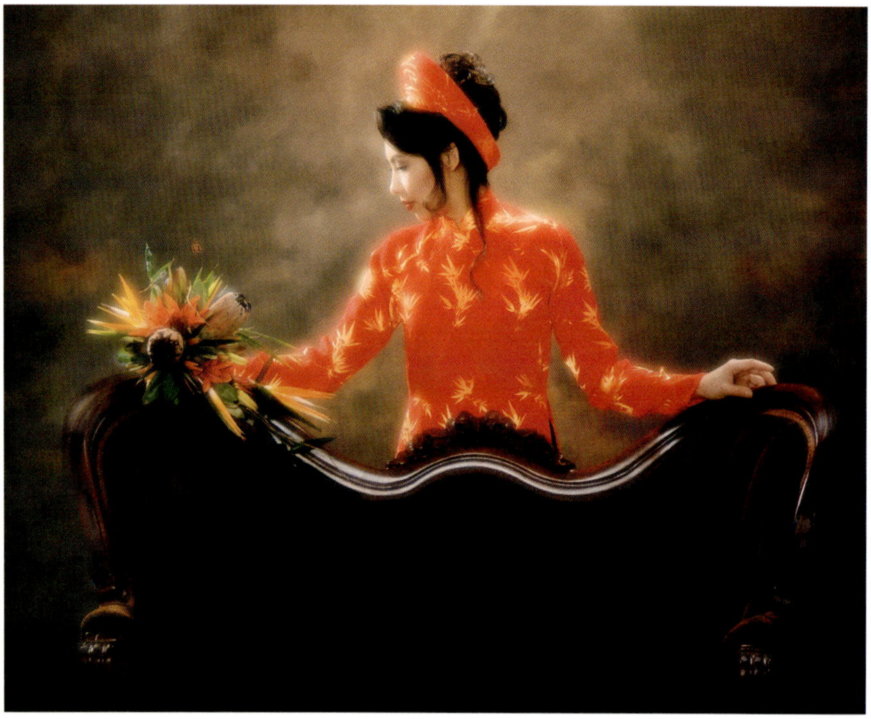

丽塔·洛伊创作了这幅新娘的侧面照。主光——经相机上的柔光镜柔化后微微发光——被安置在新娘身后高过头顶的位置，它在面部阴影区也制造了一个亮区。相机左侧有一盏柔和的灯光充当辅光，产生了3：1 的光比。纤细的玉手优雅地放在深褐色的情侣椅背上，从而制造出令人愉悦的颜色对比。

4. 光的变化

第3章谈到了怎样用基本光实现传统的人像用光模式。如果多加实践，并不断改进，这些用光模式能帮你拍出精美的人像，看上去像是专业摄影师拍摄的。

但是，你可能会发现自己更喜欢那种只用一两种光源的随意照明方式。或许你的经济状况也决定了你只能购买有限的照明设备。无论因为上述哪种情况，你都会对本章感兴趣。

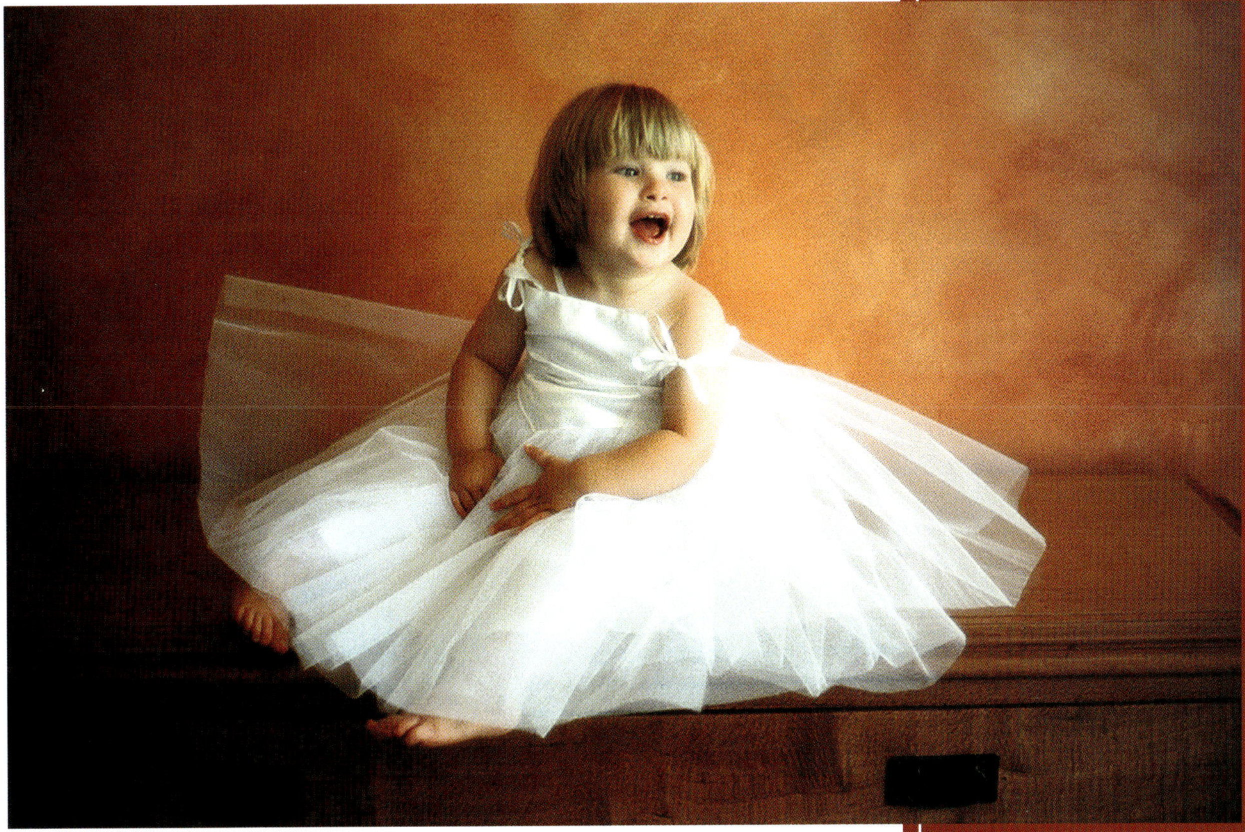

面朝南的照相室能提供漂亮的柔光，只需要很少或者根本不需要辅光。在这张照片里，大卫·威廉姆斯让小芭蕾舞演员坐在一个梳妆台上，这是他为小孩子准备的摆姿椅。拍摄时他只用窗户光，没有用辅光。威廉姆斯常和要拍照的小孩子做一些富有想象力的游戏，逗出孩子极为有趣的表情。

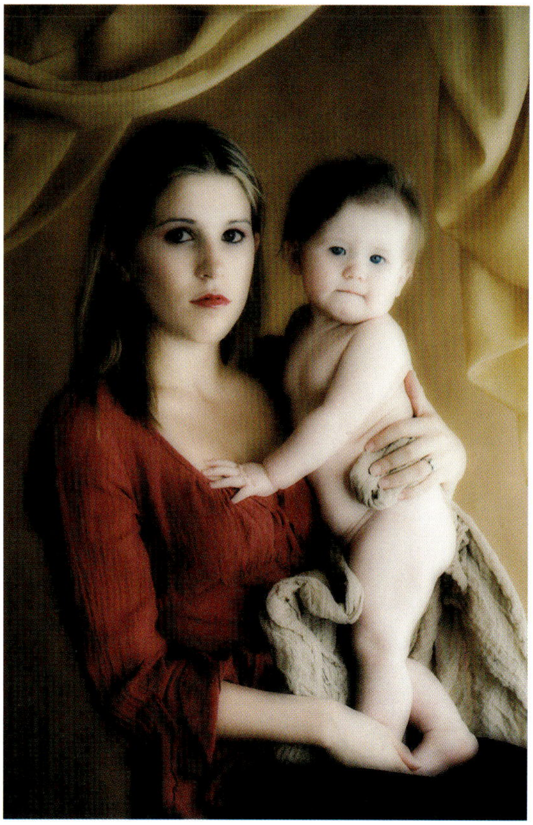 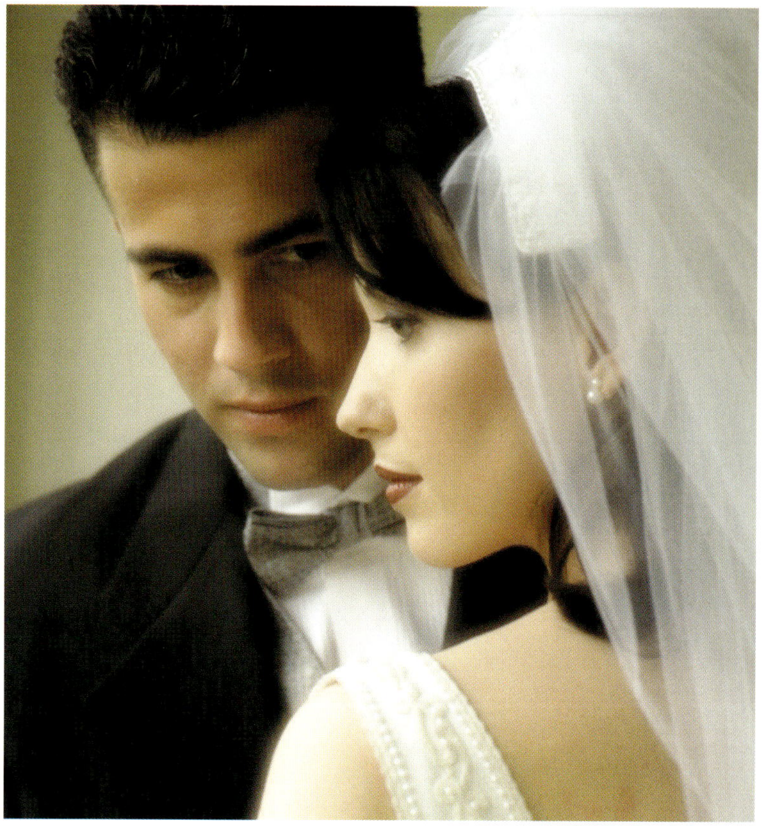

左图：窗户光柔和但有方向性。人物离窗户越远，光线越弱，对比度就越大。照片中母子距离柔和的窗户光较近，图像看上去也很柔和。在Photoshop 中又进行了进一步的柔化处理。詹尼弗·乔治·沃克用尼康F100 相机，尼克尔70～210 毫米镜头拍摄了这张照片。拍摄时用反射器作为辅光，曝光速度为1/30 秒，光圈为f/5.6，胶卷是柯达TCN 400。照片名为《麦当娜和孩子》。

右图：拍摄这幅美丽的侧面照时摄影师用的是透过窗户的自然光。安在相机镜头上的Black Net #2 漫射滤光镜柔化了窗户光。摄影：瑞克·费罗。

本章要概括的用光技巧很简单——多数只使用可用光，或者最多用2 种独立光源。这些用光技巧既简单又经济，你也会发现它们很实用。

窗户光

窗户光是最适宜拍摄人像的光线之一。它光线柔和，能最大限度地掩盖面部的缺陷。同时它又具有方向性，且造型效果良好。窗户光通常相当亮，在用中速胶卷、大光圈时你可以手持相机拍摄。窗户光又常常变幻无常，几乎每分钟都在变，即使在一个拍摄时段内，它也会给人以多种感受。

窗户光也有几大缺陷。由于自然光射进窗户后强度迅速降低，离窗户几英尺（1 英尺约为30.48 厘米）远的地方就比窗户跟前的光线弱得多，因此决定曝光时要格外小心。如果拍摄对象移动一下（哪怕只有6～8 英寸，即15.24～20.3 厘米），曝光值也要随之改变。另一个缺点是，你无法移动光源。因此，你只能让拍摄对象移动来调整人与窗户的相对位置，有时候会造成一些奇怪的动作。如果你在非摄影用的室内拍摄时，有时你不得不使用会分散人注意力的背景，或者在不太舒服的近距离上拍摄。

上午8～9 点和下午3～4 点的窗户光光线最柔和。直射阳光不适宜拍照，它的光线太强，还会在人物身上留下窗格的阴影。人们常说，向北采光的窗户光最适于拍摄人像，这话未必正确。只要光线柔和，从哪个方向的窗户进来的光都可能是高质量的光。

安置拍摄对象　利用窗户光拍摄人像，最难的一点是怎样安置拍摄对象才能使其面部造型看起来更优美。如果让拍摄对象跟窗户平行，你会获得一种分割式照明效果，但比较刺眼。最好让拍摄对象稍微离窗户远一点，那样他/她就可以回头看着窗户。如此一来光线会照到面部更多的地方。

如果你站在拍摄对象与窗户之间，就会获得一种平淡的照明效果。但是，你会发现自己常常挡住一些拍摄时必要的光，或者拍摄对象必须距离窗户相当远才能获得恰当的透视效果和优美的构图。在这些情况下，由于光线太弱，即使用高速胶卷，也无法充分曝光。

通常情况下，把拍摄对象安置在离窗户3～5英尺（0.91～1.52米）的地方最好。这样，你不仅能利用高质量的柔和光线，也能给拍摄对象更多的空间摆个好看的姿势，你的构图也更加赏心悦目。

测光　测光的最好方法是用手持式入射光测光表。把测光表放在拍摄对象脸前的入射光线中，让半球形感光面正对着相机镜头测个读数。

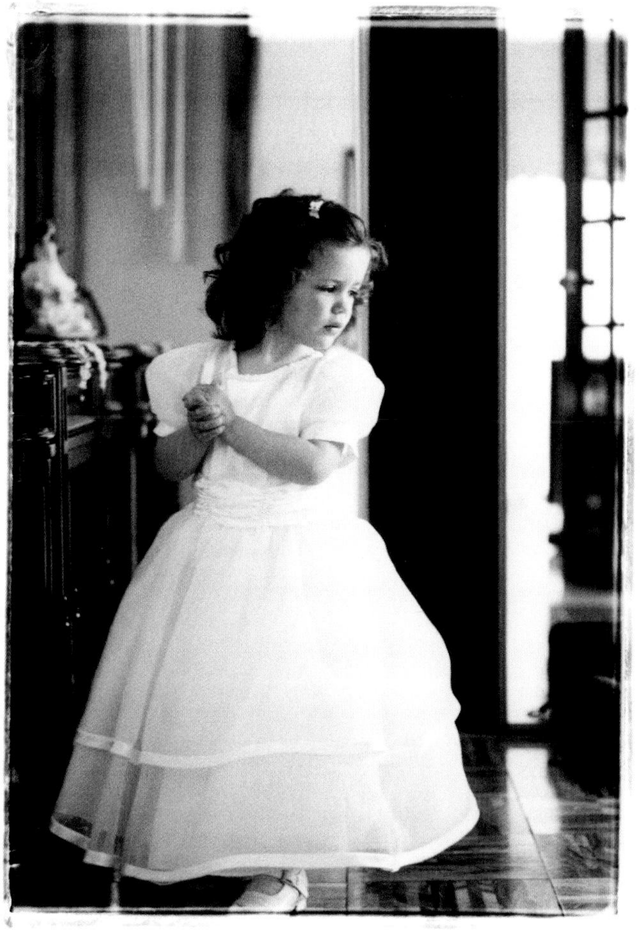

这是一幅用窗户光（从一扇很大的窗户照射进来）和一个镀银反射器拍摄的面部造型优美的经典人像。尼康F100相机，80～200毫米尼克尔镜头，f/2.8，柯达3200 TMZ胶卷，摄影：安东尼·卡瓦。

如果使用反射光测光表（如相机内置式测光表），把测光表拿到拍摄对象跟前，测量其面部反光的读数。如果拍摄对象的皮肤白皙，一定记着：比测光表上显示的至少要开大1挡光圈。多数相机的测光表测出的是平均读数，因此，如果你把它靠近一个肤色一般的拍摄对象时，测光表会测出面部、头发、部分衣服和它能看到的背景，能显示给你一个相当不错的平均曝光读数。

如果你用普通胶卷(ISO 100)，以合理的快门速度（如1/30秒）和大光圈f/2.8，你可以手持相机拍摄。当然还要看当时是一天的什么时候，也要看光的强度，但多数情况下，手持相机曝光应当可以。由于你正在用的光圈最大或者接近最大，因此要谨慎调焦。如果拍摄的是正面照或者八分之七正面照，焦点应该在眼睛上。如果拍摄对象的头转离相机镜头的角度更大些，比如拍摄四分之三正面照，应聚集在鼻梁上。拍摄这些大光圈照片时，景深最小。因此，摆个好姿势、仔细调焦让面部尽可能的清晰。

白平衡　用数码相机拍摄，能自定义白平衡读数，因为多数窗户光是日光和室内光的混合光。对于室内环境光外加日光的复杂情况，最好用华莱士曝光盘。尽管相机固件提供的预设白平衡数值可能够用，但最好还是自定义白平衡读数。

在不断变化的光线中拍摄，每20分钟左右要定义一次白平衡读数，确保变化的光线不会影响场景的色彩平衡。

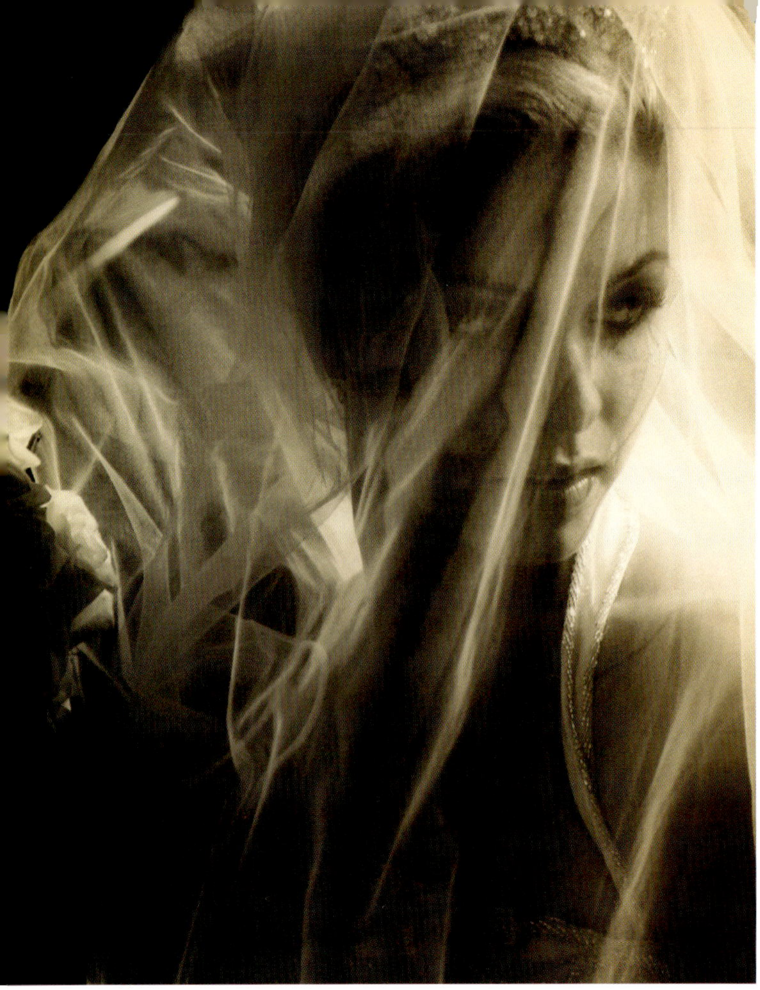

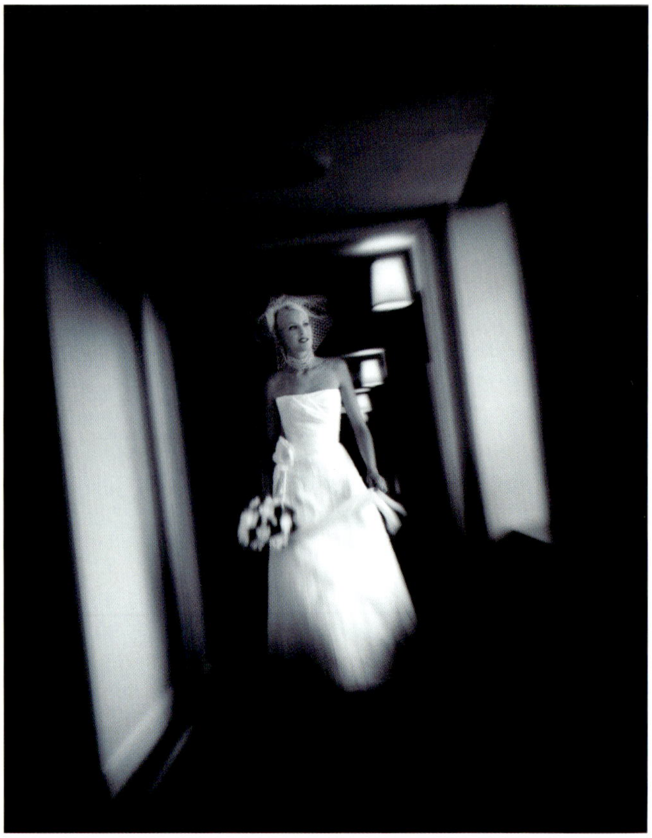

左上图：查尔斯·马瑞恩发现了一个地方有强烈的反射直射光从背后照亮新娘的面纱。面纱充当了漫射镜，柔化了新娘脸上的光线。要让这种光发挥作用，他必须给新娘摆个姿势（尤其是双眼、头和脖子）。为了获得戏剧性用光效果，他没有用辅光。但是用Photoshop 处理照片时，他又进行了大量减淡和加深处理。

右上图：有时没有辅助光可用，摄影师必须充分利用照明环境。在这张照片中，马库斯·贝尔让新娘在走廊里向他大踏步走来，光线透过几个凸窗照射到走廊里。冲洗照片时，他把光线没有照到的地方变成了黑色，给人像添加点戏剧效果。他还在Photoshop 中给照片添加了蓝色调；他又让画面稍稍倾斜，使之具有时装照片的味道。看起来好像是相机的抖动导致了婚纱和花束的模糊，事实上这是用Photoshop 有意添加的“动感模糊”效果。

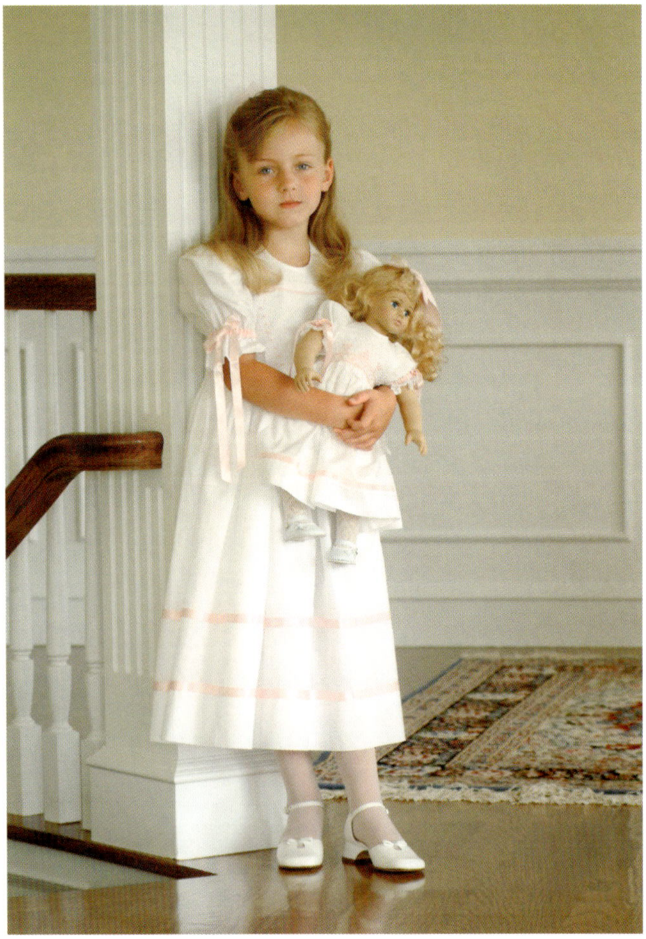

左图：在布赖恩·辛德尔拍摄的这张照片中，距离女孩10 英尺（3.05 米）的一排窗户充当主光，单个反射器充当辅光照亮女孩身上的阴影部分。肖像是用富士公司的FinePix S2 Pro 数码相机及35～70 毫米f/2.8 尼克尔镜头拍摄的。ISO 设定为400，曝光时间为1/90 秒，光圈为f/4.8。注意布娃娃和女孩的搭配——这是摄影师追求的效果。

补光照明 用窗户光拍摄人像遇到的最大问题是没有足够的辅光来照亮人物面部的阴影。给阴影区补光最简单的方法是，在模特旁边对着窗户放一个较大的白色或者镀银反射器充当辅光。这个反光板放的角度要合适才能把光反射到拍摄对象脸上。

如果拍摄大半身或者全身人像，一个反光板恐怕不够；为了让补光效果更好，或许你需要再提供一个光源。有时，你打开房间的几盏灯就能做到全面补光。但有的时候，你可能还得用反射闪光灯才能取得理想效果。

如果你用房间灯光进行补光，要保证灯光的亮度不超过窗户光的亮度。否则，你会遇到奇怪的用光模式，一种不自然的双主光效果。当使用日光平衡彩卷或者日光白平衡设置，并用钨灯做辅光时，你会得到暖色调辉光。只要光被漫射且强度不太大，它不成什么问题。通过测量面部阴影区的读数得知辅光的强度，然后，再测量脸部亮区的读数。面部亮区和阴影区的差别至少应当有0.5~1挡。

把人物身后背景处的房间灯打开是个好主意。这就把原来的黑背景打开了，使人像有更好的纵深感。如果可能，把室内背景灯放在模特身后，但不在相机的视野中，或者放在一侧，仍然在相机的视野之外。如果从照片中能看到人物身后那盏很亮的灯，会分散欣赏者的注意力。

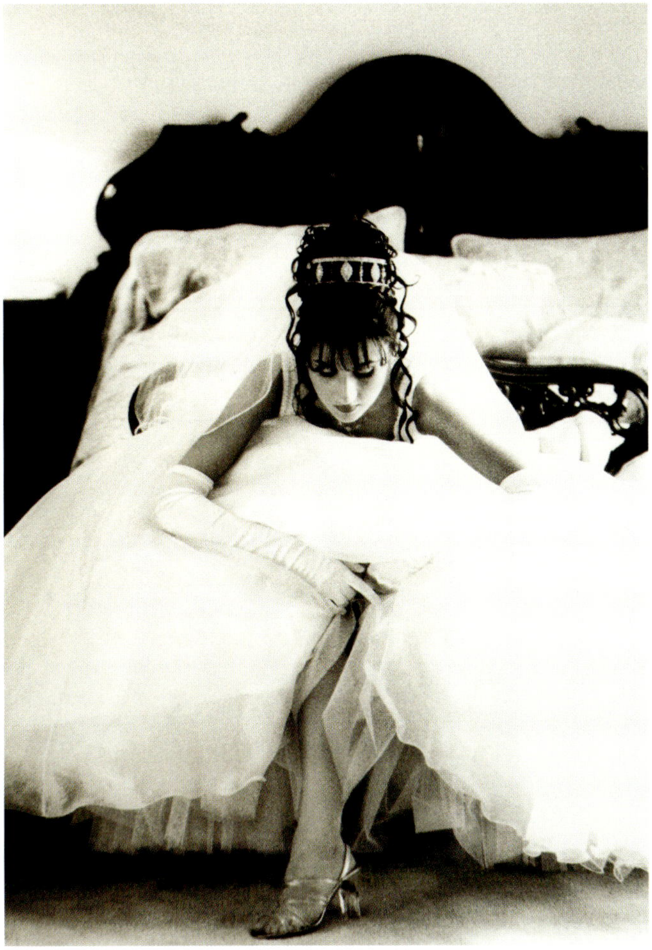

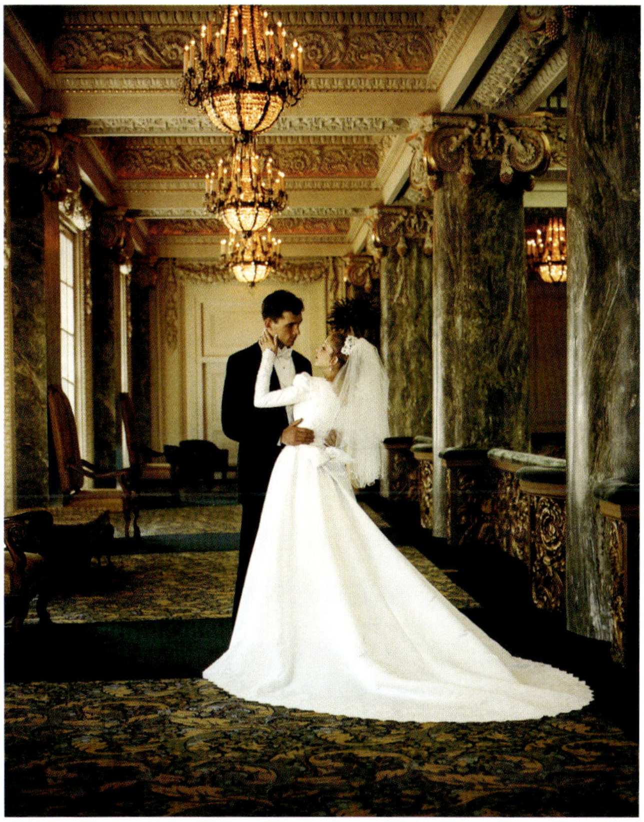

左图：这幅永恒的婚纱照是只用基本的窗户光（从一扇大窗户透过来的光）和一个镀银反射器拍摄出来的。使用的是尼康F100相机，80～200毫米尼克尔f/2.8镜头，柯达3200 TMZ胶卷。为了让辅光尽量照到前面，反射器放在和模特成45°角的地方。摄影：安东尼·卡瓦。

右图：这幅照片是借助左边漂亮的大窗户拍摄的。为了展现走廊的优美环境和四周的摆设，摄影师拖住快门（快门速度与对现场可用光测出的读数相符）拍摄。为了使婚纱看起来更洁白，他用相机闪光灯作为辅光。戴尔·汉森创作这幅照片用的是哈苏相机和80毫米镜头。胶卷是柯达PMC 300，曝光时间为1/30秒，光圈设定在f/5.6，闪光输出设置为f/4。

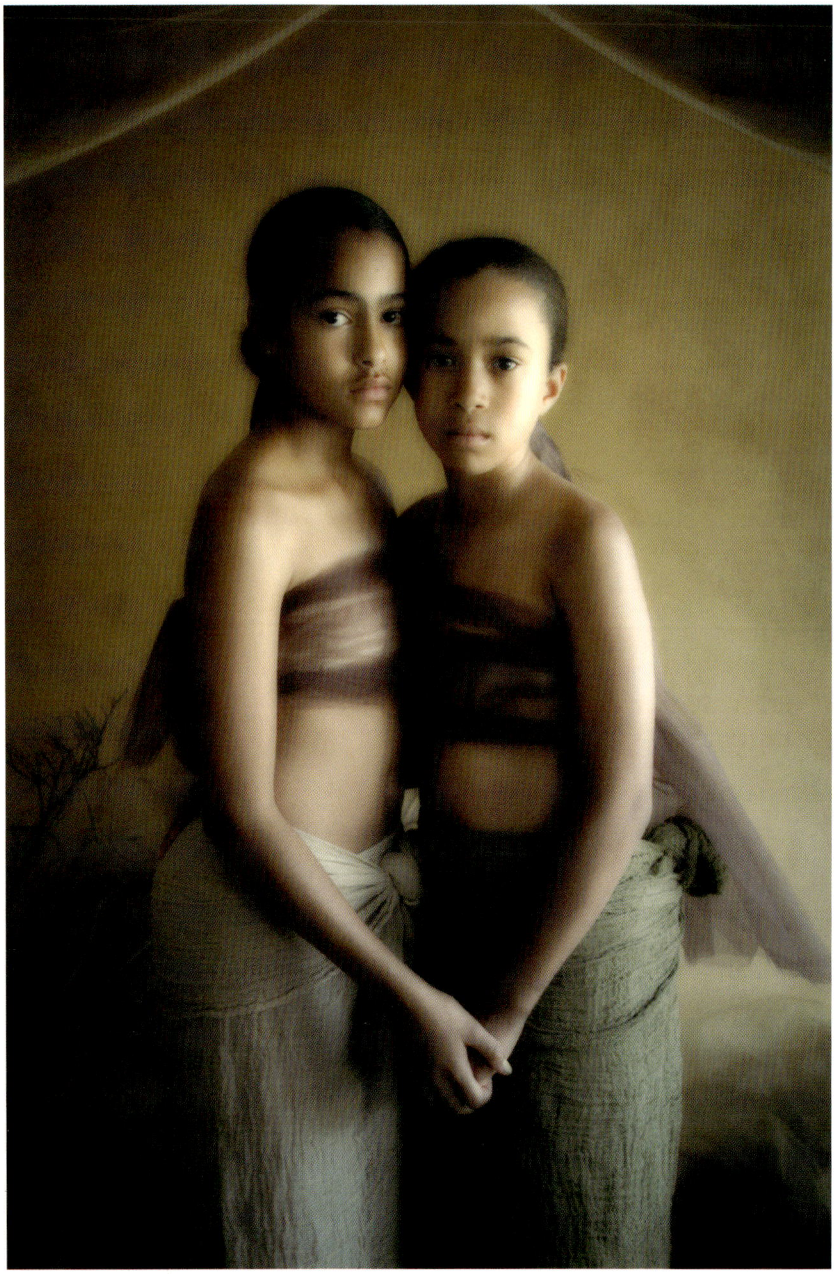

詹尼弗·乔治·沃克只用窗户光就创作出了这幅名为《表姐妹》的完美肖像。她俩的站位很好，因此右边的女孩没有挡住照在左边女孩身上的光。为了保持强光比并为背景增加神秘色彩，詹尼弗最小限度地使用了辅光。她用的是富士 FinePix S2 相机和大广角变焦镜头。ISO 设置为400，手持曝光速度为1/45 秒，光圈 f/3.5。

如果上述补光方法都找不到，就用反射闪光。你可以把光从便携式电子闪光灯反射到反光伞里，或者反射到白色反光板、天花板或者墙面上，但要保证它的亮度比自然光的亮度低0.5～1挡。需要强调的是，使用反射闪光作辅光时，要么用闪光仪测量闪光的强度，要么使用自动TTL 闪光系统，这个自动系统能把日光和闪光精确地混合成恰当的曝光。

如果使用便携式电子闪光的手动模式，要计算闪光灯到反射表面（例如，墙面、天花板或者反光板）的距离，以及反射闪光到达拍摄对象的距离。然后查阅闪光灯的计算表给出的光圈值。要想为反射闪光设置适当的光圈，要比显示的读数开大2.5 挡。一定记住：反射闪光的光圈应当比已经确定的窗户光的光圈小0.5～1挡。

窗户光的漫射　如果你发现了一个拍摄人像的好位置，但是透过窗户照射进来的却是直射光，你可以用聚酯材料做成的漫射板柔化窗户光。商店卖的漫射板最大的有8英尺（2.44米）长，你也可以自己做：把漫射材料（比如纱质的浴室防水帘材料）钉在很轻的框子上就可以了。

根据需要，把漫射板靠在窗户上（或用胶带把它固定住），其高度以刚好挡住照到拍摄对象身上的阳光为宜。记住，漫射板（又称纱幕）越大，漫射面积越大，光线漫射得也就越多。

你也可以用纱幕漫射透过窗户的直射阳光，获得漂亮的金色窗户光。用这种方式漫射的光线有阳光的温暖感，而没有生硬的阴影。事实上，如此漫射的光很难看出它属于哪种用光模式。由于阳光被漫射得很厉害，你根本不需要补光。即使不用辅光，也常常可以获得2:1到3:1的低光比。

掌握单光照明

如果你想在短时间内迅速提高你的人像用光技巧，就要学会用单种光拍摄多种照片。一种光也能容易而有效地表现一个甚至两三个拍摄对象的特征。无论你拥有频闪灯、便携式（或者照相室）闪光设备、钨灯或者石英灯照明设备，只要你学会用这种光拍照，你的钱就花得值。通过掌握单种光照明，你会更好地理解用光，你也会学到如何“看到”好的用光。

便携式闪光 便携式闪光是最难掌握的单一光源。便携式闪光装置没有模型光，因此，在拍摄照片前你无法看到用光效果。但是，用便携式闪光拍摄人像时，的确有些方法能让你提前知道用光是否完美。

反射闪光 反射闪光是一种理想的人像用光，它光线柔和且方向性强。将闪光反射到能瞄准拍摄对象的墙面或者白色反光板上，你就能得到一种极好的环形光，它能让拍摄对象的面部看起来更为完美。

使用反射闪光时一定要测量角度。闪光时要让闪光设置瞄准墙上某一个点，要确保这个点能把最大光束反射到拍摄对象身上才行。

如果唯一可用的墙面距离模特太远，最好把闪光反射到一个大的白色反光板上，然后再反射到拍摄对象身上。这和反光伞（本章后面会讲到）的作用相似。要想取得最好的效果，反光板和闪光灯的距离应当在1～3英尺(0.30～0.91米)之间。

你或许不知道只用单一光源拍摄时该如何

提示与技巧

当你把闪光反射到彩色墙面时，千万别用彩色胶卷拍摄。反射回拍摄对象身上的光线颜色会跟墙面的颜色一样。即使你使用白色反光板反射闪光，反射到拍摄对象面部阴影区的光线也会略带颜色。

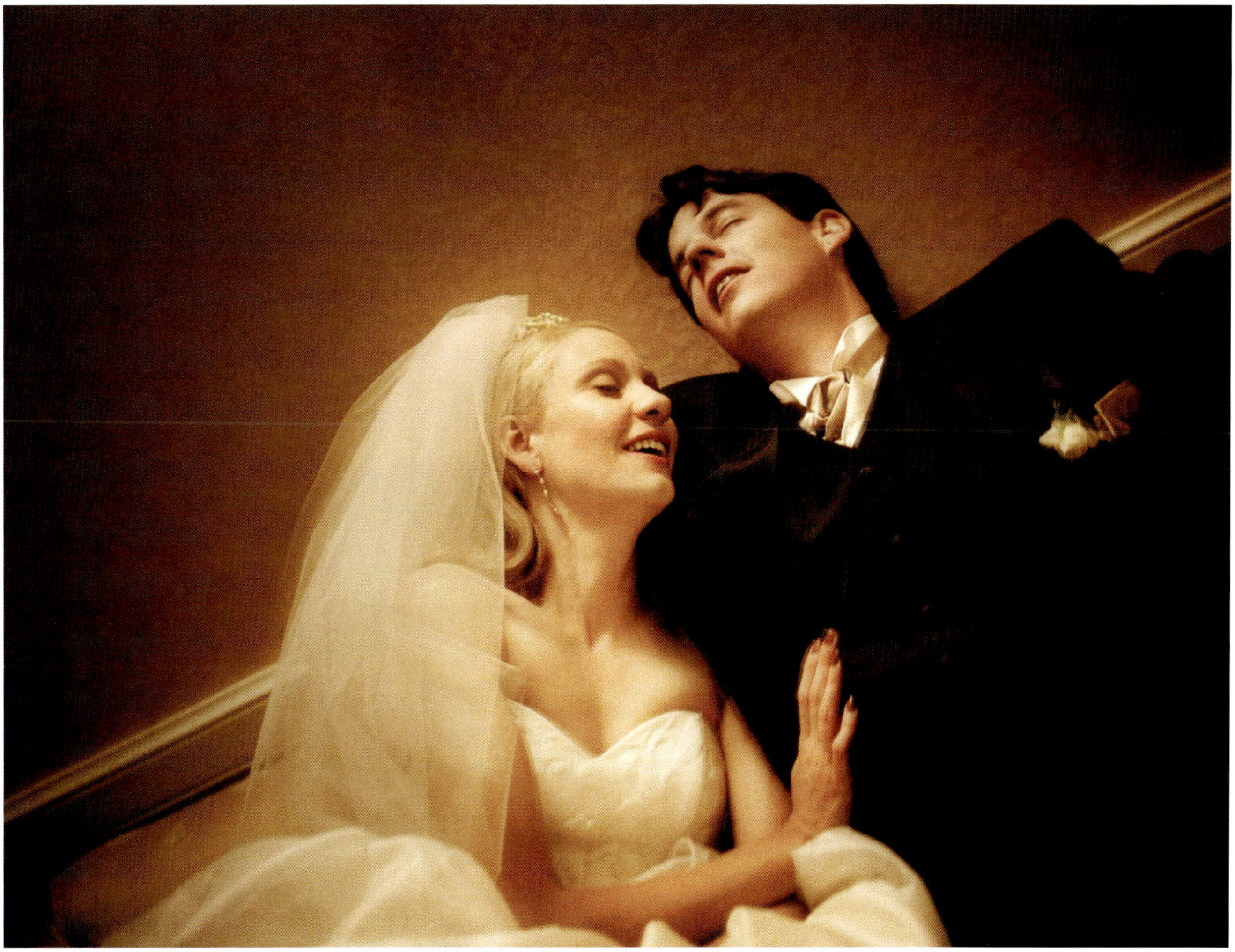

超快镜头能让你运用拍摄地点现有的各种光线。马库斯·贝尔抓拍到了这幅新娘新郎因过度劳累而深深吸口气的珍贵表情，他用的是佳能EOS 1DS相机和EF35毫米f/1.4L镜头。用钨灯灯光拍摄人像，并借助反射闪光来弥补因主光来自头顶造成的面部生硬的阴影。拍摄用的是ISO 800胶卷，速度为1/60秒，光圈为f/1.6。他故意把这对新人身后的墙壁色调加深来制造一种虚化的感觉。

固定反射板和反光板。最好的方法是找个助手帮忙。如果需要安置不止一个反射器，可以使用电工用胶带和灯架（或者再找一个助手）。在拍摄地点，不妨请求拍摄对象的朋友或者家人帮忙。

闪光反射设备　市场上有很多设备能更轻松地用闪光充当辅光。Lumiquest ProMax 系统就是这样的设备之一，它能把80%的闪光反射到天花板上，而其余的20%朝前照射充当辅光，这解决了顶部反射闪光的常见问题。这套系统还包括可互换使用的白色、金色、银色插板以及可移动的磨砂漫射屏。

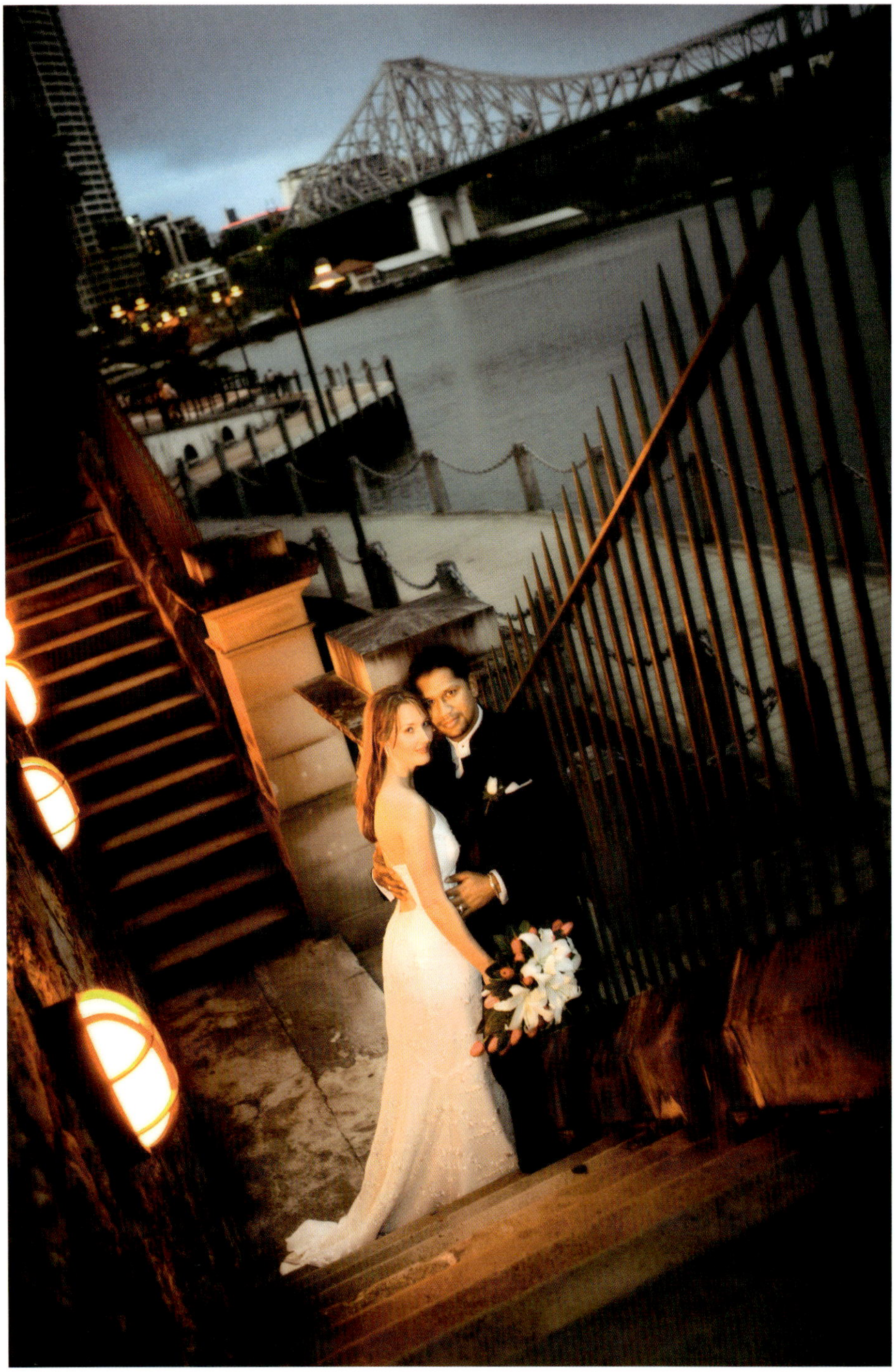

这幅新娘婚纱照简直不可思议，它结合了3 种不同的光源——日光、海港白炽灯和充当辅光的闪光。马科斯·贝尔用EOS 1DS 佳能相机和EF35 毫米f/1.4 超快镜头完成了三者的绝妙结合。人像的白平衡是按日光设置的，使被钨灯照亮的部分变成了红/黄色。使用相机闪光只是为了突出新娘新郎的眼神，没有其他作用。这是一幅不同寻常的肖像，它把周围环境和一天的壮观时刻有机结合在了一起。

这家公司还提供袖珍反射器，这个反射器能扩大光源，并以90°角对光重新定向，使光线更加柔和，并能让光线照亮更大的面积。

用TTL 闪光曝光系统时，就不需要曝光补偿了，操作距离也减少了一些。用上述两个系统（袖珍反射器和TTL），光的损失接近1.3挡。而用ProMax 系统的银色或金色插板，光的流失能降低到2/3 挡左右。

反射闪光曝光　由于每个墙壁的表面和纹理都不相同，就很难制定一个严格的公式来确定反射闪光曝光值。你可以使用窗户光人像拍摄中测量闪光作为补光的公式（参看63～64页）。测量闪光灯到墙壁的距离和墙壁到拍摄对象的距离，根据你使用的胶卷速度（或ISO设置），查找闪光推算表上给出的光圈数。然后，再开大2.5挡获得最佳曝光。由于影响反射闪光的变量很多，为了保险起见，还是应该投资买个闪光仪应付这些情况。

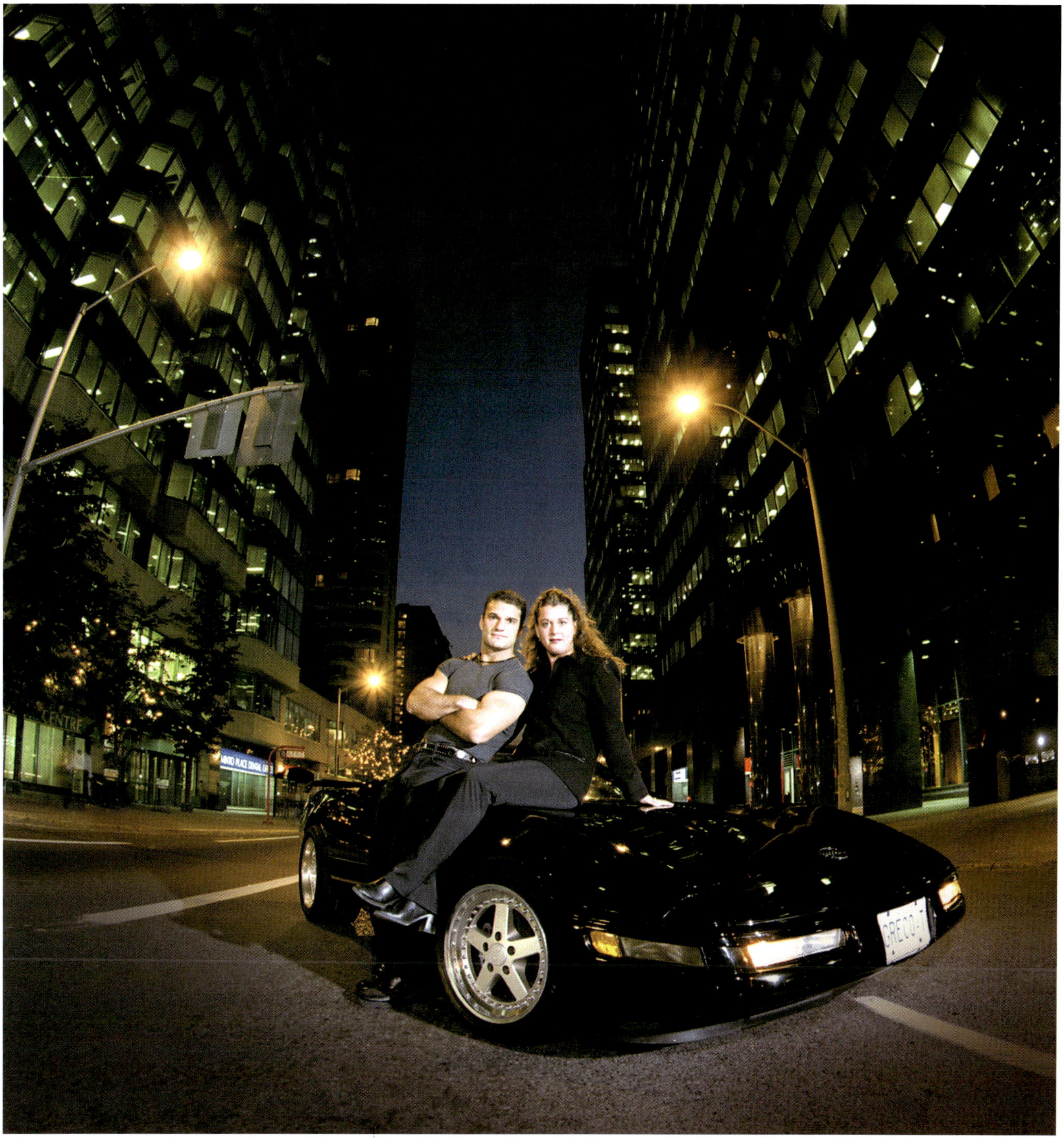

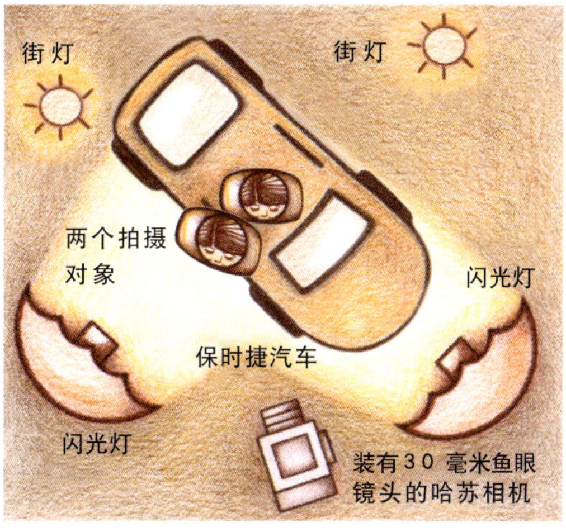

相机右侧反光伞内的Lumedyne 闪光灯是主光，相机左侧的另一个反光伞内的Lumedyne闪光灯充当辅光。安东尼·卡瓦拖住快门记录下夜景中的环境光。拍摄这幅照片用的是哈苏相机和30 毫米鱼眼镜头。

一些自动闪光装置（如袖珍闪光灯）的灯头能自由旋转，而闪光灯的传感器则始终指向拍摄对象。利用这些装置，按照为反射闪光推荐的数值并参考闪光推算表上的距离表设定闪光光圈，确保有足够的光用于反射闪光曝光。

一些闪光灯装置还有一个测试按钮，它允许你在反射模式中使用闪光。如果闪光灯上的一个灯亮了（通常是绿灯，表示“可以闪光了”），那么你就有足够的曝光光线了。

TTL 闪光曝光　TTL 闪光灯系统（尤其尼康和佳能公司的产品）在反射闪光模式下，能提供极其准确的曝光值。而且，反射闪光输出值可以根据已有的测光表读数按F挡的分数设定，也就是说，为了补光完美而又不为人觉察，你可以把闪光灯设置为比自然光强度低 1.3 挡。相反，为了解决复杂的房间光带来的各种问题，你可以把反射闪光的曝光读数设置得比自然光读数强 1 挡。这些系统的多种功能性非常卓越，这两个厂家生产的闪光曝光系统经过六七代的改进，已经十分简单，易于操作。

漫射闪光　除非用做辅光，拍摄人像时应尽量避免使用相机上的闪光灯。闪光太刺眼，也太单调，无法表现拍摄对象面部的圆润和优美的轮廓。但是，如果你把相机闪光漫射一下，你就得到了与时装用光相似的柔和前置光。尽管漫射闪光本质上仍是单调的前置光，但它比直接闪光柔和，也能更好地表现人物的轮廓。有很多方法可以漫射相机闪光。很多装置甚至可以用在自动闪光或者 TTL 模式的闪光中，使曝光计算变得毫不费力。

提示与技巧

如果你研究一下时装和魅力杂志，你会发现其中照片的用光几乎总是前置光而且非常靠近镜头和人物轴线（你可以通过模特眼中的反光确定灯光的位置。如果反光靠近瞳孔，说明灯光靠近镜头——要么稍微高于镜头，要么在镜头的一侧）。时装摄影师通过化妆勾勒面部轮廓来克服这种用光缺乏圆润和造型的缺陷。鼻子两侧的颧骨都画浓妆使面部更有轮廓感和立体感。

5. 户外用光

第3章讨论过的所有经典人像用光模式在自然界都可以看到。日光变幻无穷，随着日出日落，日光一直处在不断的变化中。

如果你连续一段时间观察同一个物体，你就能感觉到光线的变化。除了太阳角度的变化，附近物体反射的光线也一直在变化，使得光线变化更加扑朔迷离。于是，户外照明的多样性也为学习肖像用光创造了理想的环境。

在照相室里，你可以根据想要的效果来布光。而在户外，你必须学会利用现有条件拍摄。到目前为止，拍摄户外肖像最好的地方是在避开直射阳光的阴凉处。也有利用直射阳光拍摄人像的，其他地方有介绍，但是我们首先要学会观察阴凉处的照明情况。

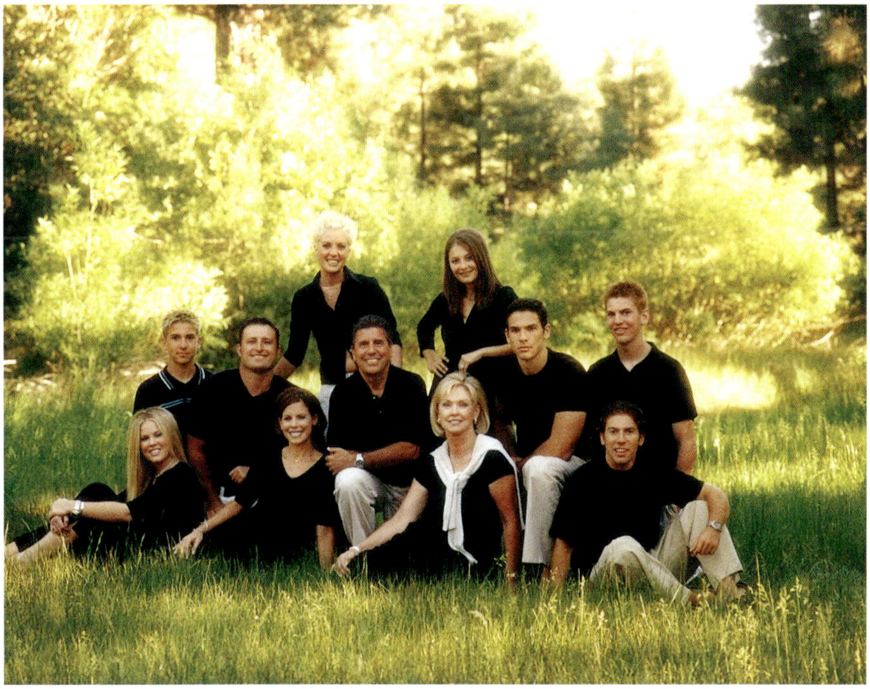

罗伯特和苏姗娜·拉弗主要用自然光拍照，因此找到合适的光线并且会观察它是绝对必要的。照片中，一家人被安排在阴凉里拍照，但为了提高阴凉的亮度以便和明亮的背景相匹配，在相机后面的24英寸(60.96厘米)方形柔光箱里放置了Lumedyne闪光灯，使光线能均匀地从一边照到另一边。这里用的是勃朗尼卡SQ-Ai 相机和135毫米镜头，柯达Portra 400 VC胶卷。

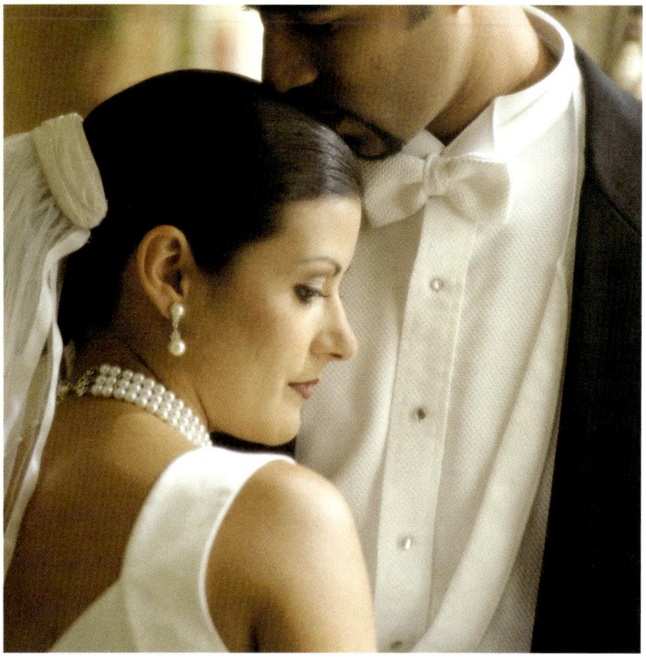

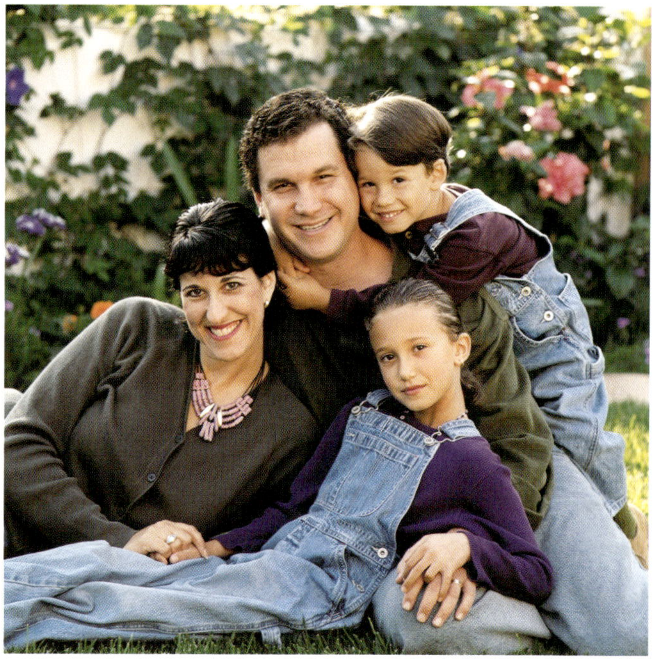

左图：照亮画面的光线来自场景的右侧。增强高光亮度用的是美国昆腾公司V 形裸泡闪光灯。照片中，基本的自然光很美，摄影师只是增加了一个特别光源来柔化自然光。里克·费罗创作这幅人像用的是哈苏相机，80 毫米镜头和柯达400 PMC 胶卷。曝光速度是1/30 秒，光圈是f/8。

右图：这幅漂亮温馨的全家福是用自然光在户外拍摄的，在他们附近使用了一个对着他们面部的镀金反射器。反射器有两个确定的作用：第一，它把不均匀的阴凉变均匀了；第二，它给阴凉的光线增加了暖色调。阴凉处光线通常偏绿，因为光反射了周围绿叶的颜色。摄影：海蒂·莫拉切尔。

阴凉

阴凉不过是被漫射的阳光。跟流行的看法不同，阴凉并非没有方向性的光。它的方向非常明确。拍摄人像最好的阴凉是树林里的空地或者空地附近。在这些地方，茂密的树木像棚子一样，把本应照射到拍摄对象身上的阳光从上面挡住了，被漫射的阳光从侧面透射进来。这种光形成的面部造型比开放式阴影的造型好看，后者的本质是顶光，最不适合拍摄人像。跟中午的阳光一样，开放式阴凉会在拍摄对象的眼窝、鼻子和下巴下方留下浓重的阴影。最好的阴凉应该有一定的角度。

关于阴凉另一个普遍的误解是：阴凉的光总是柔和的。在很多情况下，尤其阴天，阴凉的光会极其刺眼。观察一下处于开放式阴凉里的人，你会在他脸上看到明亮的光亮区和很深的阴影区。到有遮挡的地方，如带有低垂树枝的树冠下面后，你马上就会注意到光线不那么刺眼了，方向性也很明确。这时的光线不再是顶光，而是从人物身旁没被树冠遮住的方向照过来的。

辅助光

在你寻找有适合光线地方的时候，你只能任由自然摆布。有时候你很难找到需要的那种光。这时，你必须使用辅助光——要么把自然光反射到拍摄地点，要么使用人工辅助光源。

反射辅光 在户外拍摄时，最好带一个便携式轻便反射器，其尺寸应当足够大——尺寸越大效果越好。直径大小不一的便携式反光盘、装有圆箍的折叠式布面反射器都是补光照明非常有效的工具。很多厂家都生产反射器，其表面可能是镀银的（为了获得最大补光输出），可能是镀金的（为了得到暖调辅光），可以是白色，还可以是黑色（起减光作用——后面还要讲一些）。

如果漫射光留下的阴影太生硬而且太深时，你拍出的人物好看不到哪里去，阴影区细节也非常有限。如果用反射器，你就能为那些阴影补光，获得更均匀的用光模式。把锡箔反射器放在拍摄对象附近，你甚至可以让反射光的强度超过来自头顶自然光，创造出更舒适更满意的照明方向。

许多情况下，大自然也提供辅光。小块的沙地、浅色的灌木、附近的楼房都能提供你需要的辅光。但是，要注意的是，从地面往上反射到拍摄对象的辅光不能超过主光的强度。由于显而易见的原因，来自眼睛和鼻子轴线下方的用光通常被称为“鬼光”。

辅光反射器应当放在拍摄对象附近，相机镜头视野之外。为了调整效果得到适量的辅光，你可能要多次调整反射器才行。你要一直在相机位置观察用光效果。

闪光辅光 有时候当便携式反射器不能为你提供足够的辅光时，你就需要电子闪光来作辅光。你可以用相机上的闪光灯，它的光就在人物与镜头轴线上；也可以用辅助电子闪光灯及其配套的反射器和/或漫射装置。

无论用哪种闪光，你都要确保曝光时闪光的亮度不能超过环境光，否则你就会把背景照得太暗。很多相机的TTL闪光系统使用一种TTL辅光闪光模式，能够平衡闪光输出和环境光，进行平衡的辅光闪光。很多这类系统是借助闪光输出补偿控制的。它允许你变化全挡或者几分之几挡输出，来获得理想的环境光与辅光的光比。

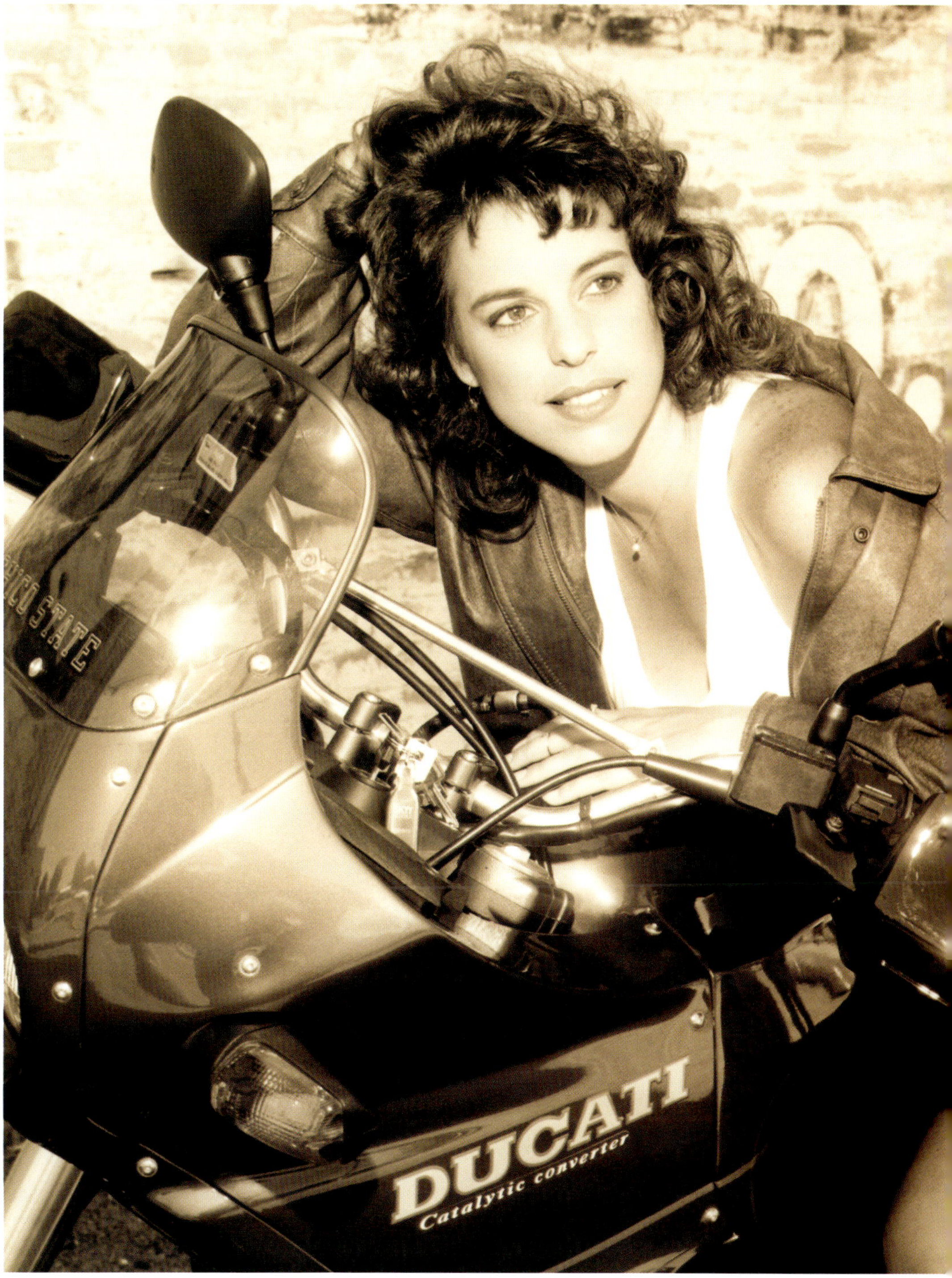

即使在直射阳光里，只要你能为最生硬的阴影补光，你也可以创作出漂亮的人像作品来。本图中低角度的太阳使阳光很适于拍摄人像。相机上的闪光灯（Sunpak 555）减弱了整体对比度并为下巴以下的阴影补光。基马里·理查森用玛米亚 645 相机、80 毫米镜头和柯达T400CN胶卷创作了这幅人像。曝光速度为1/60 秒，光圈f/16。

减弱光线

有时候光线被漫射得无法突出拍摄对象的面部特征。换句话说，光源被漫射得没了空间感，也没有方向感。出现这些情况时，你要在拍摄对象附近用一个黑色补光板（盘）。黑色反射器，顾名思义就是把黑色反射到拍摄对象身上，有效地减弱脸部一侧的亮度，在面部光亮区和阴影区制造一定的光比。这种照明上的差别比总体平淡的光线更能表现立体感和面部的丰满程度。

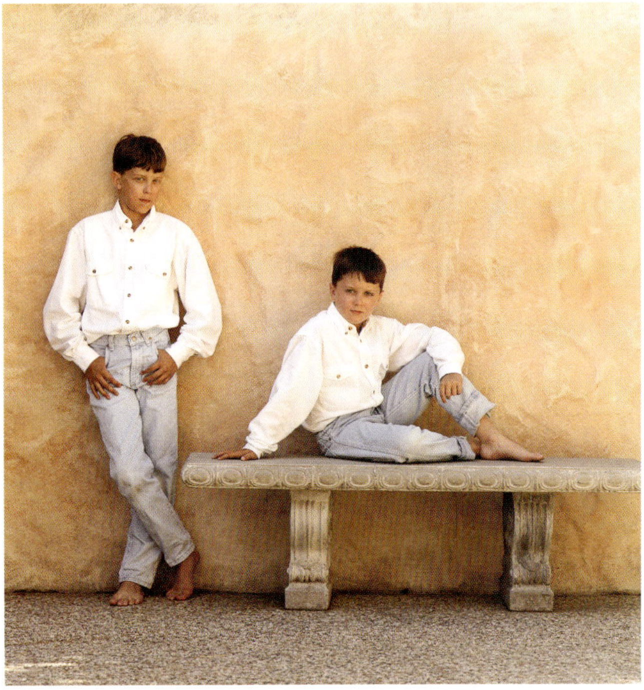

上图：这是一幅用光微妙的室外人像照片，在头顶上方用挡光板来减弱光线，与用反射器增加亮度的原理相似。注意光线对两个男孩面部完整性及轮廓的塑造——这种效果是在上面的光被挡住，光线从两侧照射的效果。摄影：海蒂·莫拉切尔。

右图：一个突出物，比如建筑物的一角可以充当完美的头顶挡光板——正如在卡雷斯·穆伊尔拍摄的这幅优美的人像中看到的那样。观察拍摄对象面颊和头发上的光线，你能看到傍晚前的阳光是从模特身后照过来的。拍摄时没有用辅光反射器或者辅光。但是，谷仓对面的建筑物为拍摄这幅优雅的室外人像提供了足够的反射光。拍摄这幅照片用的是富士FinePix S2 Pro数码相机，70～300毫米f/4尼克尔变焦镜头。ISO设定为200，曝光速度为1/60秒，光圈为f/4。背景是通过开大光圈变模糊的。

消除头顶光

如果你找到一个不错的地方拍摄人像，但是自然光的位置太高（造成黑眼窝并在鼻子和下巴下形成令人不快的阴影），你可以在拍摄对象头顶正上方用一块板挡住来自头顶的光线。那样，从拍摄对象任何一侧来的光都可以作为主光。但是，头顶用挡光板有两个缺点：第一，你需要一个助手在模特旁边帮你举着板子。第二，在头顶上方用挡光板降低了光线的亮度，那就意味着你要用比预计更低的快门速度或者更大的镜头光圈。

纱幕

如果你找到一个理想的拍摄地点，但是透过树木照射的光是直射光和漫射光的混合光（即有很多斑点的光），你可以在模特和光源之间放一个纱幕提供既有方向性又被漫射的光。

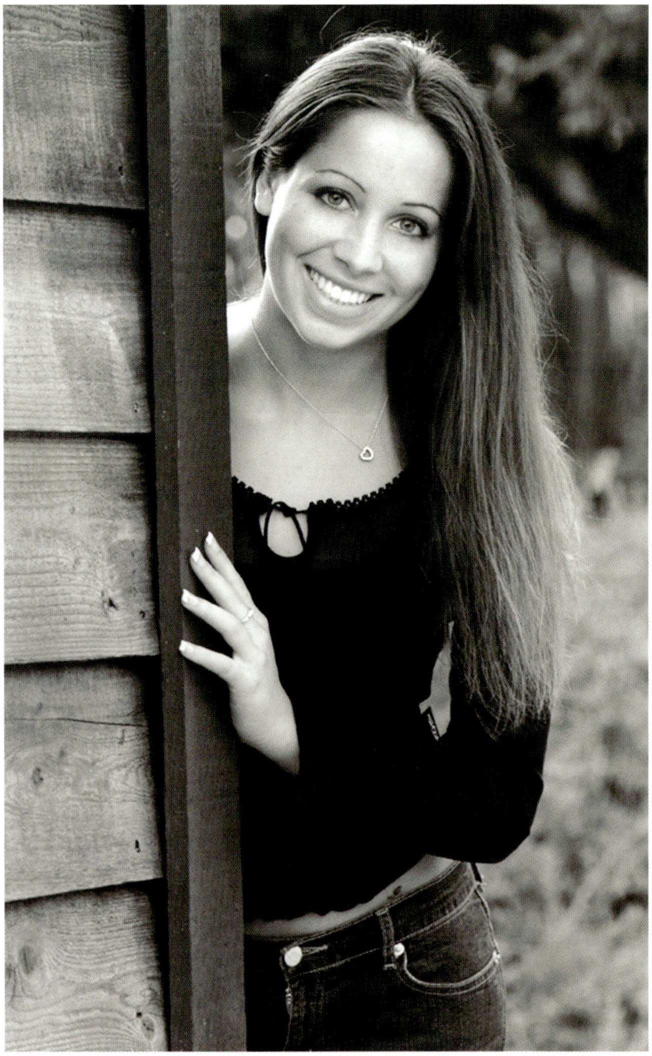

纱幕（有时也被称为漫射屏）可以在很多厂家买到，其最大尺寸可达6英尺×8英尺(1.83米×2.44米)。它是把半透明的材料固定在半坚硬的框架上做成的，因此要想有效地使用它们，你需要一个或者多个助手举着。当你想为直射阳光下的人物拍摄时，其作用非常大。你只需把漫射屏放在人物和光源之间就可以柔化和改变可用光了。纱幕离拍摄对象越近，照射到他们身上的光线就越柔和。

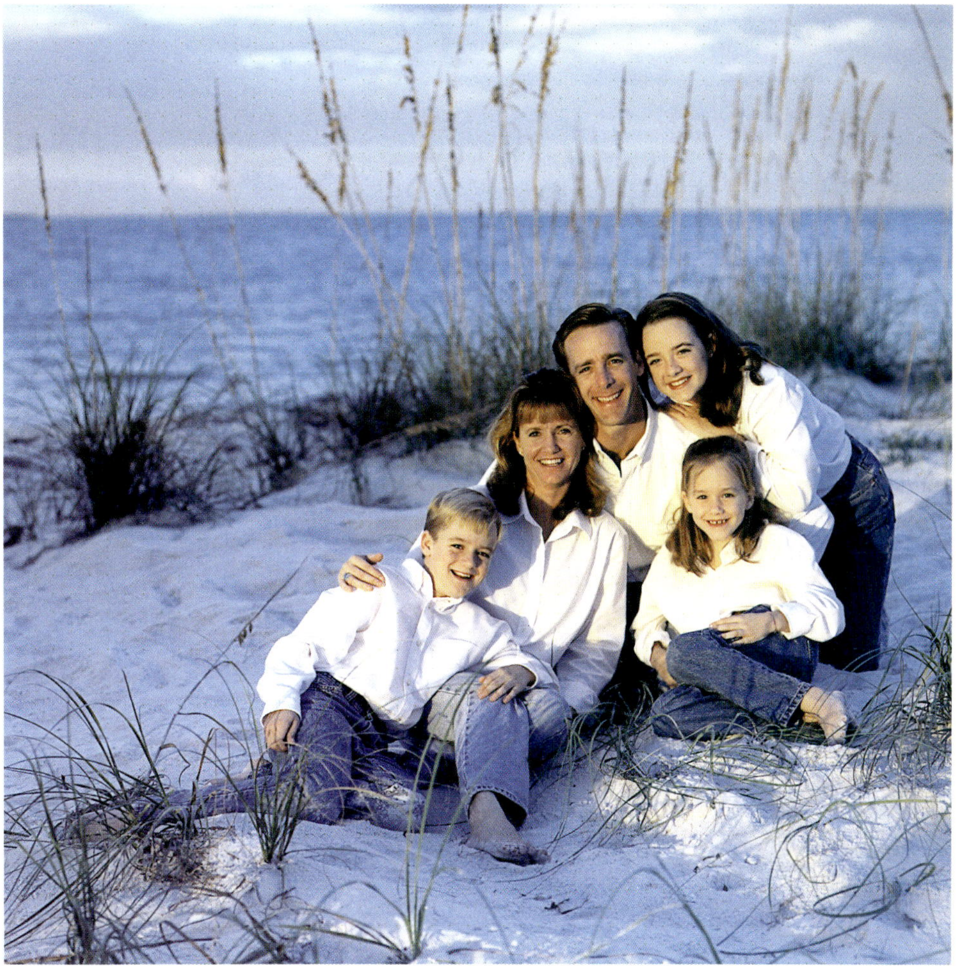

能发现美妙光线最为重要。蒙特·苏克谈到这幅人像照片的创作时说："傍晚时分这家人的周围到处都是冷调的蓝色光线，但是他们所在之处却刚好位于温暖的落日余晖中。我把他们全家安置在那里。虽然我只用了自然光，但我好像在使用聚光灯。看到他们面部和身体周围自然虚化，我激动不已。再说一遍，全部都是自然光。"

纱幕能减弱照射到拍摄对象身上光线的亮度，因此你需要利用仪器测量拍摄地点的光。由于照射到拍摄对象身上的光比背景光和其他地方的都暗，背景可能有点曝光过度——但这样的效果并不一定不好。为了避免背景被完全抹掉，应选用深色至中色调的背景，这样效果就不那么引人注意了。这种漫射最适合拍摄上半身人像，因为纱幕的尺寸可以很小，而且可以放在距离拍摄对象较近的地方。

这种纱幕的另一个用途是与反射器一起用。当主光从拍摄对象背后照射时，纱幕可以放在模特头顶，也可以置于他/她们身后，同时用一个简单的反射器作辅光，为户外拍摄具有戏剧性柔光效果的人像照明。

背景控制

在阴凉中拍摄人像，最好利用单色背景。如果背景是一种颜色，人物就会从背景中突出来。

如果背景有几块阳光，问题就来了。通过开大光圈可以将问题最小化。光圈开大后形成的小景深能把背景变模糊，这样亮色调和暗色调就融合在一起了。你也可以在相机镜头上使用某种漫射装置，如柔焦滤镜或某种网状材料。这样拍出的人像既有朦胧美，又能将背景的杂乱最小化。

使用专业洗印技巧或数码修描也能把杂乱背景的影响降低到最小程度。洗印胶卷人像时，用放大机给照片多点曝光可以把背景变暗（加深），为了保护图像的其他部分不会过度曝光，曝光时把你的手或者一张卡片放在不需要加深的位置上。在对数码照片进行处理时，可以用Photoshop的加深工具有选择地把背景变暗，而不影响人物的曝光。

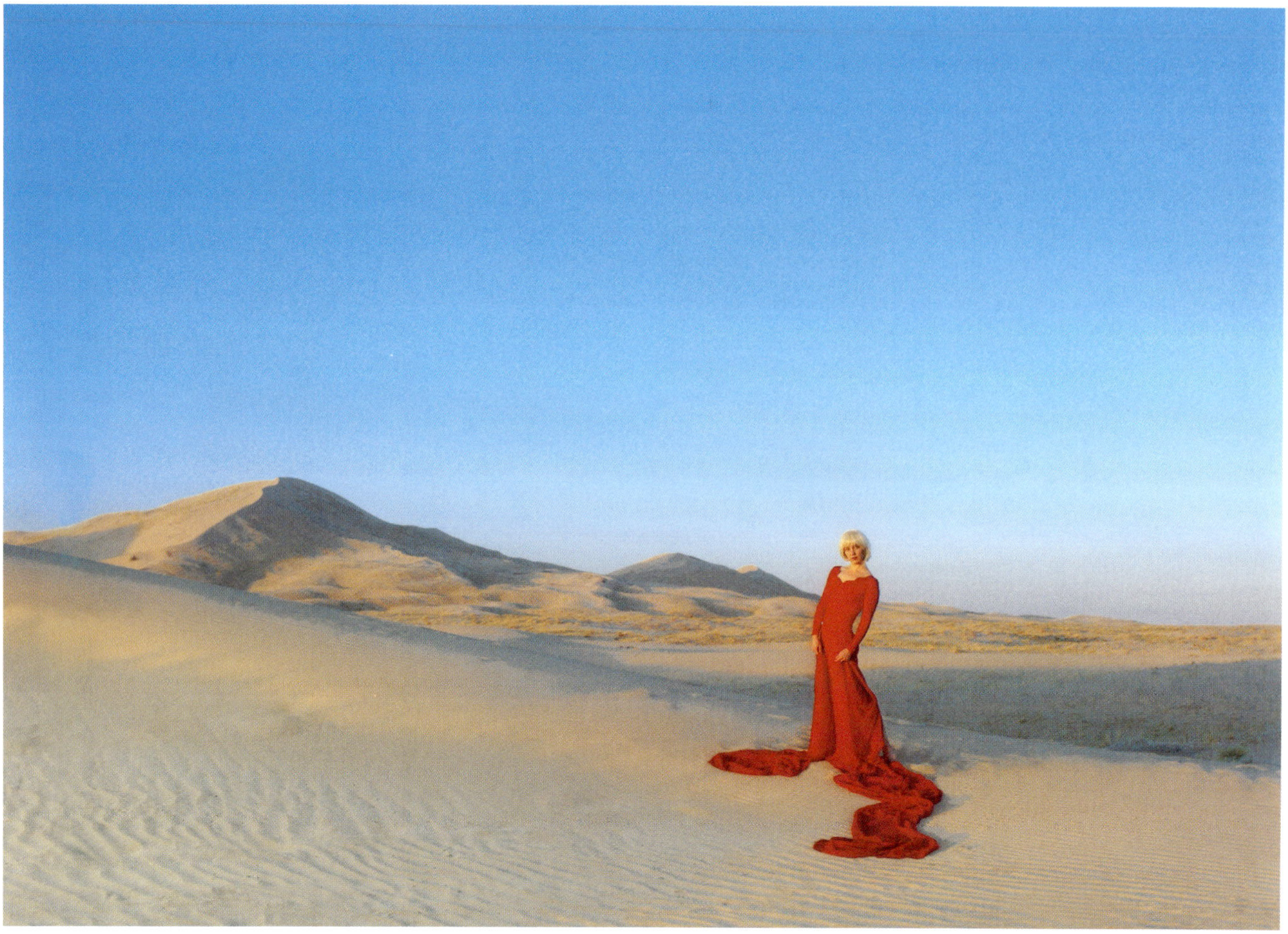

这又是一幅只用自然光拍摄的漂亮的人像作品。照片中，海蒂·莫拉切尔把低角度的掠光用做美丽的光源。金色的沙丘提供了自然的辅光光源。剩下的事就是如何构图使画面更美。拍摄用的是哈苏相机和MegaVision 数码机背。

直射阳光

尽管人们更喜欢在阴凉处拍摄人像，但直射阳光下也可以拍出成功的人像作品。用直射光拍摄人像通常会出现的两个问题是光线太刺眼（对比度过大）以及由于刺眼的光线产生的人物表情问题。如果一个人看着一个很亮的地方，他会很自然地半眯着眼睛——多数情况下，这是很不自然的表情。

让光线掠过拍摄对象 要控制脸部刺眼的光，摆姿时让阳光掠过拍摄对象的面部而不是迎面照到脸上。这样既能勾勒出人物的面部轮廓，又能减少因太阳直射造成的皮肤色调的苍白、变色。

侧光照明 当太阳处于空中较低的位置时，你就能实现侧光照明。光线从拍摄对象的侧边照射过来，脸部一侧处在阴影区内，另一侧被照亮。在摄影室里，这种用光被称为分割式照明。这种情况下，要降低亮区与阴影区的光比很容易，只要在拍摄对象附近放一块补光板就可以了。用低角度阳光拍摄人像的另一个好处是拍摄对象不必再眯眼睛，尤其是当他/她不看太阳的时候。你必须仔细地为人物的头部摆姿势，避免侧面光把处于明亮面的眼窝“掏空”。如果发现这种情况，稍微重摆一下姿势就可以纠正了。

背光 背光是另一种很好的直射阳光。当阳光从拍摄对象身后照过来的时候，只照亮他们的头发、肩膀和脖子的轮廓。用背光照明时，用好补光非常关键。使用反射器时，应当尽可能地把反射器靠近拍摄对象，但不能出现在相机镜头里。反射器一般放在拍摄对象和相机之间（位于镜头下方），角度朝上把光反射到拍摄对象脸上。

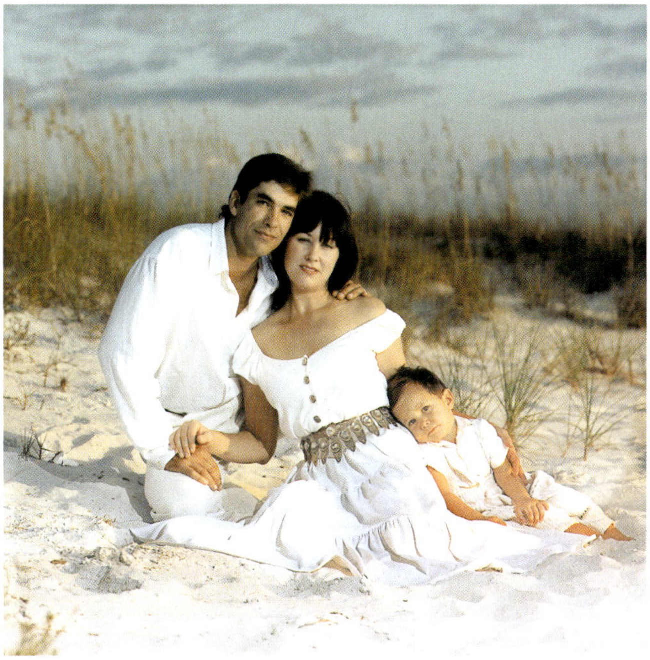

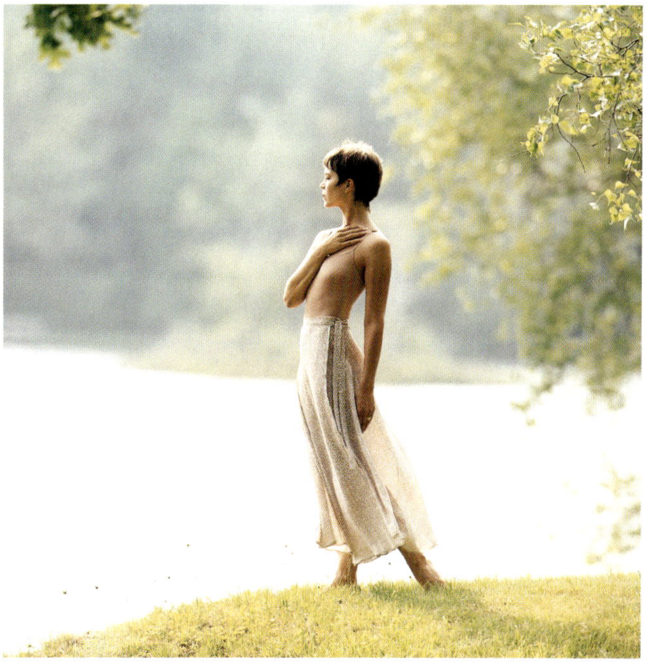

左上图：侧面照明是这幅人像作品成功的关键。但是，用直射光（即使在一天中较晚的时候）拍摄的问题在于光线太刺眼。来听听摄影师蒙特·苏克是怎么说的，"我用侧光照明在直射阳光下为一家人拍摄，在我左侧用功能强大的昆腾闪光灯，在他们面部的阴影区制造了环形光。曝光是按照面部被阳光照亮的一侧设定的，增加的闪光指数比日光曝光读数低1 挡。"

右上图：拍摄背光人像时，关键是要避免曝光不足。完全按照内置测光表提供的读数曝光几乎可以肯定是错的。关键是利用足够的辅光，或者按照阴影区的亮度曝光同时牺牲背景中的高光区细节。在这幅照片中，人物优雅的姿势与摄影师控制的漂亮背光相互补充，在女孩动人的身体曲线上产生了开放的阴影和漂亮的高光区。摄影：托尼·考贝尔。

右图：这是一幅熟练使用背光的人像作品，摄影师敢于在近乎白色的天空背景前拍摄白色婚纱。摄影师比尔·邓肯只是努力在拍摄对象的面部寻求恰当而且自然的光比。婚纱的很多细节，有的是在曝光时就形成了，有的是在洗印时添加的。要注意的是，尽管双手在构图中显得很小，但姿势很熟练，给人一种很优雅的感觉。创作这幅肖像用的是玛米亚RB 67 相机，65 毫米镜头。曝光为1/125 秒，光圈为f/8。

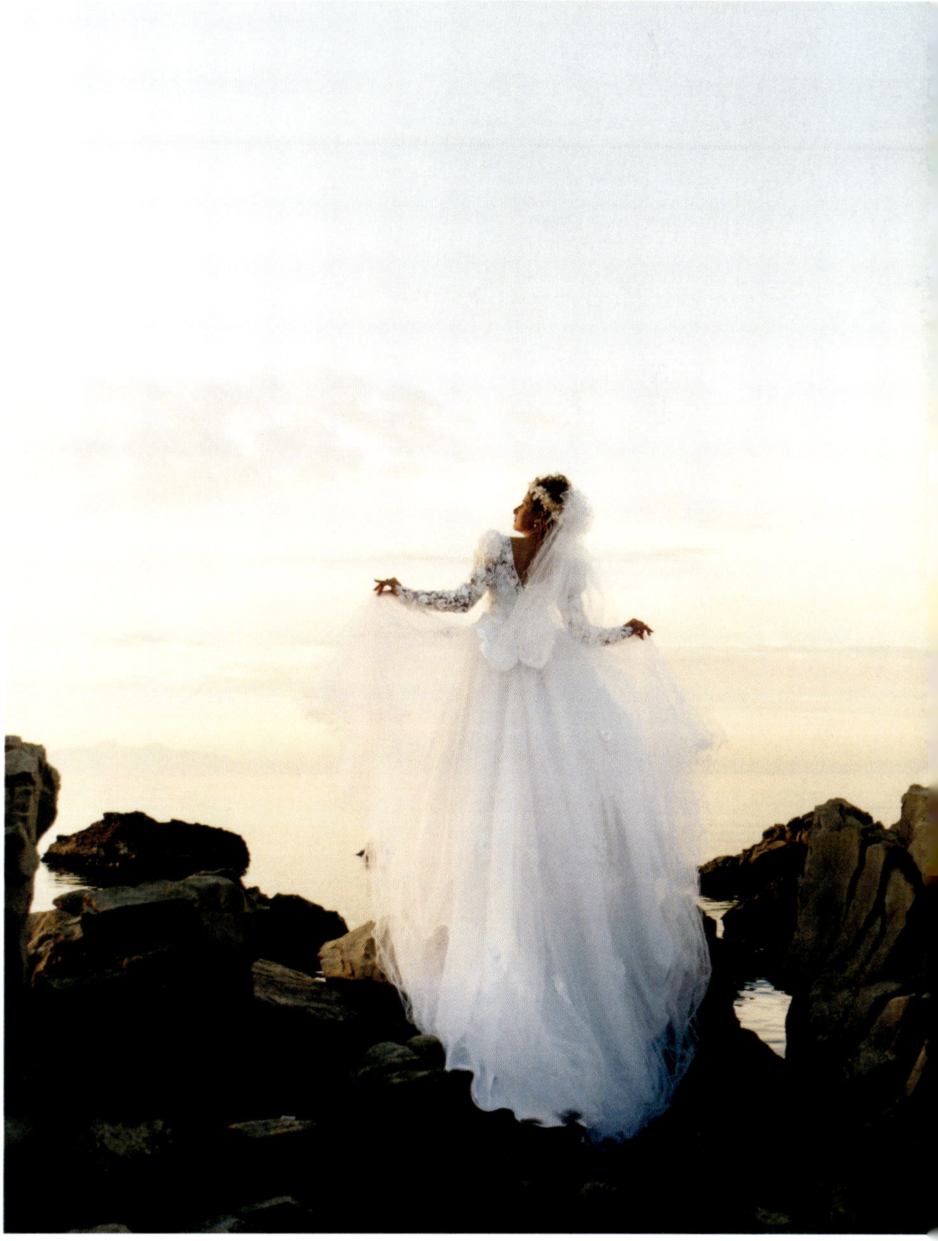

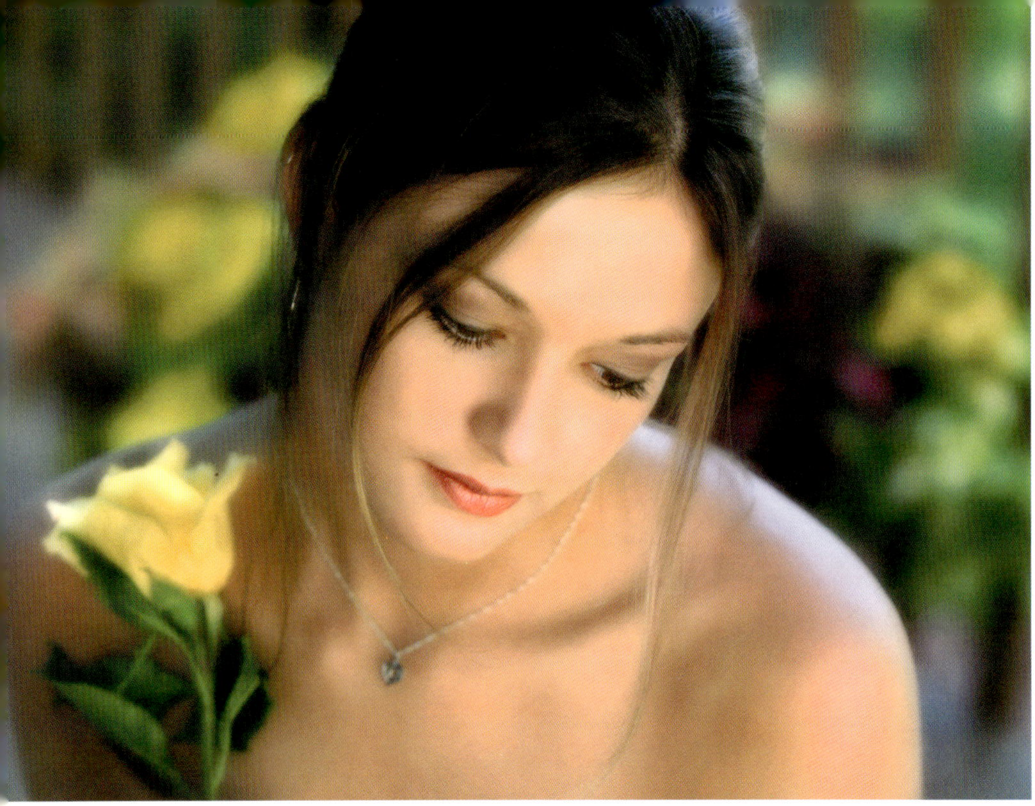

你相信这么优美的用光全是自然光吗？的确是，而且这正是福兹·杜恩凯尔喜欢的拍摄方式。柔和的背光被银色反射器放大，使之更有方向感、更活泼。反射器放在靠近人物面部的下方，形成了一种漂亮的用光模式。为了强调女孩优美的面部特征，摄影师使用了大光圈和选择性聚焦，并在Photoshop中添加了高斯模糊，形成清晰的面部特写。

拍摄背光人像时，不要相信相机的内置测光表。因为测光表测的是明亮背景和头发上的高光区，而不是面部的亮度。如果你按照背景亮度曝光，你只能拍到人物的轮廓。如果你没有其他测光表，就走到拍摄对象跟前，测量面部亮度的读数。要注意，别挡住了反射器反射过来的光。

在直射光下为人像构图时，检查背景非常重要。由于此时的亮度比在阴凉里拍摄人像时的亮度大得多，一般要用中速快门如1/250秒，同时用比平常小的光圈如f/11。小光圈会使背景变清晰，分散对人物的注意力。预览一下景深以分析背景，用更快的快门速度和更大的光圈能够达到模糊背景的效果。

提示与技巧

背光条件下要防止镜头上出现眩光。如果有，最好在镜头上加装遮光罩，或者改变一下相机角度使光线不要直接照到镜头上。镜头眩光会降低照片清晰度和对比度的质量。在镜头光圈开到最大的情况下，眩光不一定都很明显，因此必须把光圈缩小并预览一下，仔细检查有没有眩光。

在户外使用闪光灯

电子闪光灯在户外有两种用途：你可以用闪光作辅光，也就是说环境光充当主光，闪光灯只作辅光来为阴影补光；你也可以用闪光灯作主光，但此时闪光灯的亮度要超过环境光的亮度才行。

闪光作辅光 电子闪光装置有个闪光推算表，便于计算曝光指数。如果你想让闪光作辅光，要先测出环境光的读数。由于你想让闪光充当辅光，所以它的亮度必须比环境光弱些。这种情况下，使用自动光圈闪光设置是控制电子闪光功率输出的最好办法。自动闪光装置能设定特定的自动光圈，限制闪光的持续时间以输出精确的光量。例如，设想环境光读数需要的快门速度为1/60秒、光圈为f/8。这时你一定想设定成自动闪光，使其曝光光圈为f/5.6或者f/4——比环境光曝光光圈小1～2挡。注意，f/5.6的闪光输出是f/8的一半；f/4的闪光输出是f/5.6的一半。

另一种流行的闪光补光系统是使用相机TTL闪光系统。很多相机的TTL闪光系统都有一个TTL补光闪光模式，能够平衡闪光输出和环境光曝光。这些系统是可调节的，为了得到你想要的环境光和辅光照明的光比，你可以调节一整挡或者1挡的几分之几来调整闪光输出。这种系统非常有用，而且更重要的是，它们很可靠而且可以预见结果。有些TTL闪光系统允许你把闪光灯从相机上取下来，通过遥控线对其实施控制。

如果你正使用照相室那种闪光灯，比如其输出功率是瓦秒的单灯或者裸泡闪光灯，你必须用不同的方法改变闪光输出。

用入射式闪光仪在“环境”模式下测量出日光的曝光读数。把闪光灯放在你拍摄时需要的地方，然后在“只用闪光”的模式下单纯测量闪光的读数。闪光灯可以放在灯架上，也可以让你的助手举着。闪光输出值可以通过调节闪光灯的功率设置来实现，输出值通常是分数：1/2，1/4，1/8，等等。

正如上面的例子那样，如果日光的曝光表读数为1/60秒、f/8，为了实现合适的闪光辅光照明效果，闪光输出值应该设定为f/5.6或者更小。

提示与技巧

在带有焦平面快门的35毫米单反相机上使用闪光灯时，你必须使用闪光同步速度（或更低的速度）。闪光同步速度通常在1/90～1/250秒之间，但为了确保正确，你最好查看一下使用手册。使用叶片式快门的相机在任何速度上都可以与闪光同步。

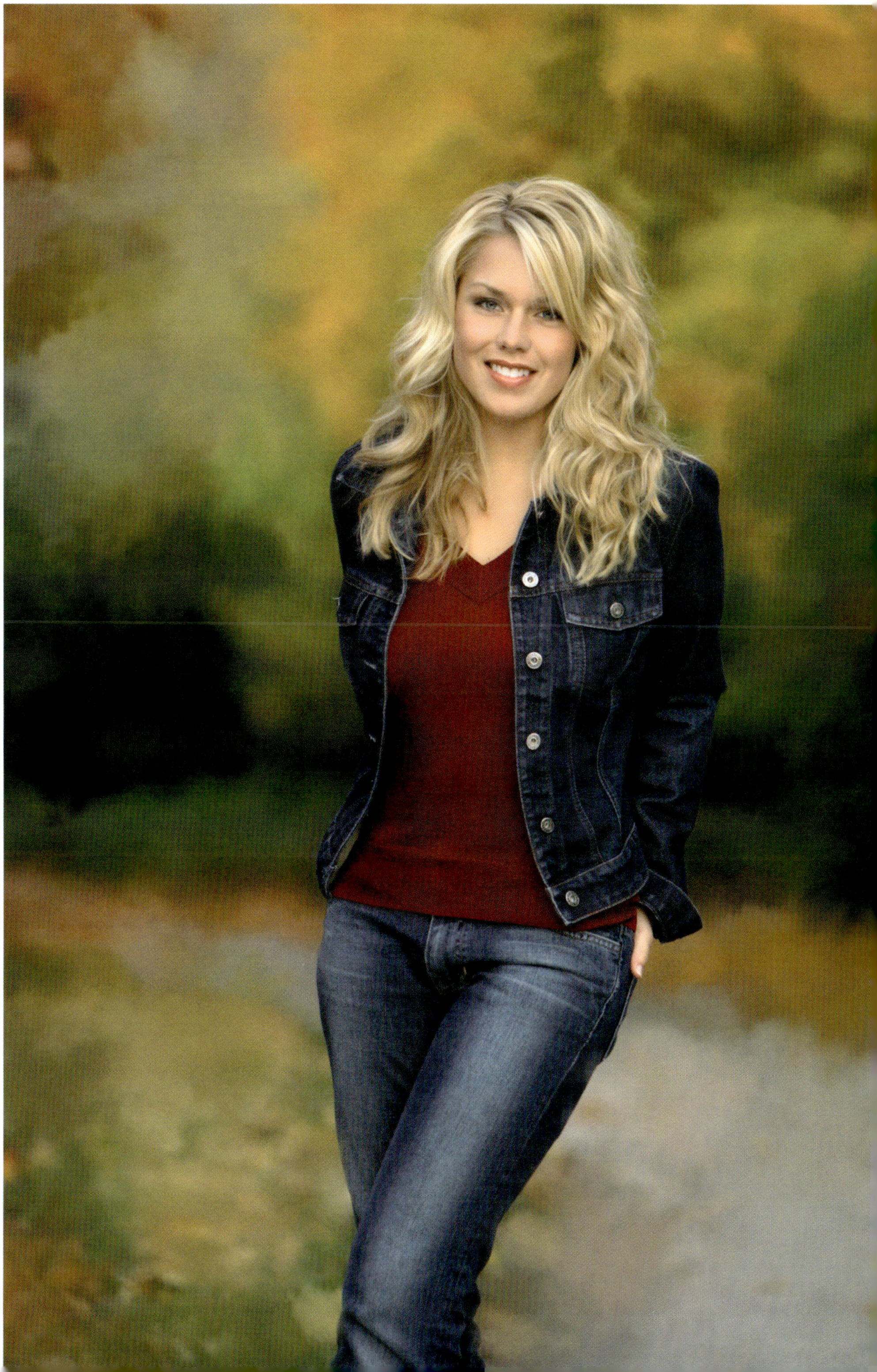

福兹·杜恩凯尔运用光线、摆姿和色彩创作优美的人像作品。照片中，女孩那看上去很自然的姿势摆成了漂亮的“S”形，突出了女孩匀称的曲线。为了创造出极为柔和的塑型光，无论是利用反射器进行拍摄的最初阶段，还是后来用Photoshop进行合成，福兹都能巧妙地处理光线。最后，为了创作出真正让人难以忘怀的肖像，摄影师柔化了背景，并增加了色彩。

闪光作主光 要想用闪光作为主光，就要调整闪光灯到拍摄对象间的距离，为的是使闪光强度超过环境光强度。在这种例子中，你会把闪光输出设定为f/11或者f/16，这可能需要你把闪光靠近拍摄对象。使用自动闪光灯时，调节F挡位，使闪光输出值相当于f/11或者f/16。如果闪光输出比环境光高出2挡以上就不明智了，因为这样会造成一种聚光灯效果，人像看起来像是在夜间拍摄的。这样做也会把背景变暗。

运用闪光灯作主光的技巧，最好用那种能够从相机上取下来的闪光灯，把它放在拍摄对象的头顶或一侧。这样能更好地模仿自然光，因为自然光总是从拍摄对象上方照下来，从来不会迎面照射。把闪光挪到拍摄对象一侧既能改善光线的造型质量，又能充分表现面部的饱满圆润。

再说一下，现代的TTL闪光测光系统使曝光计算更容易了。

户外用光的其他技巧

分离人物与背景 户外拍摄人像时你必须格外小心的是，注意把人物与背景分开。黑头发的拍摄对象在色调上无法跟黑色背景分开，造成色调合并。你必须想办法把光反射到头发上，将其与背景分开。有时候在拍摄对象面部旁边放一个反射器，事情就解决了。

摆姿要为拍摄对象考虑 在户外拍摄时，让拍摄对象摆出看起来很自然的姿势常常是个问题。如果可能，可以用篱笆作为很好的支撑物。如果必须让他们坐在地上，一定要保证地面不能潮湿或肮脏。随身带个小毯子，可以折叠起来让拍摄对象坐在上面却不露痕迹。在保证清爽洁净的同时，如果拍摄时间较长，还可以让你的拍摄对象得以放松。

使用三角架 户外拍摄人像时，如果你不用闪光灯，就应当使用三角架。拍摄人像时通常用慢速快门，尤其是在阴凉里拍摄时。用三角架会帮助你更仔细地构图，你可以自由地在拍摄地走动，随意调整设备并可以和拍摄对象自由地交流。安置反射器时，如果你没有助手，三角架还是唾手可得的好帮手——因为大个头的反射器都有环或者线，你只需把反射器绑在三角架的腿上或者其他可利用的地方就可以了。

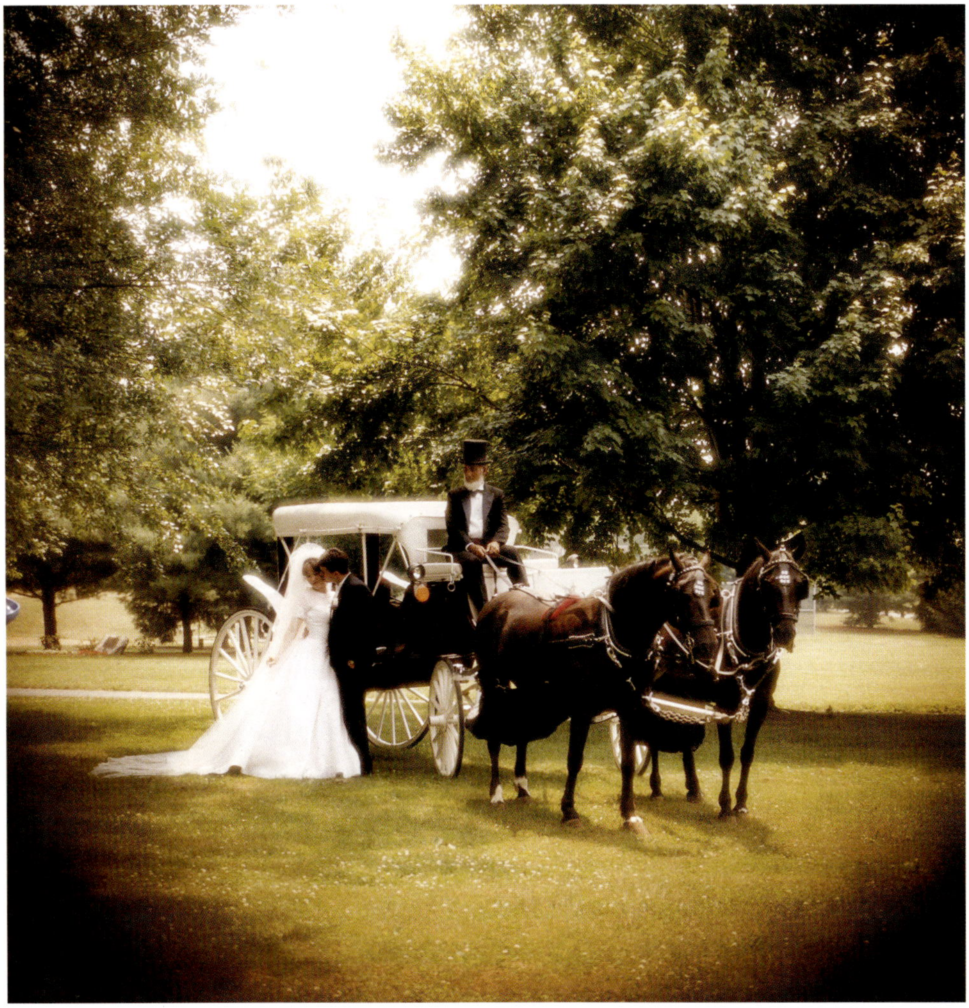

好的拍摄场地就是一切。照片中的地点非常完美，但是时间太仓促，傍晚前的光线也不太配合。为了降低对比度并为场景拍出暖色调，费迪南·纽鲍尔使用了Leon晕映器和Stephen Rudd#2暖调柔焦镜。相机上的漫射器降低了光线对比度并制造了一种浪漫气氛。创作这幅肖像用的是哈苏500CN相机，100毫米镜头，柯达Portra 400NC胶卷，ISO值设定为320。

的，你可以虚化任何有关的颜色。你也可以有选择地漫射背景（而不用牺牲拍摄对象的清晰度）。你只需复制背景图层（背景图层包含原始图像），并将漫射效果应用到复制背景图层上。然后，在复制图层上用橡皮擦工具把要保留原始图层的地方的漫射效果擦掉。

观察阴影中的颜色 你或许会遇到的另外一个问题是：在阴凉里拍摄的人像中有过多的冷色。如果拍摄对象站在四周都是绿色植物的小树林里，绿色很可能会反射到他/她的脸上。如果拍摄对象暴露在空旷的、湛蓝的天空下，他们的肤色中会带有过多的青色。这对拍摄黑白照片毫无影响，如果你拍彩照，就该小心了。

为了纠正人像偏绿和偏蓝的着色，你必须首先学会观察。尽管你的眼睛会很快中和掉这些颜色，但是彩色胶卷却不能。仔细观察拍摄对象的脸，尤其多注意面部阴影区的颜色。如果光的颜色是中性的，阴影的颜色呈现灰色。如果不是中性的，面部阴影要么呈绿色，要么呈蓝色。

用胶卷拍摄人像时，为了解决上述问题，你需要在镜头上安一个色温滤光片来补色。这些透明滤光片安装在滤光片架上。要用数码相机拍摄就简单多了，你只需自定义白平衡设置，或者用相机自带的一种白平衡设置，如“开放式阴凉”。那些一直用华莱士曝光盘的人认为，这种情况下该产品能为你提供精确的帮助。纠正白平衡后，就没有必要用滤色镜纠正拍摄现场的色彩了（当然，你也可以用Photoshop的可选颜色、曲线或其他纠正工具纠正色彩）。

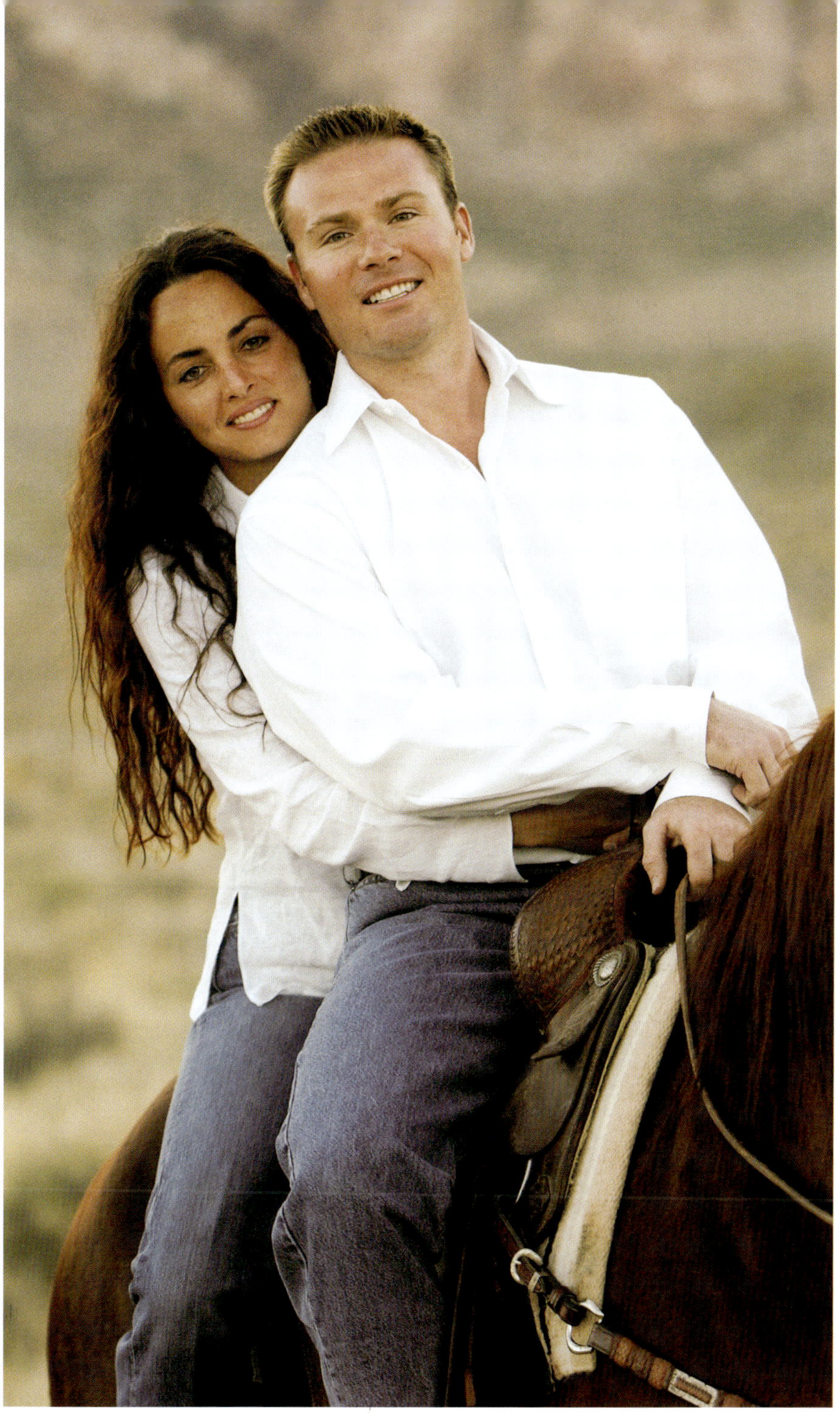

乔·福图在一个开放的大峡谷中间为这对情侣拍摄了这幅漂亮的订婚照。现场的光线使面部造型光非常完美，但是头顶上的蓝天使整个场景颜色偏青。他选择了尼康D1X相机预设的一个为下午的阴影中和过多青色的白平衡模式。你会注意到，照片中的白色多么纯净啊！

用Photoshop处理照片 有时候你选好了风景优美的地方准备拍摄人像，却发现背景根本无法利用。背景可能是单调的天空，也可能是混乱不堪的背景。处理这种背景最好利用Photoshop。无论是数码照片还是用胶卷相机拍摄后扫描的照片都可以用Photoshop处理。用Photoshop处理时，为了达到模糊背景的目

6. 自然人像

一些杰出的人像作品是在拍摄对象毫不知情的情况下拍摄的。在当代婚礼摄影记者的推动下，这种人像拍摄风格渐渐流行起来。其目标就是让照片讲述故事，让照片记录生活中每个细微的片断，通过这些片断向人们展现现实生活中一个个有纪念意义的时刻。

拍摄自然人像照最重要的方面，是拍摄时不要让拍摄对象发现。如果拍摄对象坐在人像摄影棚里，又面对各种灯光，你想不被发现几乎是不可能的。虽然摄影室的人像摄影师不可能像婚礼摄影记者那样在拍摄时不被发现，但他们一样头脑敏锐、反应迅速。很多杰出的人像艺术家就依靠他们敏锐的观察力，一直寻找能展示拍摄对象特征和个性魅力的机会。

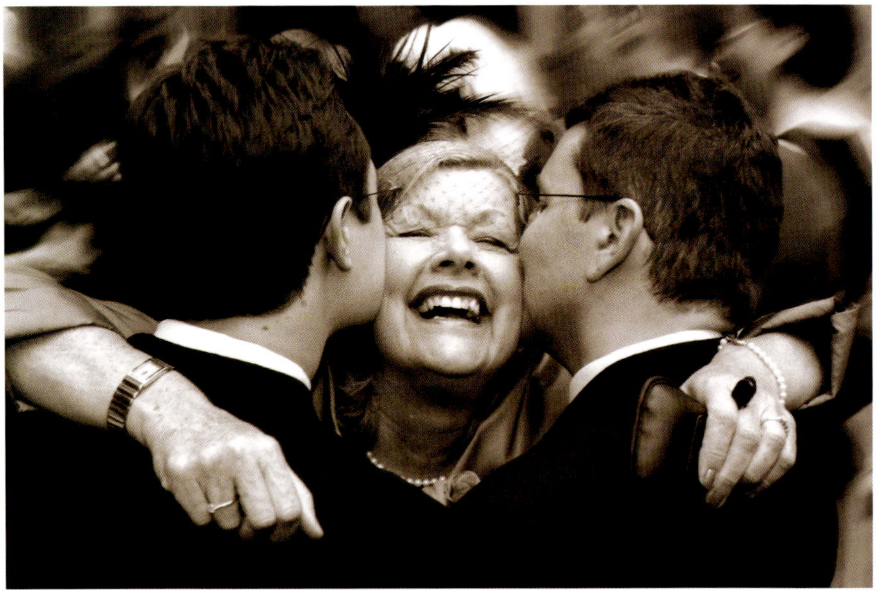

英国天才婚礼摄影师丹尼思·欧查德从不放过任何一次拍摄的好机会。照片中这位母亲紧紧拥抱了她的两个儿子，但欧查德却错失了良机。他抓了一把椅子站在人群上面，请那个妈妈再次拥抱儿子。她照做了，欧查德也将这一幸福时刻定格在了他的作品中。

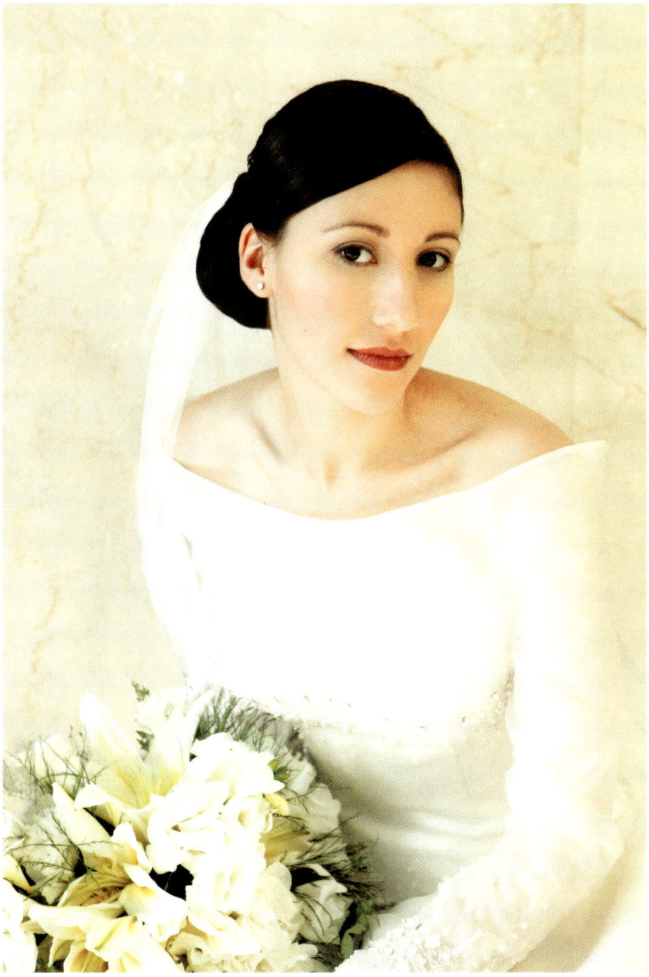

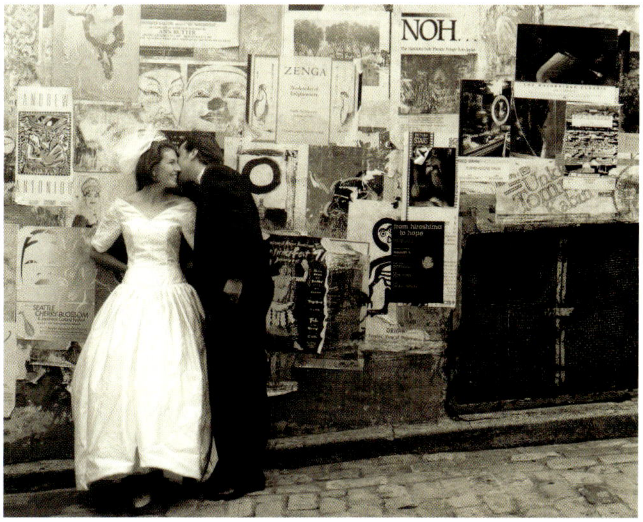

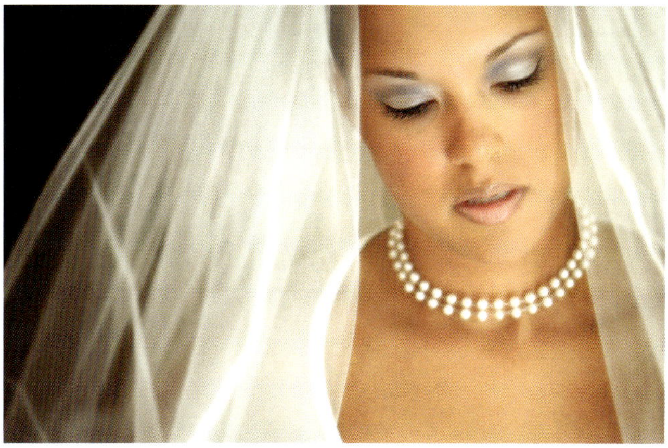

左图：马库斯·贝尔抓拍到了这位新娘的自然美以及她的个性。在这幅白色对白色的高调人像中，新娘那几乎是黑色的眼睛弥补了色调的单一。摄影师创作这幅引人注目的作品，就是迫使你去分析她那双眼睛，从她的眼睛里，你能看到从容的自信和睿智。这幅人像是用自然光拍摄的，没用闪光，也没有追加补光。

右上图：合格的摄影记者就像墙上的苍蝇，人们对他们视而不见。她/他不必像导演似的指挥拍摄对象摆出各种姿势，只需布置一个场景，拍摄对象就会置身其中自然地交流，就像图中所做的那样。摄影：克莱格·拉森。

右下图：帕克·普菲斯特是个天才婚礼摄影师。他利用的是从下面反射到新娘脸上的漫射阳光——这种光通常是不受欢迎的。普菲斯特选择拍摄她朦胧的双眼，以展示她漂亮的眼影和性感的双唇。尼康D1X相机，80～200毫米变焦镜头，设置在150毫米。快门速度1/90秒，光圈f/2.8。

当代人像摄影大师提姆·凯利说，“拍摄人像之前要观察你的拍摄对象。有时候，他们下意识的一些动作可以成为伟大的艺术性姿势。”因此拍摄人像时，凯利从不提醒他的客户该拍照了。凯利说，“我从不相信拍摄对象模仿出来的表情会是自然的。”

尽管纯粹的婚礼摄影记者不会干预婚礼场面，但有时候还是有必要给现场一点“指导”。我想起了一个关于英国著名婚礼摄影师丹尼思·欧查德的故事。一次婚礼上，他发现一位母亲正在幸福地拥吻自己的两个儿子，这是一个珍贵的时刻。当他站到椅子上的时候，机会却无情地错过了。由于他认识婚礼上的人，于是他朝那位妈妈喊道，“再拥抱一次怎么样？”由于感情依旧，她再次拥抱了自己的儿子，欧查德也得到了一幅获奖作品。

澳大利亚婚礼及人像摄影师马库斯·贝尔拍摄人像从不匆忙，他用温馨的气氛和自己的能力与拍摄对象搞好关系，使之放松并在整个拍摄过程中体现出自己的风格。这样，一切尽在掌握之中，还可由拍摄对象自己决定摆什么姿势。他说，“我想拍摄人物真实的个性和特征。

拍摄对象的摆姿要自然，要能展现拍摄对象的个性特征，而不能背离个性。我用了很多技巧确保拍摄对象摆出的姿势符合他们的身份，但是要做到这一点，你首先要做一些基础性工作，让你的拍摄对象也参与到准备工作中来。”

贝尔用了很多方法与拍摄对象交往——如一起喝咖啡、步行到拍摄地点等——所有这些做法都是为了找到更多的机会和拍摄对象交谈，以便建立良好的关系。他说，“只要有可能，我总是想方设法把对他们的指导减少到最小程度，让他们按自己的意愿拍摄。由于我们关系非常融洽，他们对我很信任，摆姿势时尽管我也给他们一些指导，但我采用的方式在他们看来更像是我们在自由交谈，没有感觉到我在告诉他们怎么做。他们也觉得自己更多地参与了整个过程。”

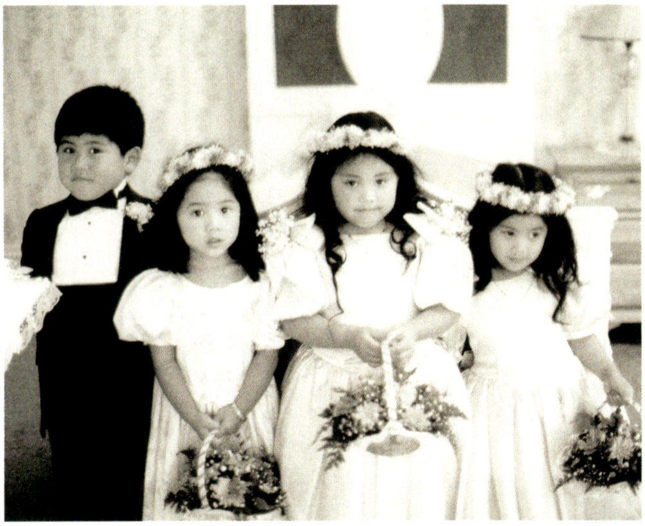

左图：用高速胶卷，开大光圈，很暗的光也能用上。还要注意，用35毫米胶卷或数码相机拍摄时，用马达驱动或者触发模式有时会有意外的收获。这些手提花篮的可爱孩子或许是刚刚摆拍完人像，正想放松自己紧崩的神经时被抓拍的。摄影：克雷格·拉森。

下图：大卫·威廉姆斯抓拍了婚礼前这一难得的时刻。新娘似乎若有所思，很可能她没有意识到摄影师已经把相机对准了她。

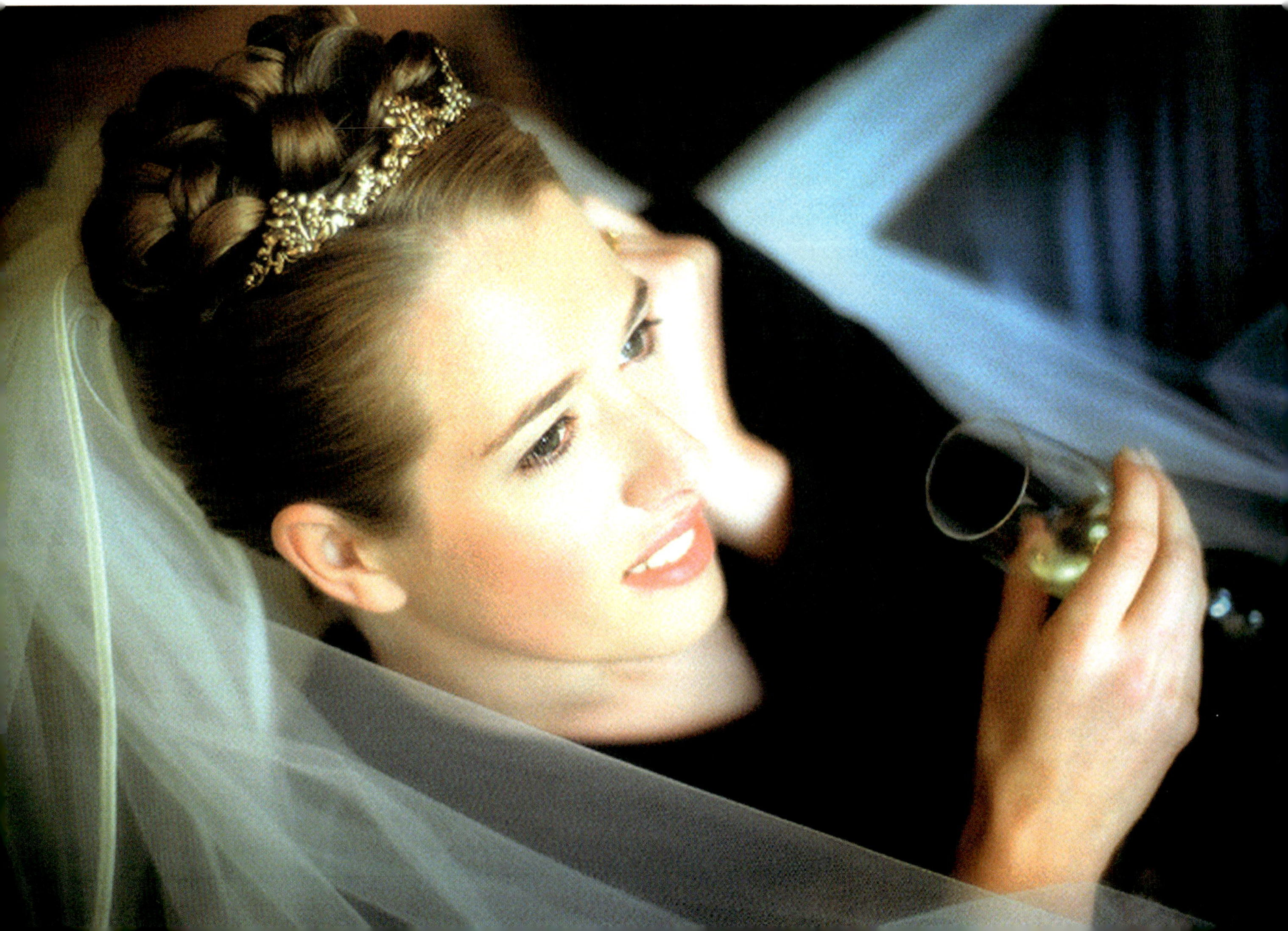

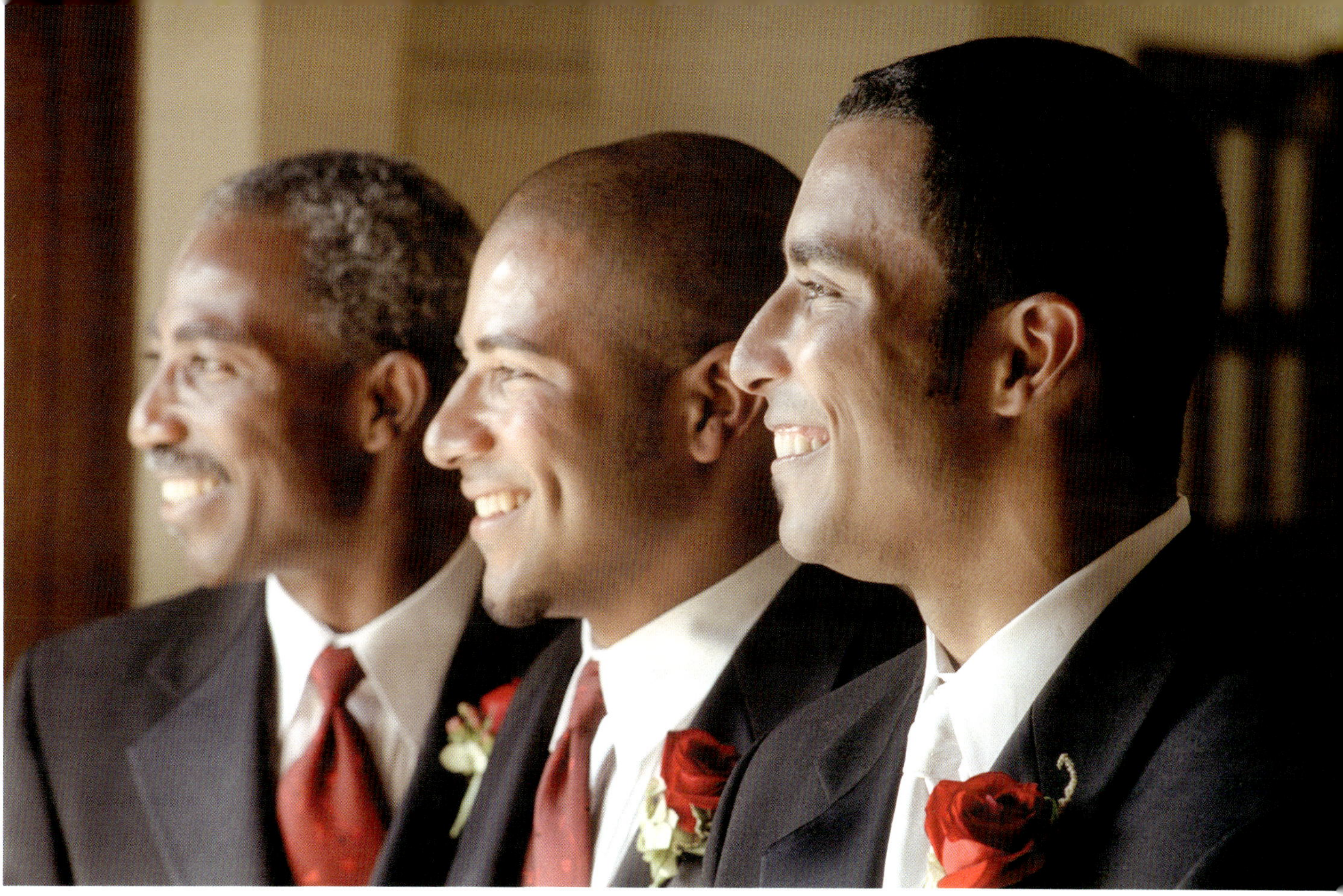

上图：作为一名职业摄影记者，斯哥特·艾克伦德以自己的作品为生。当他碰到这种场景时，他会一直等待着代表性的一刻。借助从窗户透进来的漂亮阳光，斯科特在新郎身上调好焦距等着，直到微笑同时洋溢在三人脸上时才按下快门。

右图：婚礼当天，大卫·威廉姆斯抓拍了新郎新娘之间这一真实、动人的时刻。后来，他用人造偏光板转换印片术对它进行了处理，变成了具有怀旧色彩的人像作品。

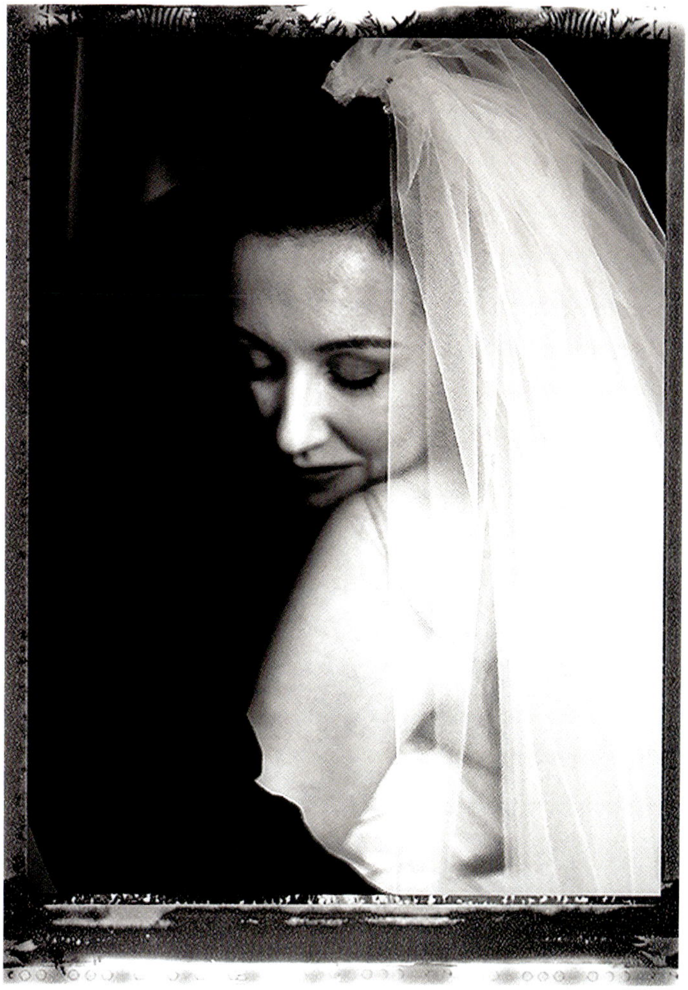

马库斯·贝尔用数码相机的大液晶显示屏进行友好的摆姿提示。拍摄期间，他让拍摄对象在屏幕上看看效果，并友好地建议他们怎样摆姿更好。他经常会拍摄一些场地照片，甚至在拍摄对象还未进入场地前就给他们看。马库斯说，“由于你需要他们的合作和热情，这样会建立和谐、信任和团结的关系。”

杰瑞·基奥尼斯，另一位成功的澳大利亚婚礼和人像摄影师相信，他能把新人拍得看上去既迷人又自然。说起他摄影室的拍摄，他说，“我们的客户经常这样评论我们拍出的照片：照片好看得有些不真实，姿势优雅得像故意摆拍的，自然得又不像是摆拍的。”

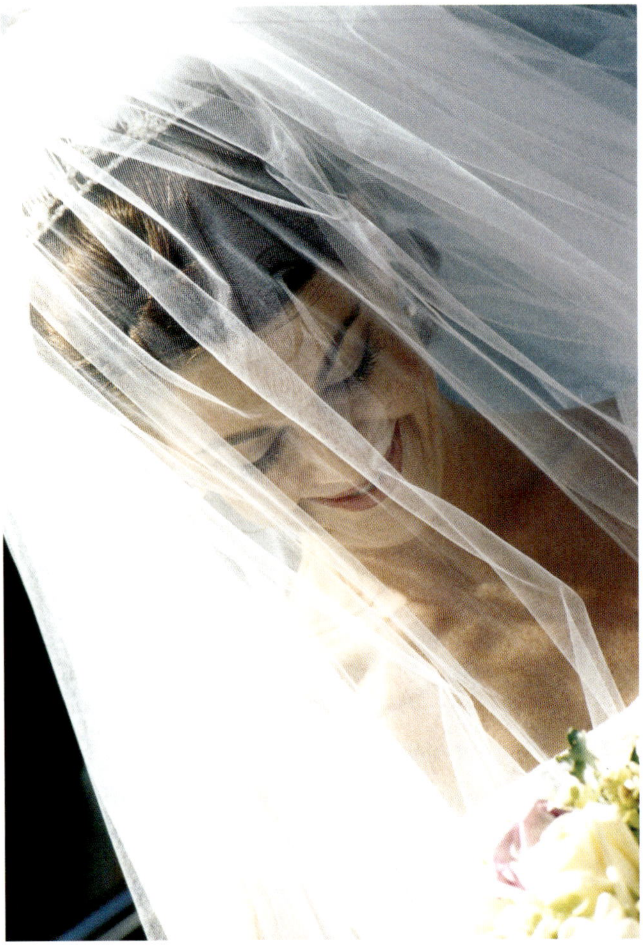

这幅非正式的人像是摄影师在正式人像拍摄间隙抓拍的。这是米歇尔·赛林塔诺用佳能EOS A2相机，28～135毫米镜头和柯达TMZ 3200胶卷拍摄的。

杰瑞从不为拍摄对象摆拍，但他“提醒”他们。他说，“我在看似自然的条件下提醒他们。”他先选择用光，选择背景和前景，然后指导客户摆出一个“大体”的姿势——浪漫的拥抱，随意的散步，让新娘调整面纱，等等。他拍摄的看似自然的人像都是在指导下完成的，但似乎是拍摄的自然发展。根据与之合作的客户的不同个性特征，他会选择不同的拍摄方式。

杰瑞依赖的技巧之一是“难道不是很好”的拍摄原则。比如，一旦他认为“如果新娘放声大笑，双眼只剩一条缝，新郎伸手去扶前仰后合的新娘，这难道不是很好吗？”他就会要求客户摆出这样的姿势。有人会说那种照片早有人拍过，但杰瑞认为那种形象的新娘只在电影里出现过。“谁会在乎你是怎样拍出这种照片的——结果好就一切都好。你首先得想象出你想拍的照片是什么样子，再去引导拍摄对象按你的提示摆姿势。”

摄影师凯利、欧查德、贝尔、基奥尼斯向我们描述的拍摄技巧的最终结果是：拍摄对象要放松；摄影师要抓拍表情自然的瞬间。

摄影技巧

拍摄自然人像时，你不能因为要记录的一瞬间具有特殊纪念意义，只考虑如何把场景和拍摄对象拍摄清晰可辨，而忽视巧妙的用光、精心的构图和优雅的姿势等美学因素。

构图 照片的效果如何就靠最后那关键的一按。因此你的构图应该宽松，便于以后裁剪以获得更好的构图。在拍摄对象旁边留出足够的空间，并将注意力集中到场景和动作上。

快门速度 用低速快门拍摄，拿稳相机是最重要的。为了拿稳相机，相机放在眼睛前面时肘部要紧贴身体。把大拇指放在相机机座位置，这样，当食指按下快门时，拇指会给相机一个反作用力。多练习这种拍摄方法，你手持相机的拍摄速度能达到1/8秒或1/15秒。

轻压快门而不要用力摁快门。为防止相机抖动，要试着只用指尖往下按。

用1/60或1/30秒的快门速度拍摄时，如果你不太自信，就靠紧门框或者墙壁。你也可以把相机放在椅子或桌子上。单脚架也是很好的支撑物，你不仅可以带着它随便走动，还可以在低照度或超暗环境下拍摄。

不要敷衍了事 无论你用数码相机还是胶卷相机拍摄，都要尽量多拍。可拍的瞬间匆匆而过，你每拍出一张好照片的同时，也会拍很多不那么好的照片。

熟练使用自己的相机 好的摄影记者必须首先熟练使用自己的相机，然后才是如何对焦、构图和曝光。如果能快速有效地将相机运用自如，你就能拍出好的人像。

7. 矫正拍摄技巧

好的人像照的巧妙之处就在于摄影师能把拍摄对象理想化。这就要求摄影师掌握一些实用技巧来克服拍摄对象自身的缺陷和瑕疵。

明白这一点很重要：人们并不按照实际长相看待自己。他们会下意识地把鼻子变短，想象自己头发更多。总之一句话，他们假装自己比真实的自己漂亮。好的人像摄影师明白这一点，客人一来就会按这一点去做。作为拍摄程序的一部分，摄影师会分析拍摄对象的面部和身体，在心里盘算着如何用光、摆姿、构图才能令拍摄对象满意。

我们这一章讲的就是美化拍摄对象的一些实用技巧。这里列出了人们身体可能出现的缺陷，同时也告诉你如何医治的实用方法。对一个严肃的人像摄影师来说，这种矫正性摄影和用光、摆姿、构图一样重要。

分析面部特征

内行的人像摄影师稍一审视就能对拍摄对象的面部进行分析，这很像医生为患者查病。在平光下，先正面观察拍摄对象，然后慢慢移到右边，从一个角度检查半边脸，再到他左边，重复观察拍摄对象。你可以边观察边和拍摄对象交谈，这样，他们不会感觉不自在。从两侧检查面部时，既要看正面照效果，也要看侧面照效果。分析拍摄对象时，要着重分析：

1. 从什么角度看上去最赏心悦目。这一角度通常在八分之七或四分之三视图，而不是正面或侧面视图。

2. 两只眼睛大小的不同。多数人的双眼都不一样大，但我们能让两只眼睛看起来一般大：让稍小点的眼睛距离镜头近些。这样，通过自然透视你会发现稍小点的眼睛看起来比真实的大了一些，因为它离镜头较近。

3. 从不同角度观察拍摄对象时，他们脸型和特征有什么变化。从不同角度看颧骨是更突出了还是低了；无论男人还是女人，颧骨高了看上去比较好看。如果换个角度观察，拍摄对象较宽的下颌线也能变柔和；从不同的角度看，圆脸也能变成椭圆形；从正面看，瘦窄的脸形就似乎宽了些，也显得更健康，等等。

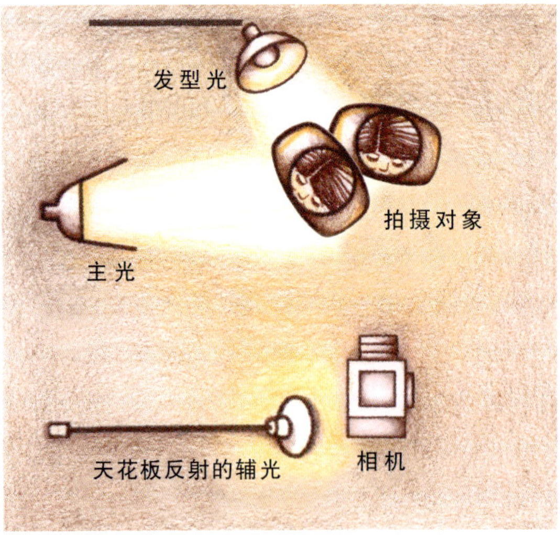

柔焦拍摄不仅是一种“掩饰”型纠正技巧，还能提供浪漫情调。罗伯特·利诺为创作这幅肖像，使用了玛米亚RB67相机、玛米亚Sekor SF 150毫米柔焦镜头和柯达VPS 160胶卷，曝光速度1/125秒，光圈f/11。主光是Speedotron Force 10 和美光抛物面反射器。辅光用的是来自天花板的（诺曼 808，全功率设置）反射光。发型光是Norman 808，半功率设置。

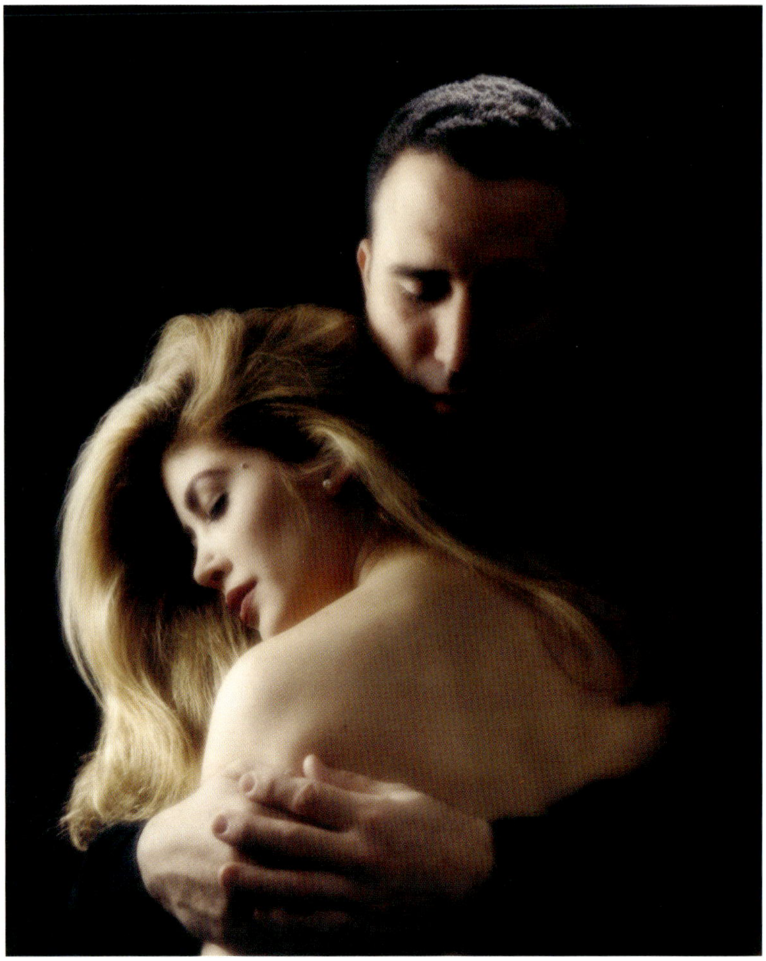

4．拍摄对象最好看的表情。通过与拍摄对象的交谈，你要决定为他/她拍摄什么表情最能突出其特征——是拍微笑的、带点微笑的还是不微笑的；抬头时拍，还是低头时拍，等等。

柔焦和漫射

皮肤问题是人像摄影师最常遇到的身体方面的问题。年轻人的皮肤有相同的问题——雀斑或痘痕；老年人则有皱纹和老年斑；老化、营养不良、疾病等问题会在各个年龄层次的人脸上留下痕迹。

柔焦镜头或漫射镜既能把面部瑕疵最小化，还能使老年人看上去更年轻。用柔焦镜拍摄的人像比面部细节清晰的人像照更令人愉快。柔焦人像照具有浪漫情调。

有四种方法可以漫射照片达到柔焦效果。第一，你可以采用柔焦镜头。这种镜头可以把图像的某一点拍清晰，但其周围有一圈模糊的光晕。这种镜头能产生这种效果是因为它们在一定程度上未进行球面像差校正。柔焦镜头不会拍出模糊不清的照片，而是在拍出的清晰照片的周围会产生一圈模糊的光晕。

第二种漫射人像的方法是用柔焦滤镜或漫射滤镜。当光线透过滤镜时，这些滤镜将光线漫射，把人像的高光区混入阴影区。柔焦滤镜或漫射滤镜的柔化程度按级分类，各种等级的

提示与技巧

用球形像差柔焦镜头和漫射镜时，如果缩小光圈，柔焦效果就会减少。因此，为了获得最柔和的图像，镜头必须开到最大或接近最大光圈。另一种今天还不太流行的柔焦镜头，用的是受控制的色差，当光圈缩小时，它也不受影响。

漫射滤镜成套出售。

第三种漫射人像的方法是洗印相片时漫射负片。此方法和相机漫射效果恰恰相反，它是把阴影区混入高光区。不幸的是，由于运用技巧、漫射时间和运用材料的不同，有时洗出的照片可能很模糊，高光区毫无生气。

将面部瑕疵最小化的最好方法，或许应该是用Photoshop中的选择聚焦功能。这一技巧将在第8章讲述。选择性漫射能在保持关键部位（眼睛、嘴唇、鼻子、眉毛）清晰的同时，漫射面部有问题的部分。观赏者只看到面部清晰的重要地方，这样就被掩饰过去了。这个技巧非常简单易用。

不管你用何种方式漫射人像，你要明白你为拍摄对象添加了多大的柔和度。为男人拍摄的人像不能太过柔和，因为那样他们看上去太女人气。皮肤细腻的女士也不想被拍得太柔和，因为她们想要展示的正是自己引以骄傲的皮肤。上述情况下，你只需适度柔化一下皮肤即可。用小一点的光圈，比如f/5.6或者f/8；这仍然具有柔化效果，但与大光圈相比，柔化能力就小多了。

相机高度与透视效果

为长相一般的人拍摄时，要遵守几条关于相机高度与拍摄对象之间关系的规则，它们会

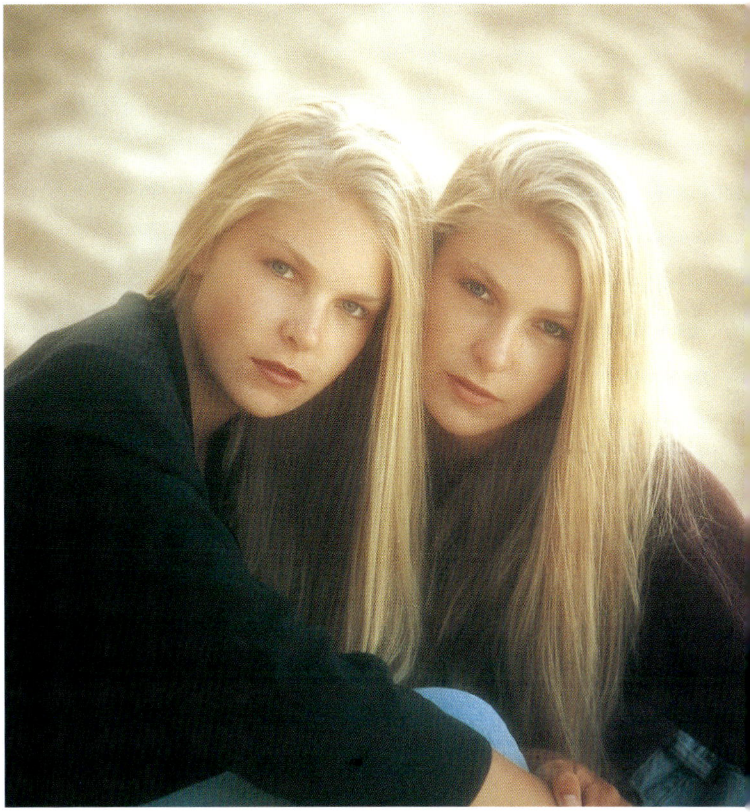

上图：这幅人像是在户外空旷地带用自然光拍摄的，太阳光从两个女孩背后照射过来。在她们面前放置了一个金色反射器提供暖调辅光。为了调节高光区的曝光，用相机漫射系统增加柔光，还稍有点过度曝光。罗伯特和苏姗娜·拉弗用勃朗尼卡SQ-Ai相机、150毫米镜头和柯达Portra 400 VC胶卷创作的这幅人像。

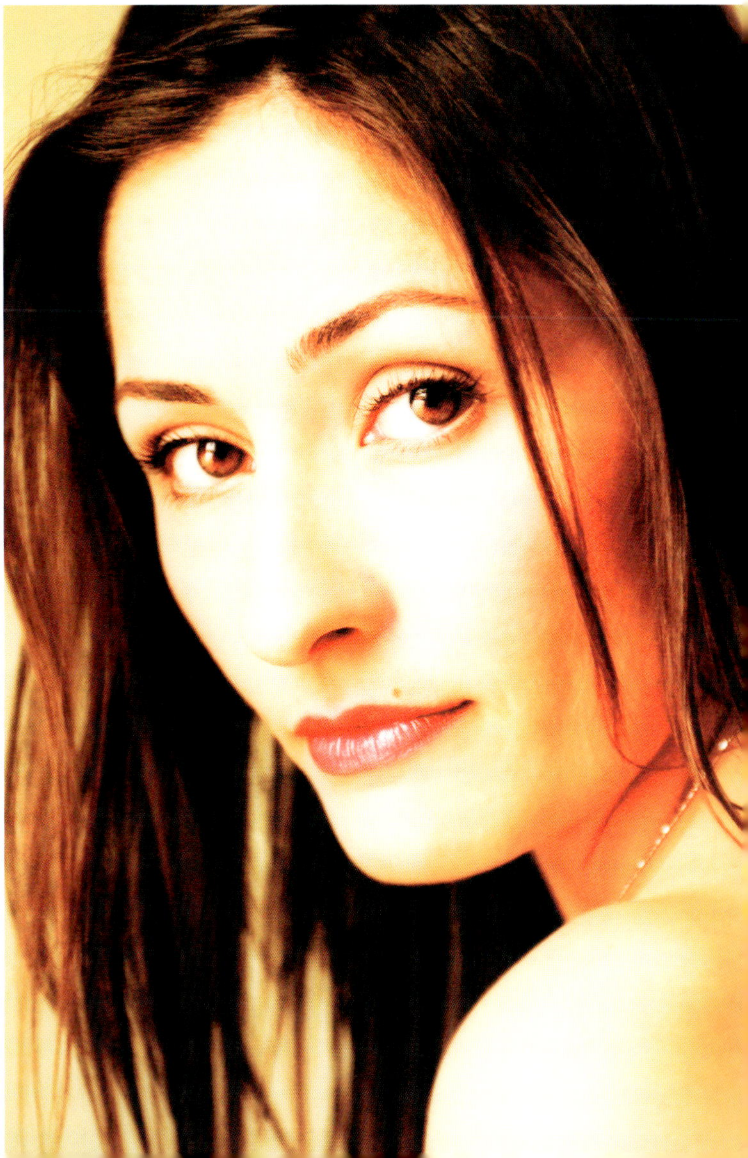

下图：人像摄影大师会仔细分析他们要拍摄的每一张面孔。他们会告诉自己相机位置应该有多高、用何种照明（宽幅照明/短光照明，漫射光/反射光，等等），摆什么姿势、从哪个角度拍摄人像看上去最美。在安东尼·卡瓦拍摄的这幅有趣的人像中，她的姿势和面部角度都极为完美。摄影师极尽可能地美化他的拍摄对象。经过数字化处理，只保留了红色的双唇，其余地方添加了黄色调。拍摄这幅人像用的是尼康D1X相机、设置为70毫米的短尼克尔变焦镜头；快门速度为1/640秒，光圈为f/2.8。

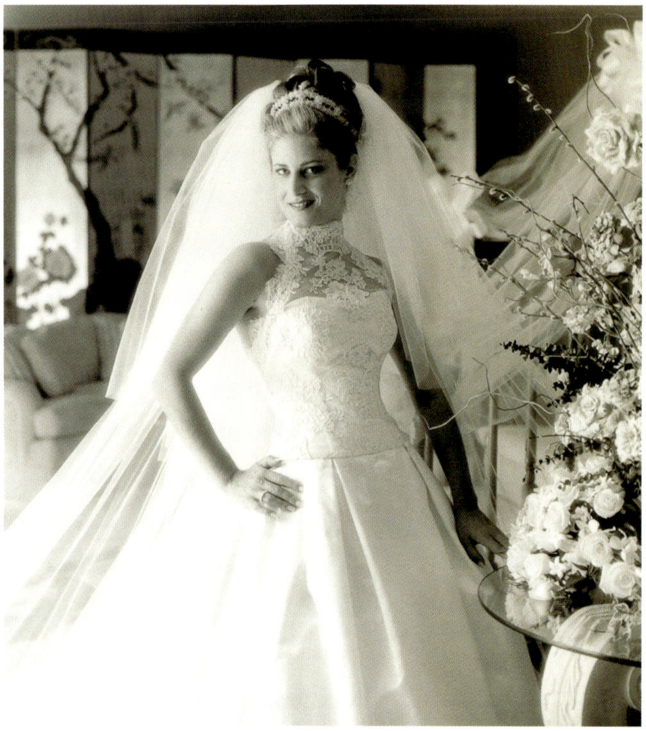

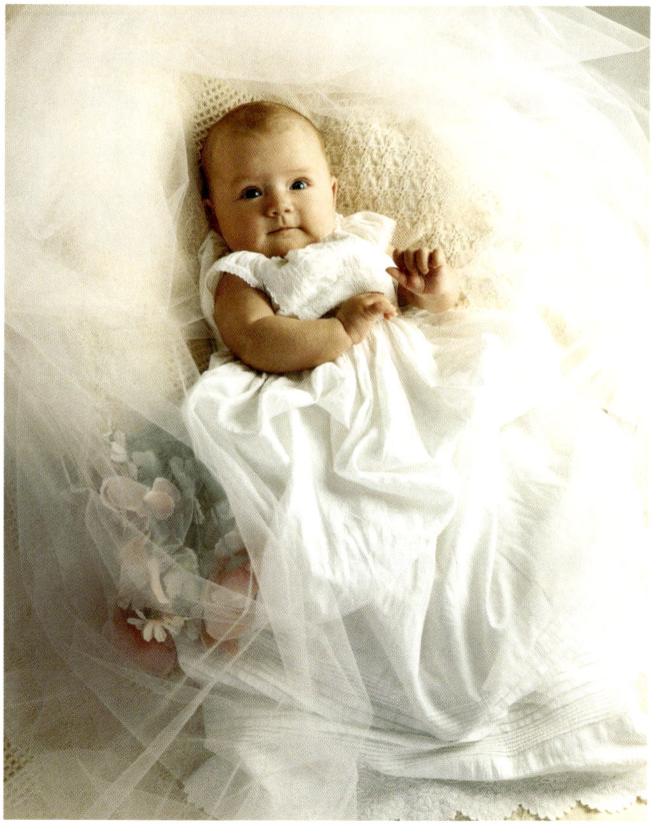

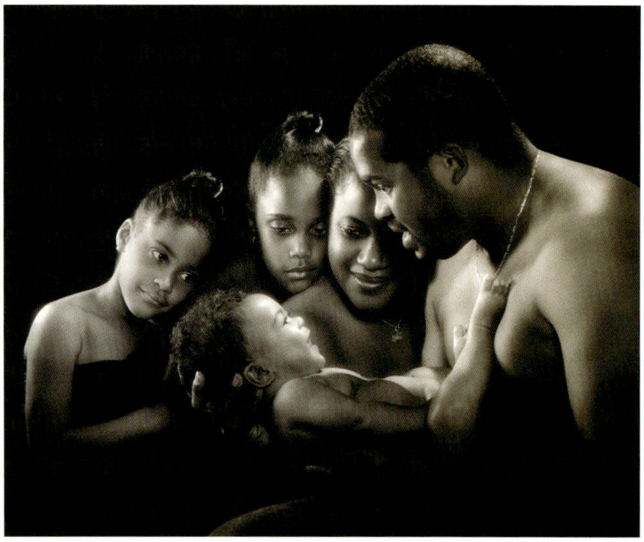

左上图：这是透视研究用的人像。如果你从相机镜头往外画一条直线，你会看到相机高度正好处在她的头顶和膝盖的中间位置。相机的位置不太高也不太低才会产生理想的透视效果。再注意看低调用光如何让人变苗条的。米歇尔·赛林塔诺用勃朗尼卡SQ-Ai相机、150毫米镜头和柯达T400 CN胶卷创作了这幅人像。曝光速度为1/8秒，光圈f/5.6。为了保持适当的光比，拍摄时只用现场的侧光，没用反射器补光。

上图：拍摄婴儿全身人像需要技巧。本图中，拍摄时相机位置高，拍出的人像相对较小，但透视合理。摄影：大卫·班特利。

左下图：这是约瑟夫和路易斯·西蒙拍摄的一幅新生儿及全家成员的漂亮全家福。一束发型光（设定输出为f/16）照亮了婴儿，也照亮了母亲、父亲和母亲旁边女儿的头发。紧挨相机的反光伞提供了输出为f/8的柔和辅光。主光是装有漫射装置和挡光板的抛物面反射器，置于全家人左侧，设定为f/16。拍摄用的是哈苏相机、120毫米镜头、曝光速度1/100秒，光圈f/16。

保证为普通人拍摄的照片透视效果正常。

要为普通人拍摄半身人像，经验法则是：相机的高度应该和拍摄对象的鼻尖一样高。如果拍摄身体的四分之三人像，相机高度应该处在拍摄对象颈部和腰部的中间。拍全身人像，相机的最佳高度应该是拍摄对象的腰部。

上述情况下，从取景器里看，相机所在的高度正好把拍摄对象一分为二。这样，镜头与拍摄对象轴线上方和下方到镜头的距离是一样的。为了获得“正常的”透视效果，后退时仍要保持上下相等距离。你会看到，当相机位置升高或降低时，透视效果（照片各部分的大小关系）也随之变化。通过控制透视效果，你能改变拍摄对象的身体外观。

拍摄四分之三视图或全身人像时，如果把相机抬高，拍摄对象的头和双肩部位就会变胖，但臀部和双腿则显得苗条。相反，如果降低相机位置，头看上去会变小，但臀部和腿则变粗了。相机高度上升时朝下倾斜、相机高度降低时朝上倾斜效果会更明显。相机离拍摄对象越近，改变越明显。如果在调整相机高度后你想要的效果没有出现，就把相机拿到拍摄对象跟前再次观察效果。

拍摄半身照时抬高或降低相机位置，效果更为明显。这也是纠正面部器官缺陷的主要方法。抬高相机高度鼻子变长，颧骨和下颚变窄，前额变宽。降低相机高度后，鼻子变短，前额变窄，下颚变宽，颧骨突出。

纠正一些具体问题

这一节讨论的是纠正你每天都可能遇到的身体缺陷的具体方法。运用这些矫正建议时要谨慎从事。

怎样拍摄肥胖者 让肥胖者穿深色衣服拍照，他/她看上去会苗条10～15磅（4.54～6.81千克）。让拍摄对象和相机成45°角。如果你不想强调他的大块头，切记别让他拍摄正面照。

用低调照明模式和狭光照明，让拍摄对象的大部分处在阴影中。能产生低调照明的光比越高，拍摄对象看上去越苗条。如果可能，用深色背景并试着把背景色调和衣服的色调融为一体。要做到这一点，尽可能少用或干脆不用背景光，也去掉任何你用来照亮拍摄对象阴影部分的轮廓光。

肥胖者采用站姿拍摄会更好看。如果拍摄坐姿，多余的肉会堆积在腰部。在人像底部进行深色虚化也是让被拍摄者看上去更苗条的诀窍。

如果拍摄对象有双下巴，不用在颈部用光，或者在拍摄对象和光源之间用一个遮光板，不要让光照到下巴和颈部。

怎样拍摄瘦者或体重偏轻的人 拍摄瘦者要比拍摄肥胖者容易得多。让它们穿浅色衣服，用高光比和浅色背景。让瘦者的面部或身体的更多部分面对相机，这样脸看起来宽些。理想的角度是八分之七视角，并让较瘦的半边脸面对镜头。

为太瘦的人拍摄人像，绝不能让他/她穿无袖的衬衫或衬衣。让男人穿浅色运动上衣拍摄，或许看上去威武些；而女人穿蓬松的衣服或宽松的上衣能掩盖过细的胳膊。

为脸瘦的拍摄对象拍人像，用平光照明，光比为2:1到3:1。由于面朝相机的半边脸被照亮，整个面部会比用短光显得宽。总的原则是：脸越宽的人，应该在阴影里的部分越多；脸越窄的，被光照到的部分应该越多——这是平光照明和狭光照明的根本区别。

怎样拍摄老年人 人越老，脸上的皱纹越多。最好的方法是用某种漫射装置拍摄，但不要把人像柔化得一条皱纹也看不到。尤其男人不应当被过度柔化，因为他们的皱纹通常被看做是

可以为苗条的拍摄对象拍摄正面人像，相机和肩轴线平行，不要有任何角度。非常宽的高光区和她的姿势增强了女孩的自然美。摄影：托尼·考贝尔。

“个性纹”。

拍摄时运用前置光，那样脸上的细纹和深皱纹里就不会有很深的阴影。可以用更柔和的漫射(如反光伞）照明，柔和的照明会让老人的皱纹变浅。

为老年人拍摄尽量用小尺寸的人像。即使是拍摄半身人像，人像的尺寸也应当比年轻人的小10%～15%，这样拍出的人像看不出老人的真实年龄。

怎样拍摄戴眼镜的人 最好让戴眼镜的人戴上由验光师为其准备的空镜架（只有镜架，没有镜片）。如果拍摄是提前计划的，验光师可以准备一套镜架用于拍摄。如果没有镜架可用，就让拍摄对象把眼镜稍微往鼻子下方滑一点，这能改变入射光的角度，有助于去除不必要的反光。

为戴眼镜的人拍摄时，应当漫射主光，这样镜框就不会在眼睛上留下黑眼圈。主光的位置与头一样高或者稍高一点，然后往一侧移动，直到从相机的镜头里看不到眼镜上的反射光。这就产生了分割式或者45°角用光模式。也应当调整辅光，直到反射光消失为止。如果你无法除去辅光的反射光，就把辅光反射到照相室的天花板或后墙上。

如果拍摄对象戴着厚厚的眼镜，通常情况下他的眼部比面部其他地方都暗。这是因为眼镜的厚度降低了照射到眼部的光的亮度。拍摄时你无法改变这种状况，但是可以用图像处理软件中的减淡工具增加影像明亮度，或者在洗印时把被遮挡的光亮度恢复得和面部其他地方一样。

如果拍摄对象戴着能自动调整的光敏镜片，在你没有准备好拍摄之前，先让他把眼镜放在口袋里。这样能防止镜片由于受到各种拍摄用光的影响过早变暗。当然，一旦光线照到镜片上，它们还会变暗，因此你最好鼓励拍摄对象摘掉眼镜拍照。

怎样拍摄一大一小的眼睛 多数人的眼睛是一个大一个小。拍摄前，你首先应该观察的事情之一就是：拍摄对象是否存在双眼不一样大的情况。如果拍摄对象的一只眼比另一只小，你又想让人像中的两个眼睛看起来一样大，就用四分之三或八分之七视角拍摄，并让拍摄对象稍小的眼睛离相机近些（因为物体离相机越

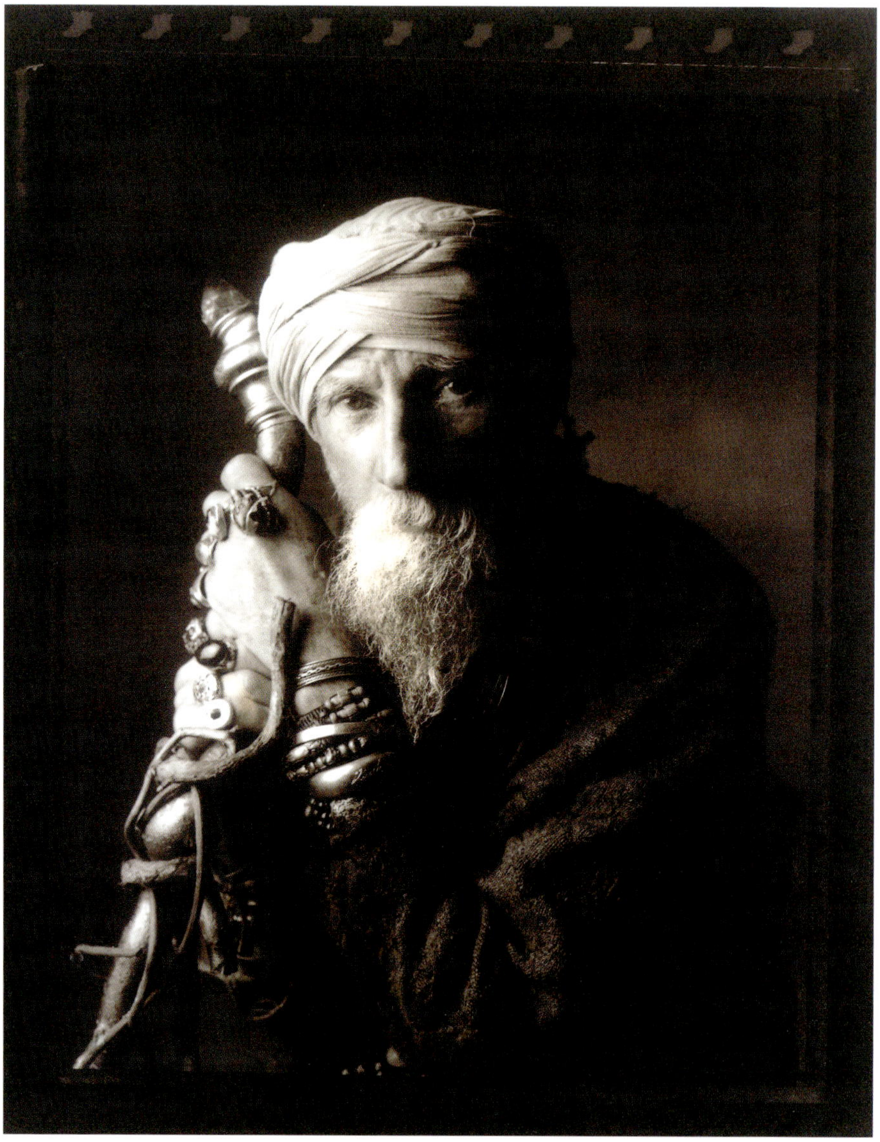

“Dez”的人像拍摄得很自然，连他的衣服也是日常穿的。据摄影师乔基奥·卡瑞耶尼斯讲，Dez是个精神术士，他整日漫游在墨尔本街道，用他的双手，借助神的力量为人治病。乔基奥说，“我早就听说过一些关于他的传奇故事。他治病从不收钱，只接受礼物，例如他手指上戴的戒指。”为了保留更多细节，乔基奥在拍摄对象的右侧用了很大的纱幕。他在后面用了一小束头顶光，这束光往左照射以便产生对比、增加效果；他还用一个白反射器来平衡用光（为了不让面部的两侧对比太强烈）。

近，看起来越大，反之越小），这样拍出的两个眼睛看上去应该一样大了。

怎样拍摄秃顶 如果拍摄对象秃顶，相机的高度一定要降低，尽可能少拍摄他的头顶。在主光和拍摄对象之间用黑布挡住照射到秃顶部分的光线。另一个窍门是羽化主光，那样光线亮度在头顶和脑后会迅速降低。秃顶部分的色调越暗，人们就越少注意那儿。不要用发型光，并把背景光开到最小。如果有可能，尽力把背景和头顶的色调混合起来。

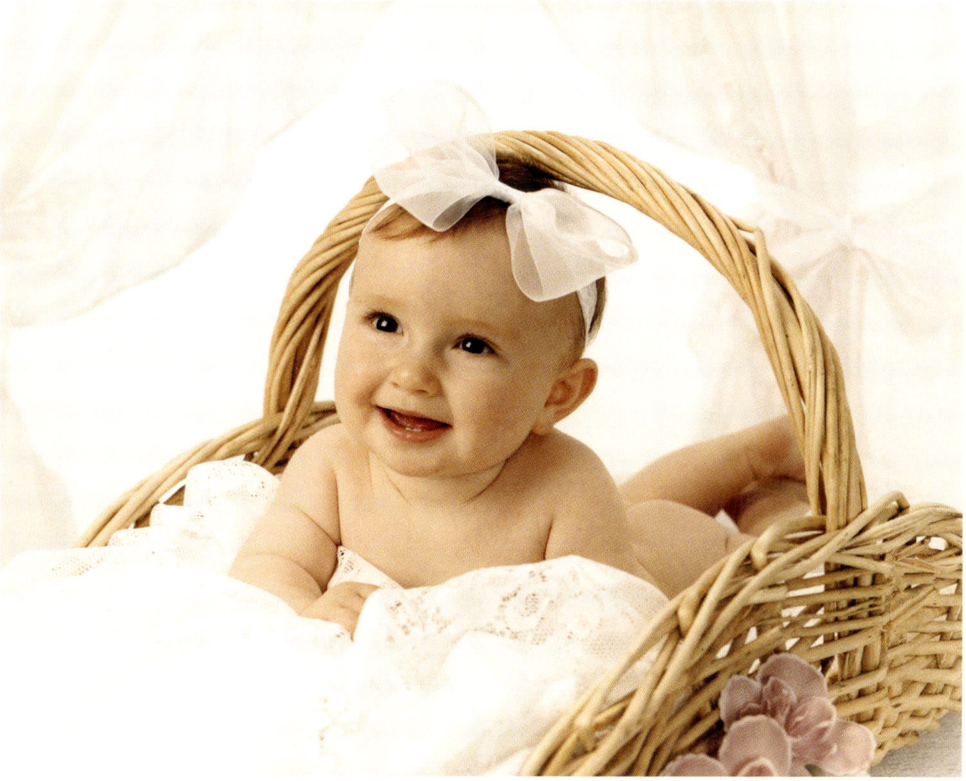

让稍小点的那只眼睛离相机近点，这样两个眼睛看起来一样大。所有的人都是一个眼睛比另一个稍稍小点。摄影：大卫·班特利。

怎样拍摄双下巴 为了减少对下巴下方的注意力，把相机的位置抬高。让拍摄对象抬起下巴并往一侧转头，同时抬高主光的位置，这样下巴以下的部位就处在阴影中了。

怎样拍摄宽脸 为了让宽脸显瘦点，用四分之三视图拍摄，并用窄光照明，那样大部分脸会处于阴影中。脸越宽，用的光比应该越大。如果脸实在太宽了，甚至可以用5:1 的光比。

怎样拍摄瘦脸 要让瘦脸变宽，解决办法就是尽可能把面部照亮。这就要求用宽幅照明，把面对相机的那边脸照亮。要从拍摄对象前面拍摄，可以用八分之七的视图，光比应该小些——在2:1 到3:1 之间。再用上轮廓光和发型光不仅可以增强立体感和层次感，也可以进一步把面部变宽。

怎样拍摄宽额头 要让宽额头或高额头显得小些，就要把相机放低并让拍摄对象稍稍抬起下巴。记住，相机离被摄对象越近，矫正措施的效果越明显。如果你发现抬下巴、降低相机位置后，只是前额边缘小了一点，把相机再靠近些拍摄，但要注意其他部位的变形情况。

怎样拍摄深眼窝和金鱼眼 要想纠正深眼窝，主光位置要低，让光线照亮眼窝。光比要低，那样会有尽可能多的辅光照亮双眼。抬起下巴也有助于减少深眼窝。要纠正金鱼眼，主光位置要升高，让拍摄对象往下看，多露出点眼睑。

怎样拍摄大耳朵 要缩小大耳朵，最好的方法是用四分之三视图，把离相机远的耳朵藏起来，确保远处的那只耳朵看不到或在阴影里（或者用遮光黑布挡住照亮那只耳朵的光，或者羽化主光）。如果他的耳朵太大，让他摆个侧面照的姿势看看。侧面照能彻底解决这个问题。

怎样拍摄深色调皮肤 拍摄深色调的皮肤必须在曝光时运用曝光补偿，那样的人像色调才完整。如果拍摄对象的肤色很黑，以入射测光表显示的读数为基础，再开大一整挡光圈。如果肤色只是一般的黑（比如日晒变黑的），根据测光表显示的读数，再开大半挡光圈即可。

怎样拍摄不一样高的两个嘴角 如果发现拍摄对象的嘴有点歪（比如，一个嘴角高一个低），或者微笑时嘴角不一样高，就让他/她转头，让嘴角高的那边离相机近；或者让拍摄对象稍微歪一下头，那样两个嘴角就差不多高了。

怎样拍摄长鼻子和短鼻子 要想把过长的鼻子拍得短些，把相机位置放低，让下巴稍微往上抬一点。降低主光的高度，这样当相机在鼻子以下拍摄时，鼻子下面就不会有深色的阴影。你应该拍摄正面照或者采取八分之七视图，这样就能把拍摄对象的长鼻子掩饰起来。

对于拍摄对象的短鼻子，要想让鼻子看上去长些，就要升高相机高度。让拍摄对象微微往下看，并试着用一束反射光照亮鼻梁。高亮区让短鼻子看上去长了些。

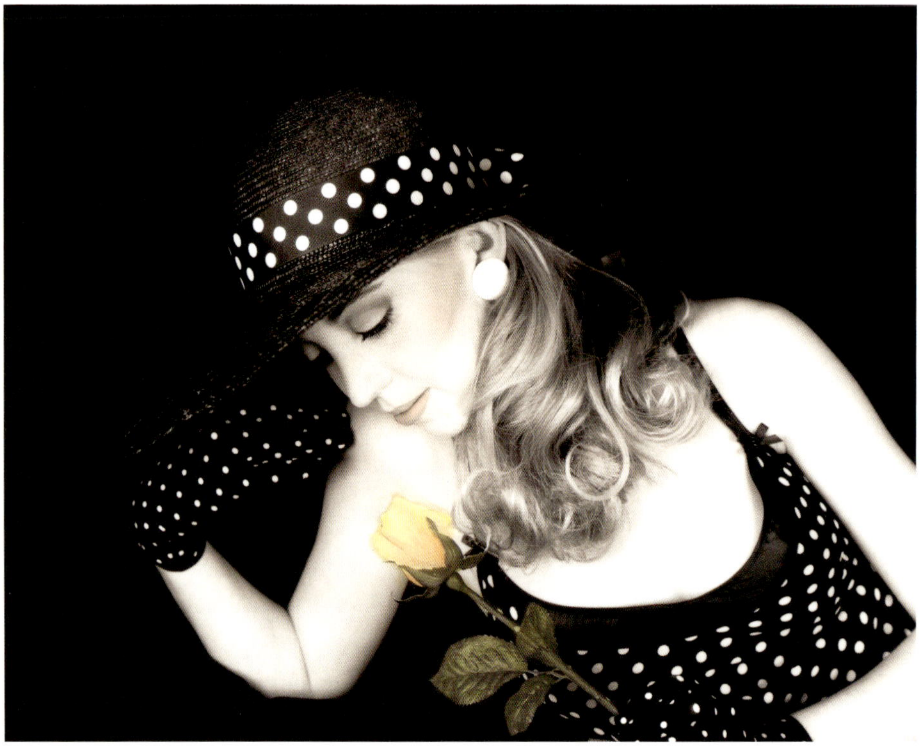

在基默瑞·理查森拍摄的这张人像中，摄影师用黑色背景、黑色手套和黑色帽子来突出拍摄对象的美丽。摄影师在近乎时装的用光中，全部是柔光。创作这幅人像用的是玛米亚645相机，80毫米镜头和柯达T400 CN胶卷。在相机两侧用两个Norman LH4As 柔光箱照亮拍摄对象，它们和相机构成45°角。

怎样拍摄长脖子和短脖子 长脖子的情况往往很复杂，在半身人像中长脖子看起来尤其不自然。要让太长的脖子看上去适中，可以抬高相机，让拍摄对象低头往下看，让部分脖子处在阴影中或者竖起衣领。如果你觉得拍摄对象的脖子优雅、美丽，你就后退一些，拍摄一幅大半身或者全身人像，构图时要着重强调颈部的优美线条。

如果拍摄对象的脖子很短或者又短又粗，把主光照射在颈部。具体做法：降低主光高度，或者将主光变成向下的羽化光；增加颈部辅光，使颈部阴影区更亮些；降低相机高度，并建议拍摄对象穿带有V形衣领的衣服，短脖子看起来会长些。

怎样拍摄大嘴型和小嘴型 要想把拍摄对象的大嘴拍得小点，用四分之三视图而且不要微笑。如果拍摄对象的嘴太窄，尽量拍摄正面人像，并尽量让他/她咧嘴微笑。

怎样拍摄长下巴和短下巴 把相机角度抬高些，建议拍摄对象朝一边转头，就可以纠正长下巴。为短下巴的人拍摄时，相机角度要低些，并拍摄正面人像。

怎样拍摄油性皮肤 太油的皮肤在人像中看起来发亮。如果用未经漫射的强光为油性皮肤的人拍摄，效果不会令人满意。要消除油亮的区域，手头要准备好粉扑和一盒面部使用的香粉。要注意观察面部的正面部位——额头、下巴的中部及颧骨。漫射主光也能改善油性皮肤的外观，例如用反光伞或柔光箱。

怎样拍摄干性皮肤 太干的皮肤在人像中显得枯燥、无生气。要让干性皮肤看起来有质感，要用未经漫射的强光作主光。如果这样皮肤仍显干燥，缺乏弹性，就在面部擦点护手霜或护肤油，让皮肤上产生一些反光亮区。但是，护肤品不要用太多，不然就走向了另一个极端——皮肤又太油了。

怎样掩盖皮肤上的瑕疵 要掩盖面部的瑕疵如疤痕和脱色，最好的办法是用短光照明和大光比把瑕疵放在阴影中。现在，很多这类问题可以用数字化修描完成。

要具备判断力

有个问题你也许没考虑过：如果拍摄对象

想突出引以自豪的特征，而你却认为是个麻烦，你该怎么办？或者，当你遇到不止一种难题时你怎么办？

第一个难题可以在与拍摄对象的简单交谈中解决。你可以这样评价她/他的特征，“你的眼睛很大，你的鼻子又挺又美。”如果他太在意自己的特征，他通常会这样说，“噢，我的鼻子太长，我想改变一下。”那么，你就知道拍摄对象对他的鼻子不满意，但是他以自己的大眼睛而自豪，下面你就知道该怎样拍摄了。

第二个问题比较难。如果你没有经验，你很难辨别哪个问题更严重，哪个最需要更正。一般说来，手持相机，为矫正拍摄对象的身体缺陷不断变换位置观察（例如，将相机抬高或降低，改变相机的拍摄角度），你就会看到这些身体特征是怎样改变的了。通过改变用光条件、摆姿以及相机角度，你就会找到最佳的拍摄方式。

除了正确的用光、摆姿及合理的构图，一个成功的摄影师还知道怎样对付面部的缺陷。所有著名的人像摄影师都明白，他们的成功秘诀在于能把普通人拍摄得很出众。

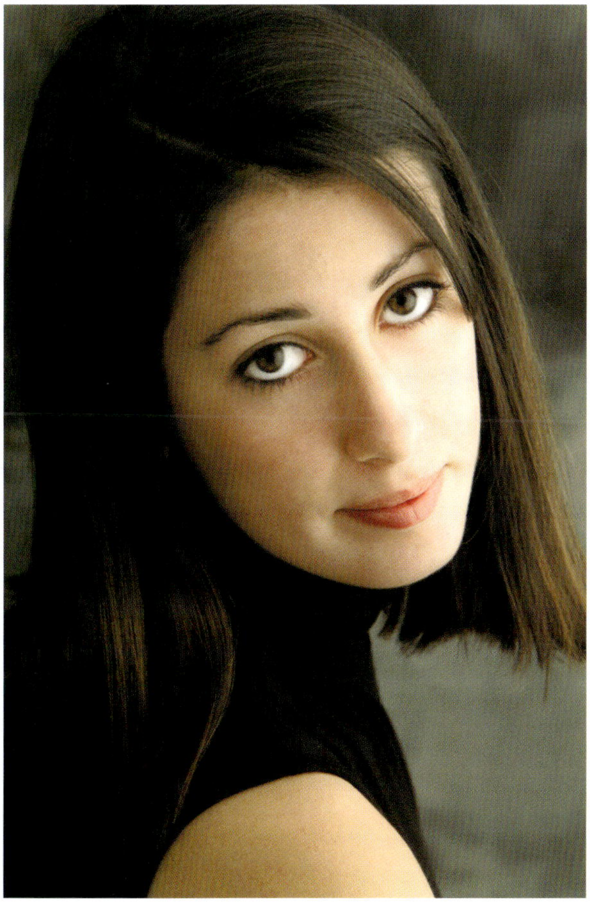

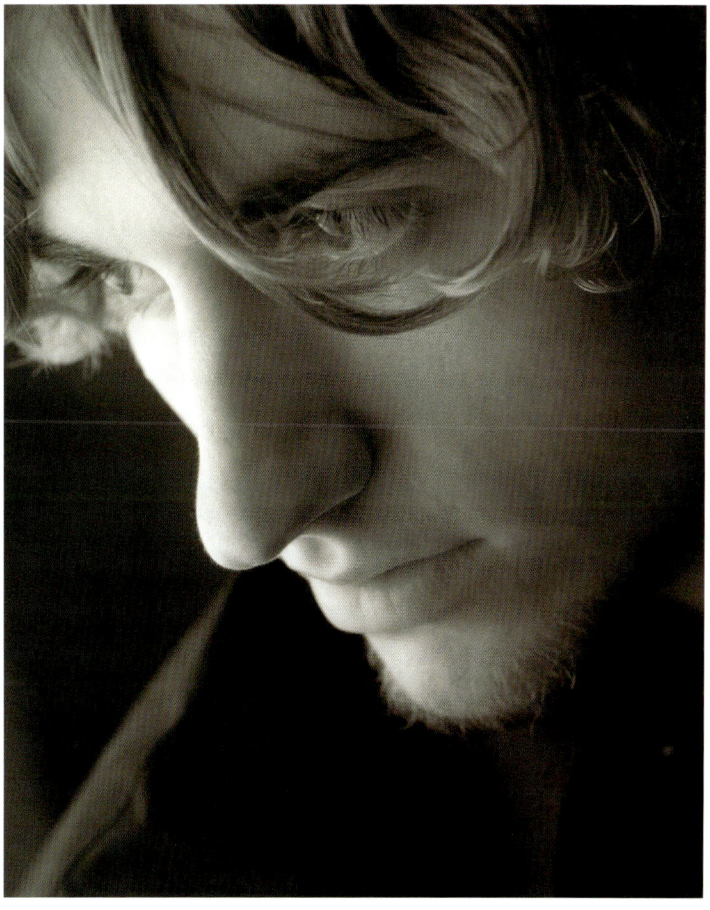

左图：摄影师布赖恩·金利用女孩的黑发并让她穿上黑色高领衫，这样她的脸就成为兴趣中心。为了表现她优雅的面孔，摄影师利用的是透过一扇大窗户照射进来的光，并从较高的角度拍摄。

右图：因为需要进行全面修描，几年前可能没人愿意尝试为青少年拍摄这种人像。现在，利用Photoshop中的很多修描技巧，几分钟就可以轻松搞好。摄影：布赖恩·金。

8.Photoshop 修描技巧

本书第一版中没有"Photoshop 修描技巧"一章。尽管第一版的出版只是几年前的事，当时多数摄影师仍在沿用传统修描技巧，或者经常雇用专职修描师来从事这一工作。

然而一切都发生了改变，即使那些仍然用胶片拍摄的摄影师，为了打印方便也常常将其照片数字化（扫描）。结果，传统修描技巧也被数字方式代替了。人们很清楚，Adobe Photoshop 这一软件已经永久地改变了人像摄影的风格和范围。

现在，无论在家还是在工作室里，摄影师都能轻松地让照片达到各种特别效果，而这在过去只有专业暗房技师才能做到。传统的修描技巧只是Photoshop 所有功能的"冰山一角"。用Photoshop 修描数码照片比传统的修描技巧容易得多，同时这种"修描"是在正片上进行的，不同于传统的负片修描。创意效果包括使背景模糊、在面部的关键区域进行选择性漫射、实现透明晕映效果、在集体照中相互换头——创意应有尽有。可以这样说，任何创意只要你能想到，就可以通过Photoshop 及其他有创意的软件（如Corel Painter）做到。

传统修描

传统的修描技巧需要大型或者中型负片以及技艺高超的修描师，用修描笔和/或者修描染料在负片上工作。传统修描的要领就是把负片上密度不均匀之处混合起来，使照片看起来更平滑、更光洁。在密度稍差的地方增加色调，皮肤看起来就更干净了，色调也更一致了；一句话，让照片接近理想状态。

修描工作开始之前，负片通常被涂上液体——就是说，通过修描液让负片形成粗糙面，易于修描笔工作和添加染料。然后，修描师在台板背面有灯的修描台上开始工作。负片放在灯上，上面是一个安装在支架上倍数很大的放大镜，把负片上要修描的部分放大。修描师用各种硬度、打磨恰当的修描笔混合负片上的区域，增强浓度。他一般用硬笔在负片带感光乳剂的一面开始进行一般性修描，用软笔对阴影较深的区域修描。修描笔必须经常打磨，使其极为尖锐。

片上的密度区——例如修理多余的高亮区），以及点刷和颜料（用来在照片上对过度修描的区域进行再修描，或者修描在放大过程中产生的灰点）。

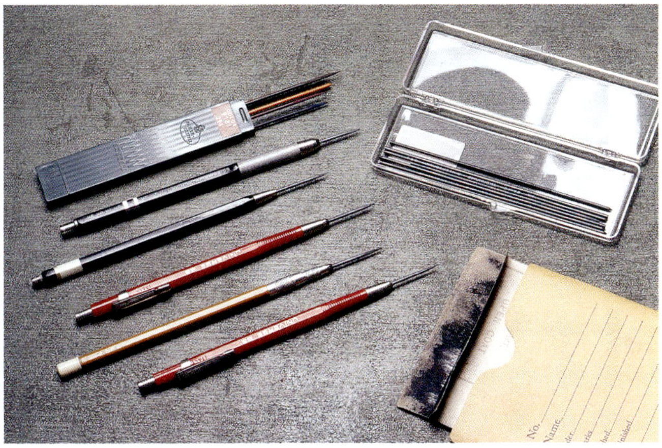

这些是传统修描使用的一部分修描笔。根据不同的用途有软硬之分。各种色彩的笔杆是为了区分笔的种类。4 英寸×5 英寸（10.16 厘米×12.70 厘米）的负片信封里装有砂纸用来打磨笔尖。

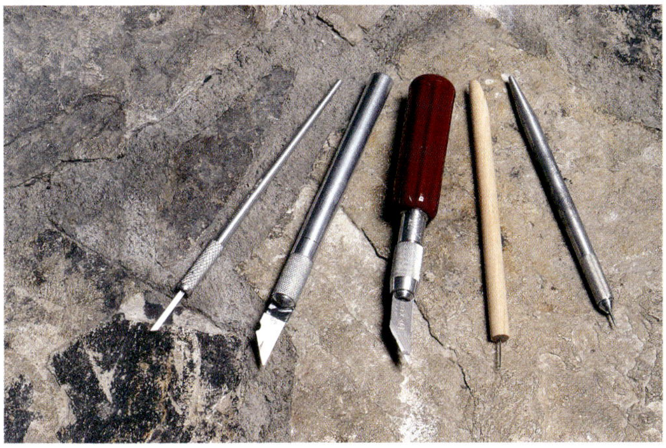

基本的修描工具包括打磨工具（左边）、相片刮擦工具（中间）和一把刻刀（右边）。这些工具在传统修描中用来减少负片或者相片的密度或者不足之处。摄影：比尔·赫特尔。

运用这些技巧可以柔化线条、去除瑕疵、尽量减少笑纹和皱纹、修正反光、去掉老年斑等，所有修描师可做的工作逐一完成。这是一项辛苦、耗时的技艺，需要进行多年的训练才能做好。修描师经常遇到的问题是负片无法通过修描笔修描，这时必须将其翻过来，在负片的另一面进行修描（或上颜料）。更糟的是，用修描笔的技巧跟用颜料的技巧不大一样，后者几乎是用干刷子在很小的区域刷很薄的一层颜料。

传统修描师所用的其他工具包括打磨工具（用来去除负片上的针眼和其他不透明斑点的针状工具）、刻刀（用来在微观范围内“刮薄”负片上的密度区——例如修理多余的高亮区），以及点刷和颜料（用来在照片上对过度修描的区域进行再修描，或者修描在放大过程中产生的灰点）。

现在的修描技巧

大多数摄影师对负片的选择从大型到中小型，再到现在的数码传感器，使传统的修描技术几乎完全被舍弃了。现在，修描是对数字文件进行的，图像很方便地被“作为照片进行修描”，因此你在显示器上看到的就是你已经得到的效果。用应用软件（如Adobe Photoshop）对扫描的照片或者原始数字图像进行修描更容易，也更节省时间。修描过的数字图像可以直接输出到喷墨打印机上，或者用洗印车间的数字打印机印到传统的相纸上。

用Photoshop修描数字图像时，你可以在显示屏上把图像的任何一部分放大到16倍，使你有可能对图像中的几乎每一个细节都进行修描。有大量的“刷子”、“铅笔”、“橡皮擦”等工具供你选择，稍微一动你就能很容易地调整每个工具的透明度。Photoshop允许你选择你想修描的区域，把你的改动只限制在选定的区域（从而避免刷子用错地方，等等）。

Photoshop还有一些令人惊异的修描工具，如“修复刷”。使用这个工具，把图像附近的某个区域“克隆”下来，覆盖有问题的区域，这样就将它掩盖起来了——软件会自动处理混合光线角度及纹理等问题。例如，要用修复刷消除双眼下面的皱纹，你可以在皱纹下面的光滑区取样，然后点击鼠标把光滑区应用到被删除的地方，面部的不规则的地方就渐渐地被抹掉了。瑕疵去除得如此简单，过去修描师在工作室进行的复杂操作现在想来让人感觉有点可笑。

数字技术不仅能处理面部的不规则之处，一些极端的修描任务，例如把一个人像的头放到另一个人身子上，现在也轻而易举——只需选择、复制、粘贴就完成了。数字技术能够完成的复杂效果几乎是无穷无尽。

下面是一些对各种修描任务都有用的Photoshop技巧。

背景复制图层

Photoshop的很多不同创意效果都与图层运用有关。当你打开图像，查阅图层调色板时，你会看到你的背景图层以及紧挨着它的挂锁图标，意思是，这是你的原始图像。点击复制一份背景图层，并把它拖拽到新图层图标处。

马上将图像保存为PSD(Photoshop格式)或TIFF文件格式。这两种格式允许你保存图层，包括原始背景图层和背景复制图层，而其他文件格式要求你合并图层，把所有的图层合并为一个，包括你正使用的所有图层。在PSD或TIFF格式下，如果由于某种原因你需要恢复原始图像，你只需删除原始背景图层以外的所有图层就可以了。

一旦你保存了图像，你就可以继续工作了——在背景复制图层上开展所有的工作。因为你是在原始图像的副本上工作，因此在工作时你会很容易地将“修改前”和“修改后”的图像加以对比。如果需要，你也很容易将其恢复为原始图像。

橡皮擦工具

一旦复制完背景图层，橡皮擦工具能让你有选择地允许下层的背景图层透出来——这一点对制造选择性效果非常有用。

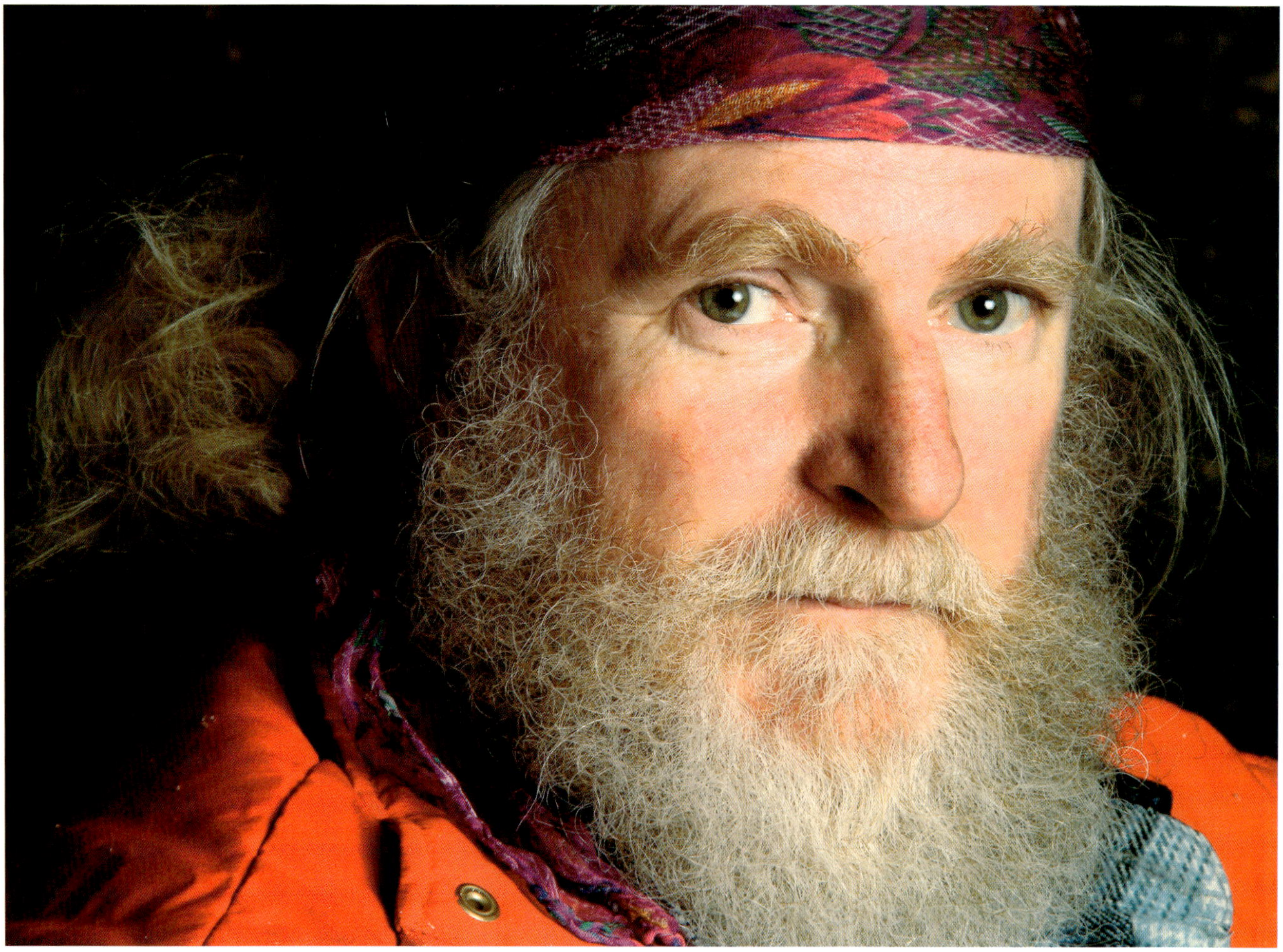

大卫·威廉姆斯在他拍摄的很多人像中都喜欢用选择性聚焦效果。为澳大利亚摄影师杰夫·摩尔福特拍摄的这幅人像也是如此。照片中前额和眼睛下面的皱纹没有处理，因为正是这些皱纹方能显示人物个性；但是，他用本章所描述的技巧对脸颊进行了细微的柔化处理。

例如，在背景复制图层上工作时，你可以应用高斯模糊滤镜（滤镜>模糊>高斯模糊）。这样整个图像都模糊了。为了在选定的区域内恢复到原来的清晰度，你就可以使用橡皮擦工具来“擦掉”被模糊了的背景复制图层，让清晰的背景图层显露出来。你可以设置橡皮擦的大小和100%流量来完全展现隐藏的原始背景图层，或者将流量设置为50%左右，逐渐恢复清晰度。

在工作时你可能想放大图像以确保精确擦除。你也可以根据你需要擦除的区域来不断转换画笔。画笔有软边的、有硬边的，有大的、有小的，画笔选择的不同会改变被擦区域边界的清晰度。最好采用中性的中小型软边画笔。

要修描整个面部，并恢复面部需要保持清晰的特定区域——眼睛、眉毛、鼻子、嘴唇和牙齿等的清晰度，用这一技巧最为理想。与特别效果滤镜一起使用效果也很好，例如与nik ColorEfex's Monday Morning Sepia——一种忧郁、柔焦、暖色调滤镜。先在背景复制图层上应用这种效果，然后通过显露原始背景图层的方法在你需要的地方恢复原始细节。

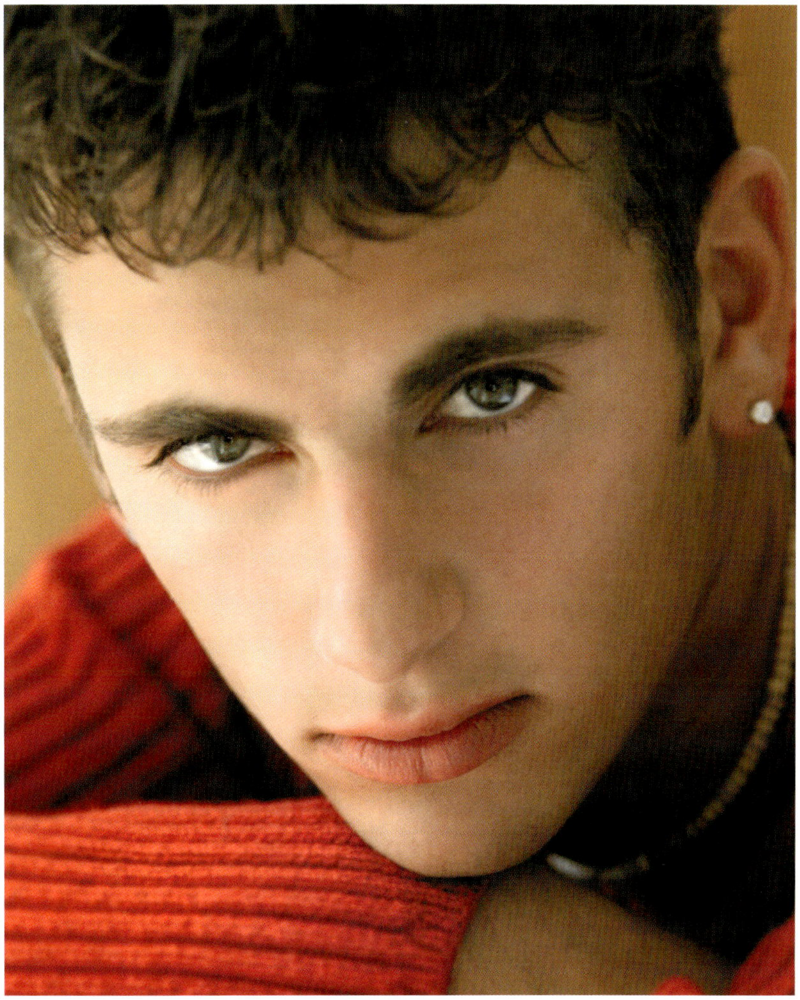

布赖恩·金是这样评价照片修描的：“基本上，我比我的工作室（指在俄亥俄州坎顿市的Buckeye Color工作室）对照片所做的工作要多，我用模糊工具，在双眼下面做点额外的工作，并把面部有粗大毛孔的地方变光滑。到面前为止我最喜欢做的修描工作是用画笔工具或者减淡工具处理眼白，然后再加深眼睛的颜色。操作色彩饱和度以及利用高斯模糊滤镜来创造范围更清楚的选择性聚焦给我带来快乐。”

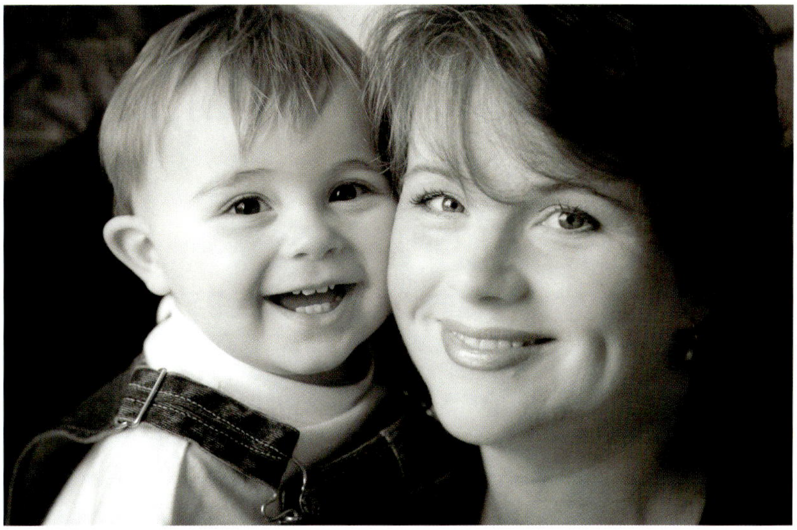

在大卫·威廉姆斯拍摄的这幅母子人像中，你能真切感受到他使用选择性聚焦技巧制造的效果。他把母子的肤色理想化，只保留眼睛、牙齿、嘴唇、眉毛和部分头发的清晰。这个技巧带走了中年人皮肤上的年龄痕迹，也使孩子看起来像天使一样。

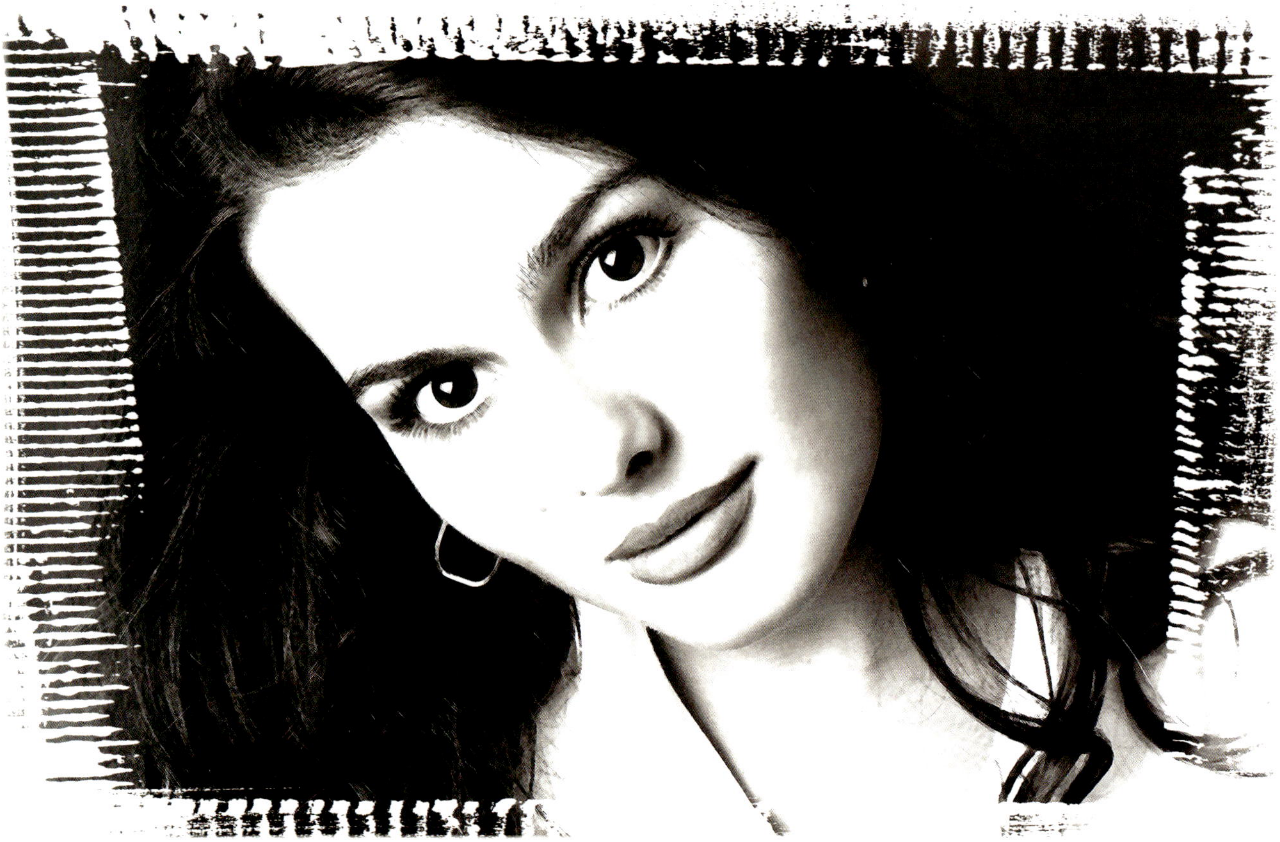

黛博拉·费罗创作了这幅漂亮的少女人像，主要通过在Photoshop的色阶控制中扩大亮区，尽量把修描工作最小化。她在完成阶段使用了用干画笔描边和与宝丽来57型负片/相片类似的自定义边界处理。

选择性聚焦

这一效果和上述的效果相似。开始，按上面描述的那样复制背景图层，用像素半径为10或者更小的高斯模糊滤镜（滤镜> 模糊> 高斯模糊）使背景复制图层模糊。这时，你可以使用下面两种不同方法中的一个。

方法一：使用橡皮擦工具和不透明度为100%的软边中型画笔来展现隐藏的原始背景图层。

方法二：使用套索工具进行选择。按着Shift键，你能进行多种选择。选择眼睛和眉毛周围、发际线、鼻尖、嘴唇和牙齿、耳朵的前缘、任何露出的珠宝以及其他应当清晰的表面细节。下一步，需要羽化这些选区，将它们的边缘模糊，两个图层就会毫无痕迹地混合在一起。要做到这一点，将鼠标指向选择> 羽化，并把羽化半径设到25像素。接着，隐藏选区（Command+H），选区的边线就消失了。然后，只需敲击“删除”键，原始的背景图层会显露出来。如果你漏掉了什么，按“取消选择”键（Command+D），选择新的区域。一旦它们被羽化，敲击“删除”键。

去除瑕疵

要去掉小的瑕疵、泥点、标记、皱纹等，选择“修复画笔工具”（在Photoshop 6或者更低版本中，在“克隆工具”里）。你选择这个工具后，在屏幕顶上出现一个选项条。选择正常模式，并选择“按来源取样”设置。然后，选择一个比你要修复的区域稍大的软边画笔。按着Opt/Alt键，在附近的一个区域单击，这个区域与你想修复的区域的色调和纹理相同才行。然后在瑕疵上单击，样本就取代了瑕疵。如果修复不成功，就还原操作（Command+Z），在另一个地方取样，再试一次。修复刷不同于克隆工具（在Photoshop的老版本中，它也被称为橡皮图章工具），修复刷会自动把样品的色调与瑕疵周围的色调混合在一起。

反光和皱纹

光泽和皱纹也很容易用同样的工具和技巧来处理。

为减少皱纹和闪光区的外观，选择克隆工具，将其不透明度设置为25%。模式应该设定为正常，画笔应当为软边。像修复刷一样在没有瑕疵的区域取样，按住Opt/Alt键，在一个没有瑕疵的区域单击。当你使用这个工具时，要密切注视带圆圈的十字交叉符号，它的出现表明这里就是你的取样区，下次单击时所用的就是这个样本。如果所选样区内有颜色和纹理都不合适的地方，按下Opt/Alt键，从你希望的区域重新取样。

克隆工具是个很宽容的工具，可以连续应用无数次来恢复一个相当大的区域。在应用时你会发现，被克隆区应用次数越多，皱纹就越轻，反光区就越暗。一定要缩小图像检查一下，确保你做得不夸张。这就是在背景复制图层上而不是直接在背景图层上修改更为安全的理由之一。

减少光泽时，不要把整个亮区都去除，只是减少亮度。对待大部分皱纹也是如此。为了看起来自然，皱纹和光泽只是应该适当地减少，而不应全部去除。

牙齿和眼睛

迅速修描眼睛和牙齿后，你就能返回图像了。要做到这一点，使用曝光为25%的减淡工具。由于眼白和牙齿只能在“亮部”范围内，在选项条中设置范围为“亮区”。

修描眼睛时，使用小的软边画笔，只对眼白进行修饰——但是注意，不要做过头了。修描牙齿时，选择最大牙齿尺寸的画笔，一次性通过。好了！这就完成了。

修描黄牙时，先用套索工具进行选择，不必非常精确。下一步，点击图像>调整>选择颜色，选择“中性色”，减轻黄色。确保对话框底部的方法设定设为绝对，这样就会小幅度地形成确定的结果。慢慢地去除黄色（一次一个或者两个点），并通过预览评估结果。你立刻就会看到牙齿变白了。周围粉红色嘴唇和皮肤的色调不受影响，因为它们的颜色不同。

眼镜上的光斑

眼镜上的光斑是个容易处理的问题。把镜片放大，每次放大一个。选用克隆工具，并选择一个小的软画笔，将它的不透明度设定为50%左右。减少的不透明度会使镜片看起来仍然像镜片。在附近采样（Option/Alt +单击），并开始覆盖亮区。Photoshop专家黛博拉·费罗建议使用尺寸各异的不规则画笔来处理棘手的光斑。

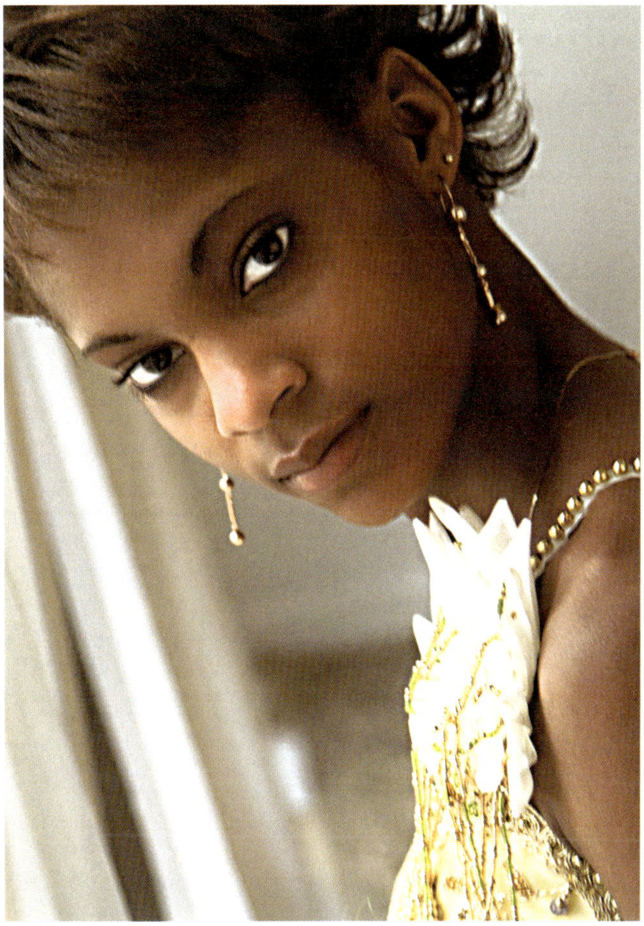

布赖恩·金使用慢速快门拍摄了这张照片，并在Photoshop中增加了颗粒效果。他的修描相当简单，他基本上只对人像的视觉焦点——年轻女孩的双眼进行了修描。

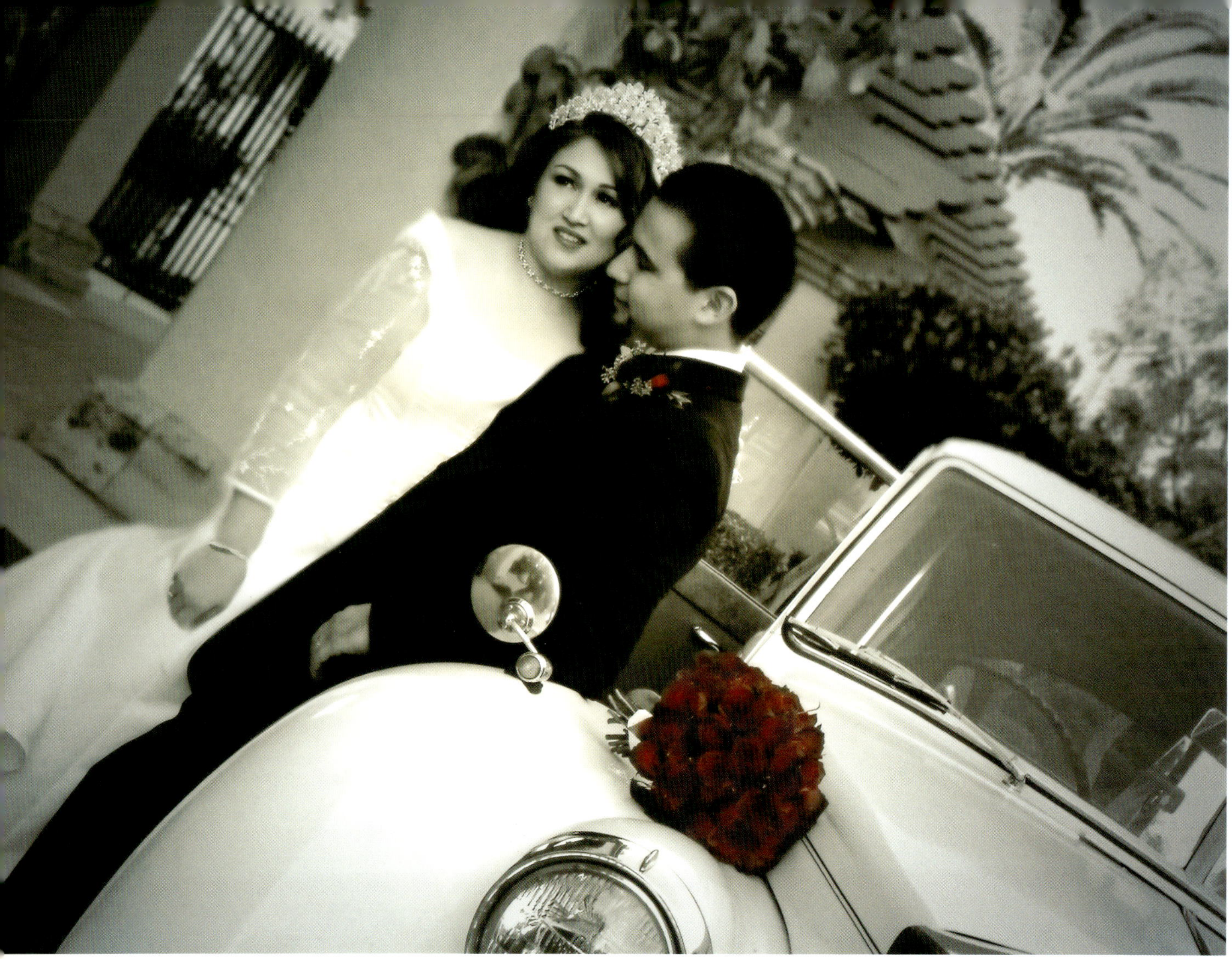

专攻数字修描的杰瑞·D 说，他的客户一般都喜爱他拍摄的照片，但有时不喜欢照片中的“自己”。一个新娘对他说，“我喜欢这幅照片，但是，你能否让我看起来更苗条些？”他说他能做到，于是在Photoshop 中把她的胳膊去掉，利用液化命令把她变瘦以后，再把胳膊粘贴上。你分辨不出哪儿做了修描，很显然，新娘对杰瑞的魔法惊喜不已。

用液化滤镜造型

Photoshop 在滤镜菜单下有一组特别的工具。液化功能就是非常有用的一个，因为它允许你或轻微或剧烈地弯曲和扭曲人物特征。当你激活液化功能（滤镜>液化）时，就会出现一个全屏对话框，中心是你的图像。图像左侧是一套工具，让你只需单击和拖拽，就能把一个区域弄歪、折叠或者膨胀。甚至还有能冻结某个区域的工具，让其他工具对该区域不起作用。当你想解除对那个区域的保护时，只需使用解冻工具。图像的右侧，是画笔尺寸和压力的设置。

使用这个工具，你可以轻易地让人物的肚子变小，或者在臀部或腰上较好的位置敲击几下，就会减掉15 磅（6.81 千克）。这一工具用法之容易简直令人不能相信，如果用得巧，它的效果天衣无缝（如果你注意到自己做得过分了，甚至还有个重建工具，它能将效果逐渐还原——就像看倒叙电影一样）。

注意，不要去除人物真正喜欢的面部特征——毕竟，正是这些“瑕疵”使每个人区别于他人。如果你把这些特征也去掉，你就做得太过了。做这种重建性修描时最好听一听你的拍摄对象的反馈，并且做得精巧一点。

液化功能本身就像一个单独的应用程序，要把这些技巧用得完美，需要一些练习和实验。不过，对人物特征进行最普通的美化，还是轻而易举的。

9. 数字暗房技巧

由于很多摄影师已经转向数字摄影，这是第二版全新的一章。第一版讲的是传统的暗房技巧和人像摄影师使用的相应产品——相纸、调色剂、放大镜头等。虽然暗房里还在洗印传统照片，但其数量和范围正在日益减少，因为数字技术正逐渐取代它的位置。

本章将讨论一些可以取代传统暗房技术的Photoshop技巧。毕竟Photoshop技巧来源于暗房，因此可以说很多数字技巧和传统技巧其实是相似的。

在这种新手段中，专业暗房技师的古老技巧应当受到尊敬。在传统的洗印技术中，一个人要花很多年的功夫才能熟练掌握一门手艺。现在，因为Photoshop用起来那么容易，人们太容易忽视洗印照片所需要的训练，而正是从照片上才能反映出杰出手艺的传统品质。但愿本章能教您一些制作高质量数字照片的方式方法。

什么是高质量照片

在专业洗印竞赛中，裁判们几十年来一直在问这个问题。一般来说，高质量照片的色调范围很宽，从纯黑到纸基白，还有丰富而细腻的中间色调。无论使用什么媒介，也不论图像是黑白的还是彩色的，都应该是这样。亮区应当包含细节，暗区应当丰富，图像应当包括一定的对比范围。

良好的色彩管理

尽管在传统的暗房中，黑白相纸有偏暖或偏冷的色调，彩色相纸也有可预知的偏色范围；而在数字暗房中，随着图像从一个设备到另一个设备，就要讲究色彩管理的精确性和可预测性——例如从数码相机，到显示器，再到打印机。因此，就设计了一套色彩管理系统来实现两项重要功能：解释图像文件中RGB（三原色：Red 红，Green 绿，Blue 蓝）或者CMYK（用于印刷的四分色：Cyan 青，Magenta 品红，Yellow 黄，Black 黑）的色彩值；在从一个设备转到另一个设备时保持这些颜色的细节——从输入，到显示，再到输出。

显示器色彩校正器

如果你组装3台同样的显示器，并让它们显示同一幅图像，每一个显示器显示的图像会稍微有所不同。每一个显示器都不相同。这就是色彩需要校正的原因。色彩校正需要一个校正装置和相应的软件，能给出显示器的输出特点，使之显示中性（或至少是可预知的）色彩范围。

显示器色彩校正器就像一个色温滤镜。回到上面提到的3个显示器的例子，一台显示器可能稍微偏绿，一台偏红，一台比另外两台稍暗。一旦被校准并被校正，存储在电脑中作为结果的校正文件将给电脑的显卡发出一个改正命令——分别改正过多的绿色、红色和亮度，这样3台显示器显示的就是完全相同的图像。

显示器色彩校正器的价格差别很大，从最低的250～500美元，到最贵的几千美元。但是，如果你想从数字系统中得到可预测的结果，这项投资是必不可少的。

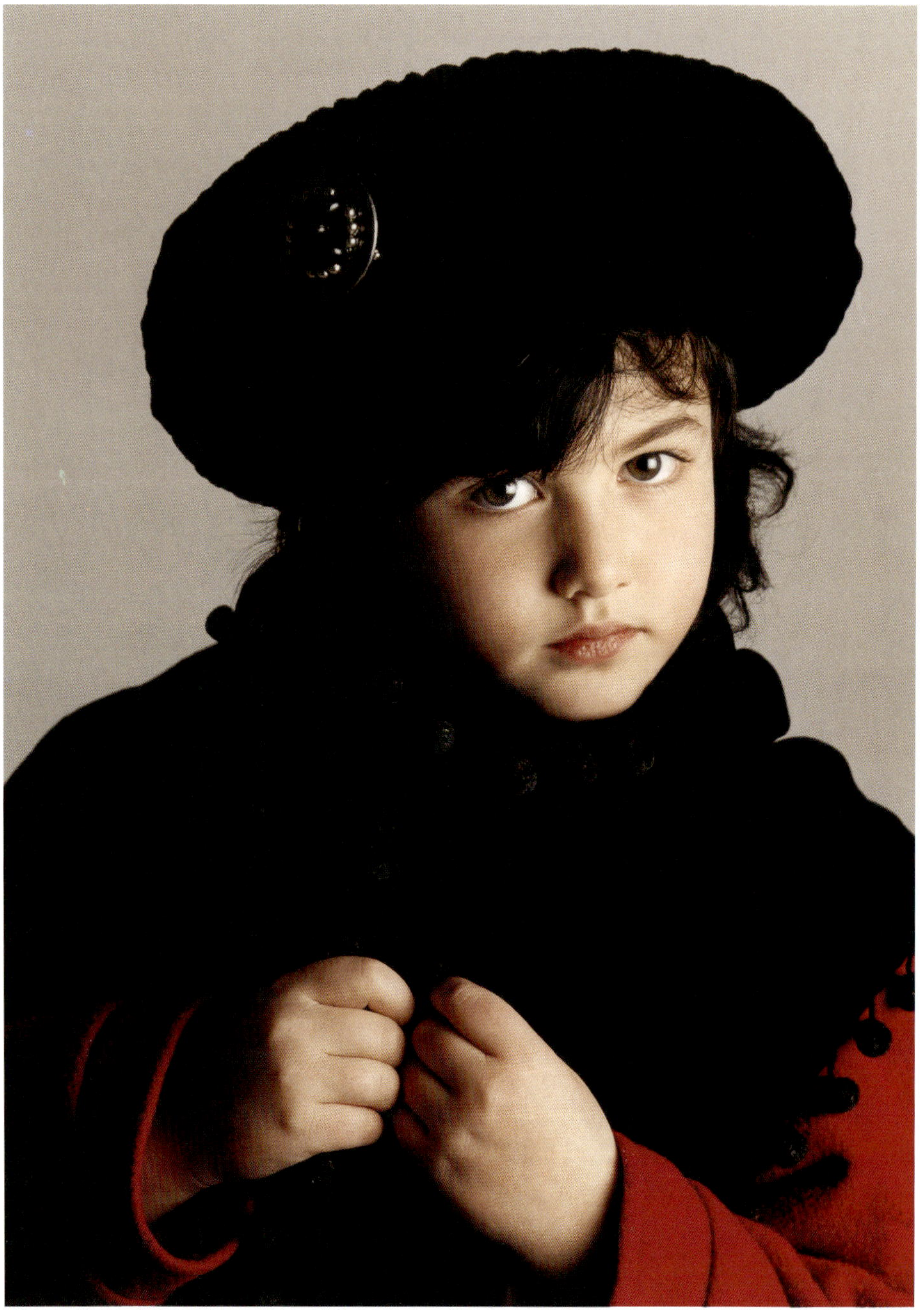

镜面高光是指画面精美、细节丰富的白色亮区。注意人物的鼻梁和被照亮的脸颊。曝光和洗印都很完美的照片的特征，就是有着照镜子一样的细节。这张照片使用白色背景来产生中间色调。主光是一个蒙了双层纱幕的36英寸（0.91米）柔光箱，设定在f/8。白色反射器做辅光，产生相当于f/4的光。由于没有任何光源照射，背景呈中性灰色。诺曼·菲利普斯用Pentax 645相机、150毫米镜头创作了这幅人像。

打印机色彩校正器

为你所用的每一台喷墨打印机所定制的色彩校正器，可以为你校准的显示器上的照片与打印出的照片之间提供最佳的颜色匹配。输出校正器产生打印机需要的正确数字值，并帮助打印机与显示器上显示的图像相匹配。要得到经过色彩管理的照片，定制的色彩校正器不可或缺，它还保证你能得到打印机所能提供的全部颜色。

打印机色彩校正器是通过打印一套普遍认可的色标来建立的。然后由分光光度计读取色标，由软件解释原始文件和色标之间的差别。这种差别信息就被存储为输出校正文件，然后应用到图像中以确保图像打印正确。

定制色彩校正器，如备受好评的Atkinson校正器，可以从Epson网站（www.epson.com）及其他很多网站下载。具体方法是：进入网站，然后下载并打印出一个彩色图表。把它邮寄回公司，公司就会通过电子邮件给你发送一个或一套色彩校正器文件。

另一个为各种相纸和打印机提供定制色彩校正器的供货商是Dry Creek Photo（www.drycreekphoto.com/custom/customprofiles.htm）。该公司还提供色彩校正器的升级软件包，这样你每次为打印机更换墨盒或色带（例如在染料升华洗印法中）时，就能升级校正器文件。

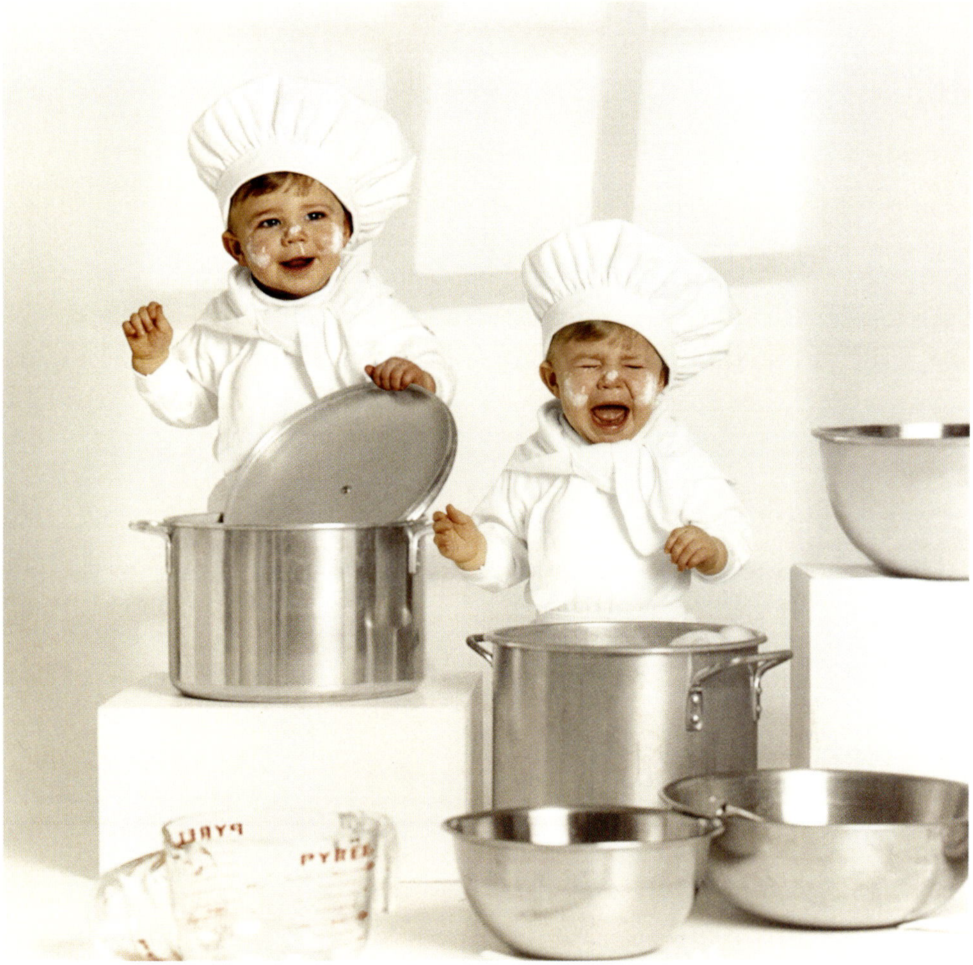

当白色遭遇白色，你就有麻烦了。画面中放了几口反射率很高的锅，和一个“引人捧腹”的厨师，你的麻烦就解决了。完美的曝光、老练的用光控制把全部的白色及其细节都分开了。但更为重要的是，这幅人像洗印得极好，整幅照片的细节和分离都很好。摄影：诺曼·菲利普斯。

目前带有色彩校正器的打印机有：喷墨打印机；染料升华打印机；小型打印机，比如索尼品牌打印机；柯达8500和8600系列打印机；富士公司Pictography打印机；RA-4打印机，如LightJet，Durst Lambda/Epsilon，富士Frontier，Noritsu QSS，Gretag Sienna，柯达LED，Agfa D-Lab等；彩色激光打印机；thermal打印机。

照片洗印社使用的多数昂贵的商用打印机都装有精确的自动校准程序，也就是说，机器会一直使用某个校色程序，直到进行大修或者机器设置被改变。

提示与技巧

人们经常问的一个问题是，为什么即使用带有色彩管理的系统打印出来的照片，仍然看起来跟屏幕上显示的不同。答案不在于色彩管理系统，而在于介质的不同。由于显示器和打印机有着不同的色域（即二者能够产生的色彩值的固定范围），两种不同设备的物理属性使得在屏幕上显示的颜色不可能和在纸上显示的完全相同。不过，有效的颜色管理能让你把两种设备的输出结果加以对比，以模拟图片色彩值的打印结果。

一种打印机，一种相纸

很多摄影师依赖同一品牌的打印机和同一品牌的相纸以增强打印的可预测性。Epson 在打印机软件中加入了多种自己品牌相纸的色彩校正器文件。当然，你也可以在 Epson 打印机中安装其他品牌相纸的色彩校正文件。安装后，色彩校正器显示在打印窗口中，并支配着你的打印机相纸的相互作用。例如，Epson 2200 为 6 种优质 Epson 相纸的色彩提供了色彩校正器软件，外加使用普通纸的单一黑色 360 dpi 打印设置。

档案永久性

在传统摄影材料上洗印出的数字照片，具有现代技术能提供的最长寿命和永久性——现在这种照片可以保存将近 100 年。

当使用喷墨打印机时，不同的墨会在档案保存时间上造成很大的差别。这是根据照片的耐光性或者抗褪色力来衡量。Epson 超级铬黄颜料墨在 Epson 白色亮光相纸上保存的年限为 90 年；

提示与技巧

建议你把电脑桌面设定为中性灰色，便于察看和优化照片。人的视觉会受到所看到的人物周围颜色和色调的强烈冲击。在你调整颜色和亮度的时候，在中性背景上观察图像，会帮助减少潜在的问题或错误感觉。

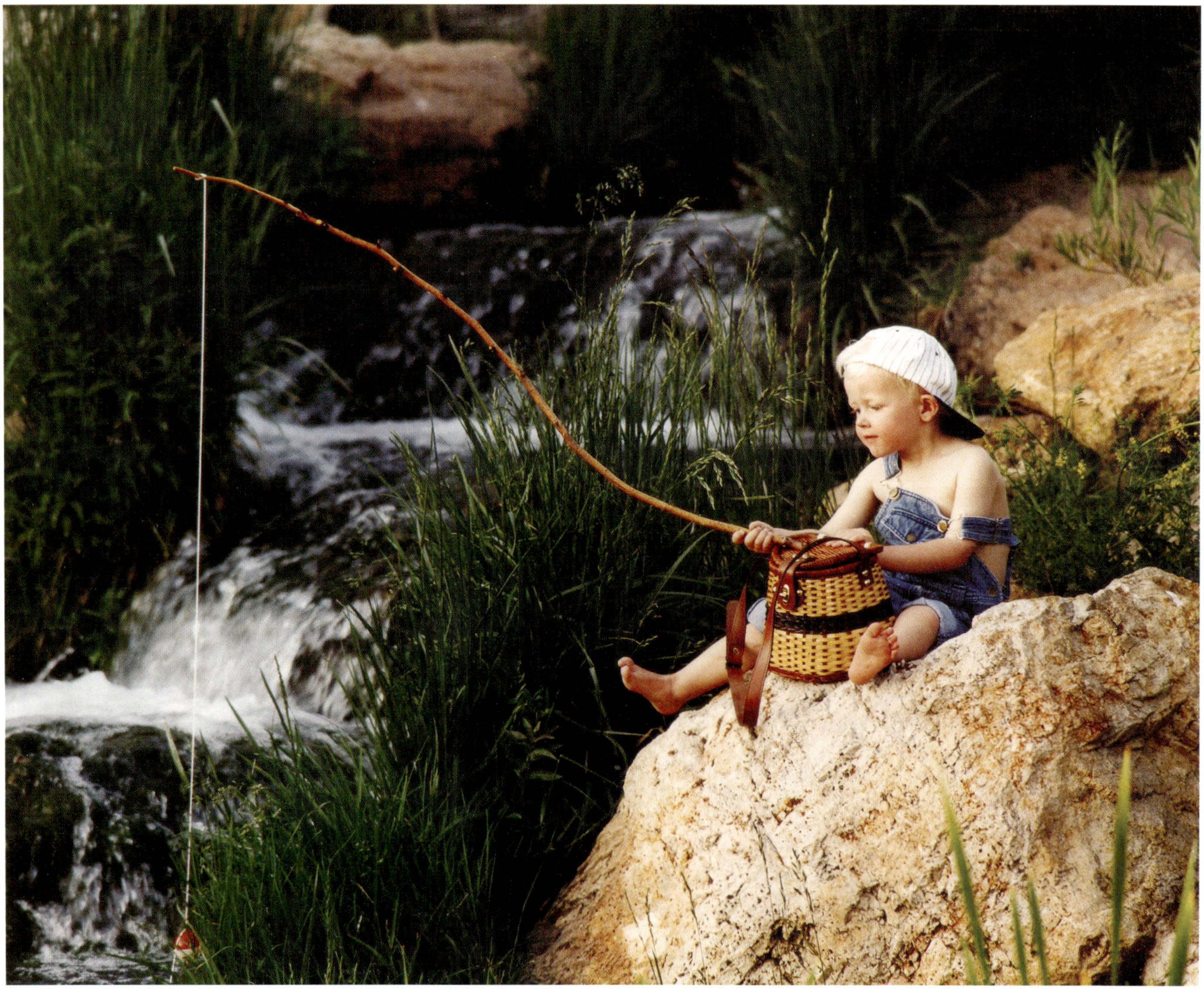

该照片成功的秘诀之一是色调控制。背景很暗但细节丰富，男孩身后、右边、下边的岩石在洗印时被熟练地调暗了色调。只有男孩坐的那块岩石的部分区域是亮的，但也没有超过小男孩的亮度。这幅名为《小渔夫》的人像作品是在洗印过程中为追求效果而控制色调的极好例子。摄影：比尔·顿肯。

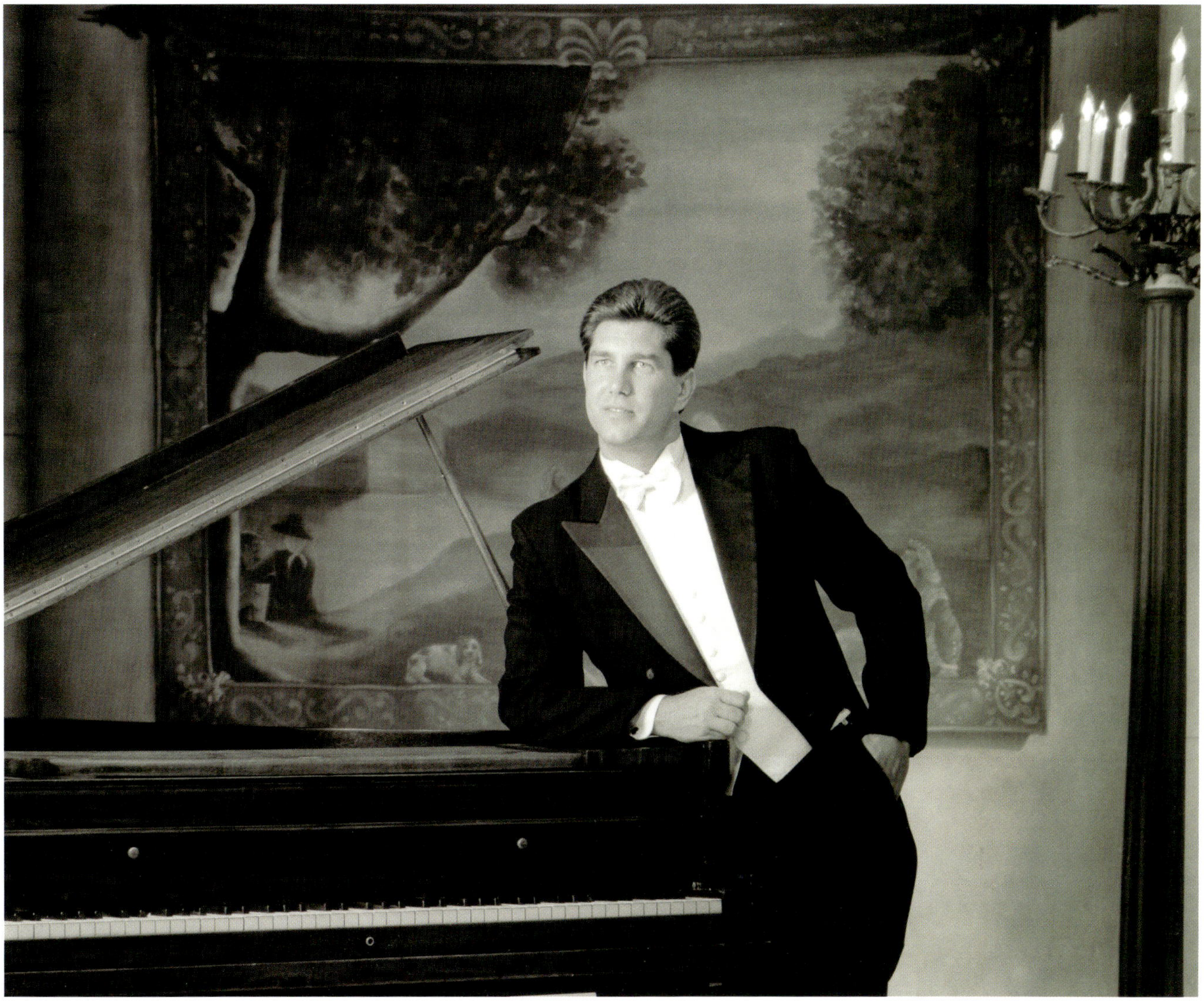

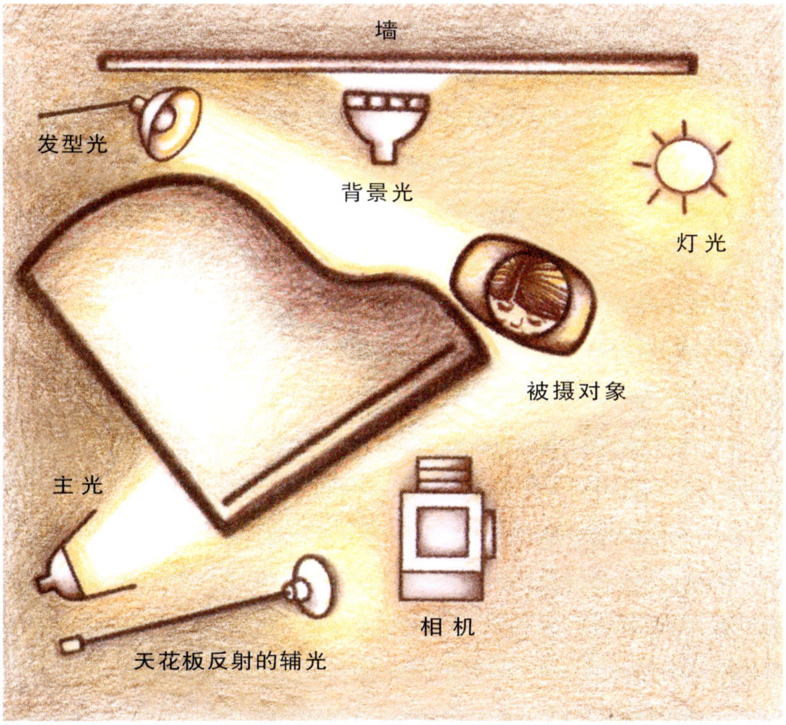

人物的脸部是这张人像的焦点。所有其他细节在洗印时都已压低了色调，或者通过用光解决掉了。注意钢琴白键的颜色，它平时本应该是很亮的。罗伯特·利诺使用玛米亚RB67相机，玛米亚Sekor SF 150毫米镜头拍摄了这张人像，用1/125秒为柯达T-Max 100胶卷曝光，光圈为f/8。主光为Speedotron Force 10，并使用了美光抛物面反射器。辅光是通过天花板反射的全功率Norman 808。背景光也是Norman 808，但功率仅为一半。

以染料为基础的墨保存的年限则少得多，根据使用的相纸和储存条件的不同，它的耐光性一般在5～10年不等。就像Epson超级铬黄颜料墨这样的好墨，Epson公司也不提供颜料墨档案线的寿命和档案保存期限（它规定耐光期限最多为200年）。

底线是，只有打印照片的永久性能够与传统照相材料抗衡，喷墨打印机才有希望与传统洗印设备在公平的基础上竞争。既然这一新手段自夸有这么令人佩服的稳定性，数字洗印的人像就没有理由不保存几代。

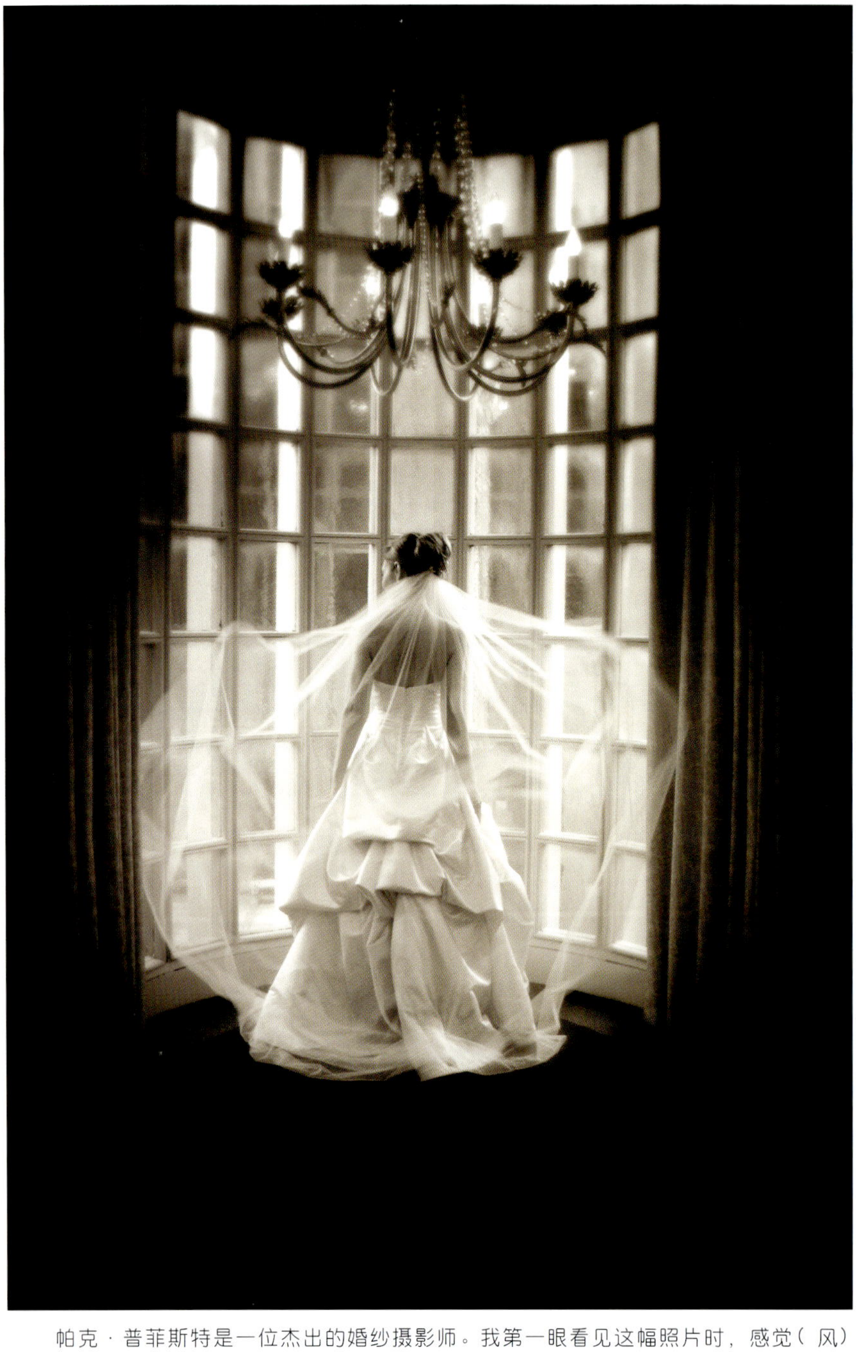

帕克·普菲斯特是一位杰出的婚纱摄影师。我第一眼看见这幅照片时，感觉(风)把我吹走了。它沿用了传统的精美的版画复制术。画面顶部和前景被巧妙变暗，这使得玻璃很透明，新娘也更突出了。为了让面纱在空中飞舞，帕克让新娘把双臂猛地抬起来，然后迅速放回到身体两侧。面纱又轻又薄，因此它在空中飘舞的时间足够拍出几张照片。

减淡或加深

我最初从事摄影时，为摄影/洗印大师约翰·狄约瑟夫工作，他曾说："直接洗印照片的事情从来没有过。"作为工作的一部分，即使我们从同一张负片上印出25～500张相片，每一张都需要减淡或加深。当今，即使数字拍摄，在洗印方面很少有什么变化，直接洗印相片的事情仍然没有。通过控制局部色调浓度，每一幅图像的质量都能得到改善。

在传统的洗印中，我们用手或者带纸板的小棍在一片小区域内晃动，挡住光线（减少特定区域的曝光以增加亮度）。我们用手或者一个8英寸×10英寸（20.32厘米×25.40厘米）的纸板（纸板上挖了两个大小和形状不同的孔）来加强曝光（增加某个区域的曝光使其变暗）。现在Photoshop中的加深工具和减淡工具就是用来完成同样工作的。

增加数字图像的一个区域的亮度时，先选择一个尺寸与需要减淡的区域相匹配的软边画笔。然后，在屏幕顶部的选项条中，选择需要加亮的色调范围（高亮、中间色调、阴影），设定曝光的百分比。开始时最好选择低百分比如8%。这样，先在小范围内工作，反复减淡并慢慢达到效果。在需要减淡的区域，你反复单击和拖拽画笔，你能逐渐把那儿变亮。用这种

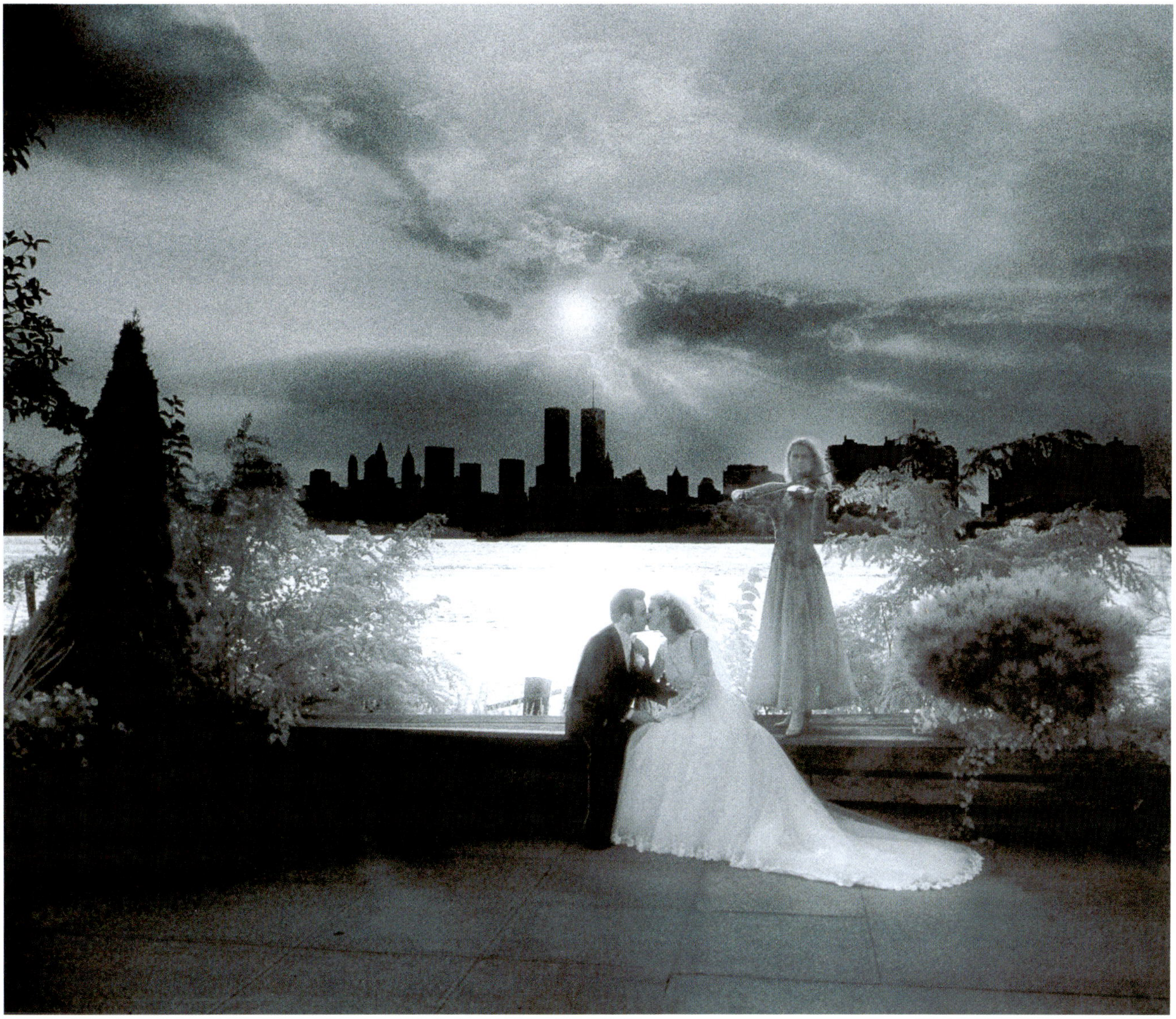

原始图像是用ISO 400黑白红外底片拍摄的，并使用红色滤镜（#25A）把天空变暗。最后的照片是在Photoshop中调整的。天空的色调被加深，对水泥地面和新郎的晚礼服也做了微小的修改。相片在最终使用Epson打印机打印之前被调整成了蓝色调。图像的冷色调使它看起来像是在月光下拍摄的。摄影：费迪南·纽鲍尔。

方式做出的效果可以完全不被人察觉。

前述减淡工具的控制方法和使用技巧同样适用于加深工具，唯一的例外是，为了取得更加精细的效果，曝光百分比可以减少到5%左右。

如果要把位置复杂或者难以定位区域的影像变暗或变亮，最好把这一区域选定。例如，如果你想改变的区域的色调和临近区域的色调相反，就不可能把加深或减淡的效果扩散到邻近区域。在这些情况下，你应当使用套索工具和选取框工具，它们都非常适合选取要变亮或变暗的区域。在选定范围内进行加深或减淡操作，能确保邻近区域不受影响。

可选颜色

对专业摄影师来说，曲线是Photoshop里面纠正图像色彩最精确的工具。不过，运用曲线是个复杂而主观的过程，需要花一些时间学习才能掌握。

对不那么高级的Photoshop用户，或者只对图像进行微小且孤立的改变，“可选颜色”命令（图像>调整>可选颜色）会极其有用。这个工具不要求你提前知道哪个通道（红、绿、蓝）影响颜色转换，它只要求你选择什么颜色需要调整。

在“可选颜色”对话框里，你会看到青、品红、黄、黑4种颜色的滑动控制条。在对话框的底部，一定要把方法设置为“绝对”，这样在颜色控制进行小幅度增加时，结果更明确。在对话框的顶部，从下拉菜单中选择你想改变的颜色。你可以选择改变红、黄、绿、青、蓝、品红、白、“中性色”或者黑色。一旦选择了要改变的颜色，只需以你喜欢的方式调整滑动块来修改所挑选的颜色。

你在对话框中对游标所作的改变会影响所选择的颜色。但是要注意，这种改变会影响所有区域的这种颜色。因此，如果你选择“蓝色”来改变天空的颜色，人物的蓝眼睛和蓝色运动衫也会随之改变。

例如，当使用“可选颜色”命令时，多数皮肤色调就被划归了中性色，因此你就可以在不影响女傧相的白色连衣裙或艳丽的礼服的情况下，修改皮肤色调。皮肤色调是由不同数量的品红和黄色构成的，因此，通常需要调整这两个颜色的滑动块。不过在调整室外照片时，你有时还要去除人物皮肤的色调中过多的青色；使用青色的滑动块就可以把多余的青色去除。如果牙齿发黄，选择“黄色”，用滑动块去除黄色，把牙齿变白。

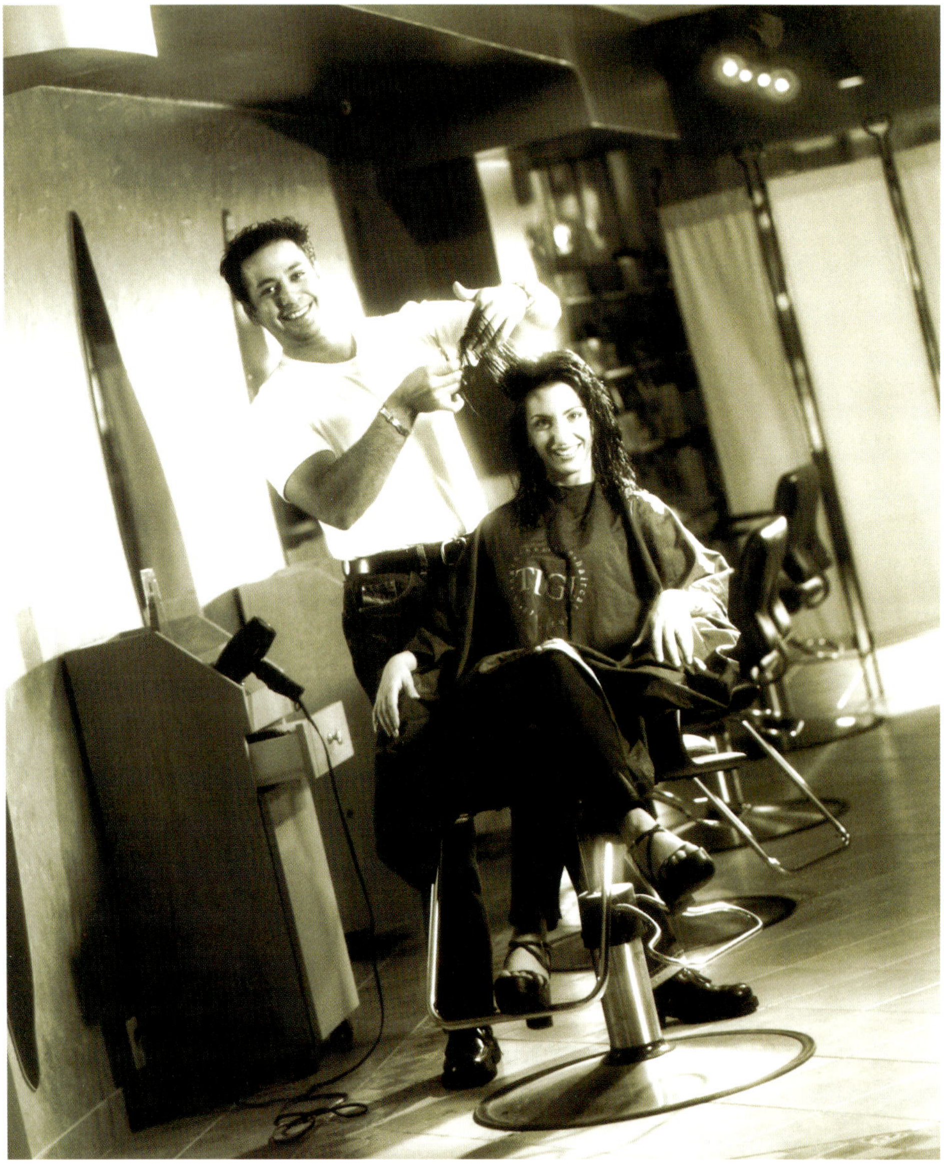
为了使这幅照片更具风格，在Photoshop中有意使照片变成暖色调。为了创作这幅人像，安东尼·卡瓦用的是哈苏相机和170毫米镜头，并在Lindah 1镜头遮光罩内使用了一个嵌入式散射滤光镜。

结婚礼服经常会反射附近的颜色，尤其是礼服面料光滑且有光泽时更是如此。在户外，如果树阴或草地的颜色反射到礼服上，礼服就会发绿或发蓝。这种情况下，你应该从颜色菜单中选择“白色”。然后，如果服装偏蓝，你就去除点青色，并根据预览进行判断。如果服装偏绿，加点品红，或者去掉点黄色。

在可选颜色中，黑色滑动块的作用是为图像增加密度，很像Photoshop中的“色阶”控制。在调整黑色时一定只调整黑色滑动块，否则它会使图像有雾化效果。当你把图像从三原色RGB转换到四分色CMYK时，黑色游标在增加因转换而丢失效果方面非常有用。

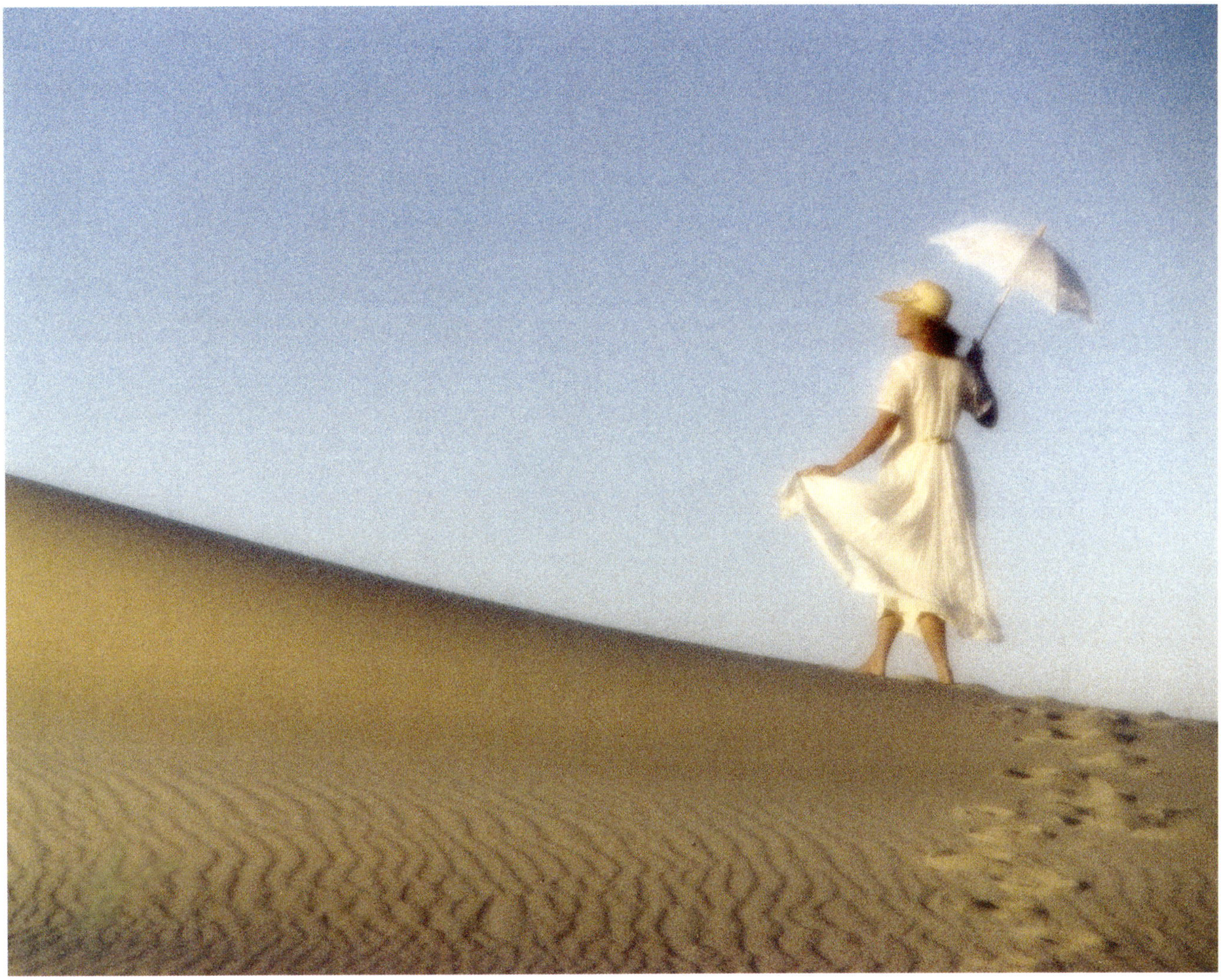

在本图中，超高速胶卷和图像的高度放大相结合（在洗印时还对负片增加了轻微的漫射）产生了非常浪漫的特别效果。罗伯特和苏姗娜·拉弗使用佳能EOS A2相机和Tamron 28～200毫米自动对焦镜头（设定在200毫米）拍摄了这幅人像。

用柯达彩印观察卡

如果你发现图像有问题，但又对颜色转换没有把握，你可以使用柯达公司生产的一种可以利用负片或幻灯片洗印彩色照片的产品，叫做“柯达彩色照片观察滤色镜套件”（Kodak Color Print Viewing Filter Kit）。它由青、品红、黄、红、绿、蓝6种颜色的观察卡组成。把你的显示器桌面设置成中性灰色背景，利用需要转换颜色的补色卡，检查显示器上的图像。例如，如果需要转换的是蓝色，就用黄卡来观看图像；如果需要转换的颜色是绿色，就选择品红卡，等等。闭上一只眼睛，在视野内外快速晃动相应的卡片，同时检查中间色调。不要去看图像的亮区，因为你从那儿什么也学不到。如果黄色卡中和了中间色调和阴影中的转换色彩，那么你的方向就对头了。每种卡有3种密度，在排除一个明确的纠正色彩之前，要一个个试。一旦你找到了问题，就在“可选颜色”（如果愿意，你也可以用“曲线”命令）对话框内选择合适的颜色和滑动块进行修正。

提示与技巧

一旦你决定用你喜欢的设置创作经过调色的图像，就对这些图片用同一种设置，这样只需一个命令就可以了。这样做不仅可以使工作流程简单化，还可以保证结果的一致性。当图像摆放在一起的时候，例如在结婚相册中，可以确保相互搭配，更多的做法，参见第112页。

这幅人像最初是拍摄在彩色负片上的，但是图像的色调和巧妙的亮部细节使它看起来像是作为黑白照片构思和拍摄的。变暗的角落和边缘以及礼服上稍稍变暗的区域，突出了这位初进社交界的少女以及她的脸和双手。摄影：罗伯特·利诺。

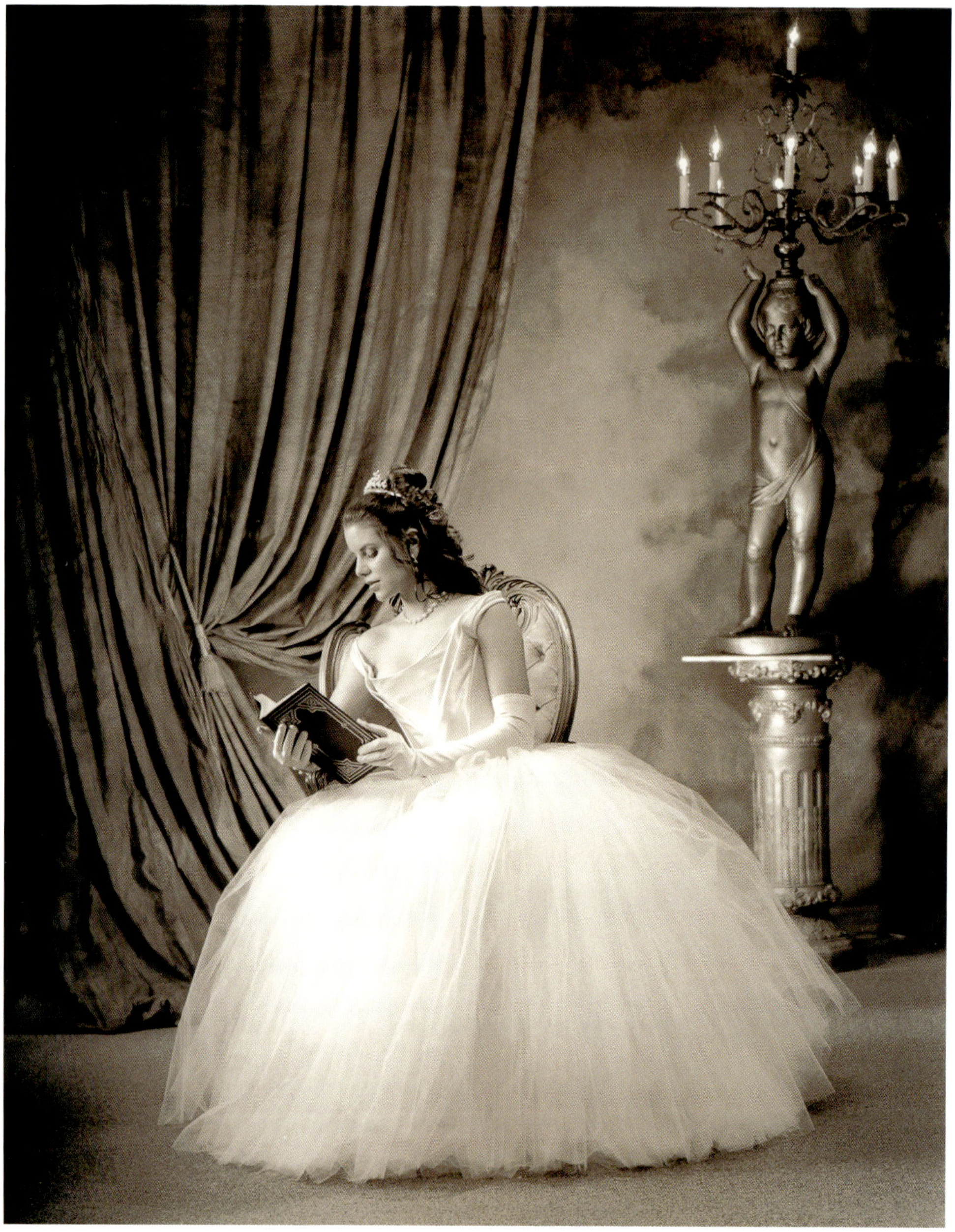

棕褐色／蓝色调

在你的图像处于三原色模式下，创建复制背景图层。在复制图层上工作，单击“图像>调整>去色”来创建单色图像。如果需要，此时可以用“色阶”或者“曲线”来调整对比度。然后再到“可选颜色”命令（图像>调整>可选颜色），从色彩菜单中选择“中性色”。然后，调整品红和黄色滑动块来创建棕褐色外观。让品红色多于黄色，你就能得到真正的棕褐色调。让黄色超过品红色，能得到棕色或者硒红色调。使用这两种控制，就可以在图像上获得全部暖色调。

如果你想创建冷色调的图像，你只需增加青色或者减少黄色（或者同时增加青色和减少黄色）。通过各种变化，你可以获得所有的冷色调。

混合彩色和黑白效果

一种流行的效果是给单色图像增加一点颜色。这个技巧可以通过复制彩色图像的背景图层，然后去色（图像>调整>去色）。在复制图层上，按你的喜好调整亮度和对比度，然后选择橡皮擦工具。选择一个中型软画笔，将橡皮擦设置为100%不透明。然后开始擦除你想保持彩色的区域（让处于底层的彩色图层透过去了色的黑白图层露出来）。

晕影

晕影有助于让观赏者把注意力集中到人物的脸上。很多摄影师在洗印时对每一张照片增加晕影，把每个角落变暗，以此来强调图像的兴趣中心。即使在高调人像中，晕影也可以很好地增加戏剧性效果、突出主题。

Photoshop中这个特别的晕影技巧是数码艺术家黛博拉·林恩·费罗发明的。开始的时候，复制背景图层，在调色板图层中，创建一个设定为正常模式的新图层。

一个设定为正常模式的新图层。

然后，通过点击主工具栏上的前景色，调用拾色器，选择一个创造晕影的颜色。你可以选择任何颜色或者在照片里取一个样色，以确保色彩匹配恰当（这可以通过吸管工具完成——点击一下，样色就变成了前景色）。

下一步，用椭圆选框工具或者套索工具在被摄对象周围选择一个区域。反向选择（选择>反选），然后羽化它（选择>羽化）——数目越大，你晕影的边就越柔和。为了保持羽化边缘的真正柔和，试着羽化一个半径为75～100像素的范围。

在新图层上，用低百分比（如10%）的前景色填充被羽化的选区（编辑>填充）。一定要在填充对话框底部选择“保持透明度”这个选项。

你可以把羽化和各种其他的滤镜结合起来使用。例如，如果你想去除不必要的细节，在被羽化的背景上添加一个动感模糊（滤镜>模糊>动感模糊）。这一效果可以去除所有不必要的细节，创作出一幅风格优美、效果精致的图像。

对比度控制和色调范围

很多情况下数码照片缺乏对比度，这其实是一件好事，因为它在原始图像中保留了亮部和阴影的细节。但是由于反差太小，图像不适于洗印。使用色阶（图像>调整>色阶）中的“亮部”和“阴影”的滑动块来调整总体反差。在色阶对话框中，通过往右调整“阴影”滑块（黑色三角形），你就能增加黑色。通过往左调整“亮区”滑块（白色三角形），你就能消除白色。

诀窍在于保留所有亮部和阴影的细节。要检查效果，就需要看图像直方图（窗口>直方图）的亮度通道。把鼠标分别指向对话框内的黑色区域和白色区域，同时眼睛观察对话框下方的“色阶”一栏。基本说来，白色细节（适用于所有打印机）的值是235左右（在RGB模式中）。根据所用的洗相机和相纸的不同，黑色细节的值在15～35（在RGB模式中）之间。

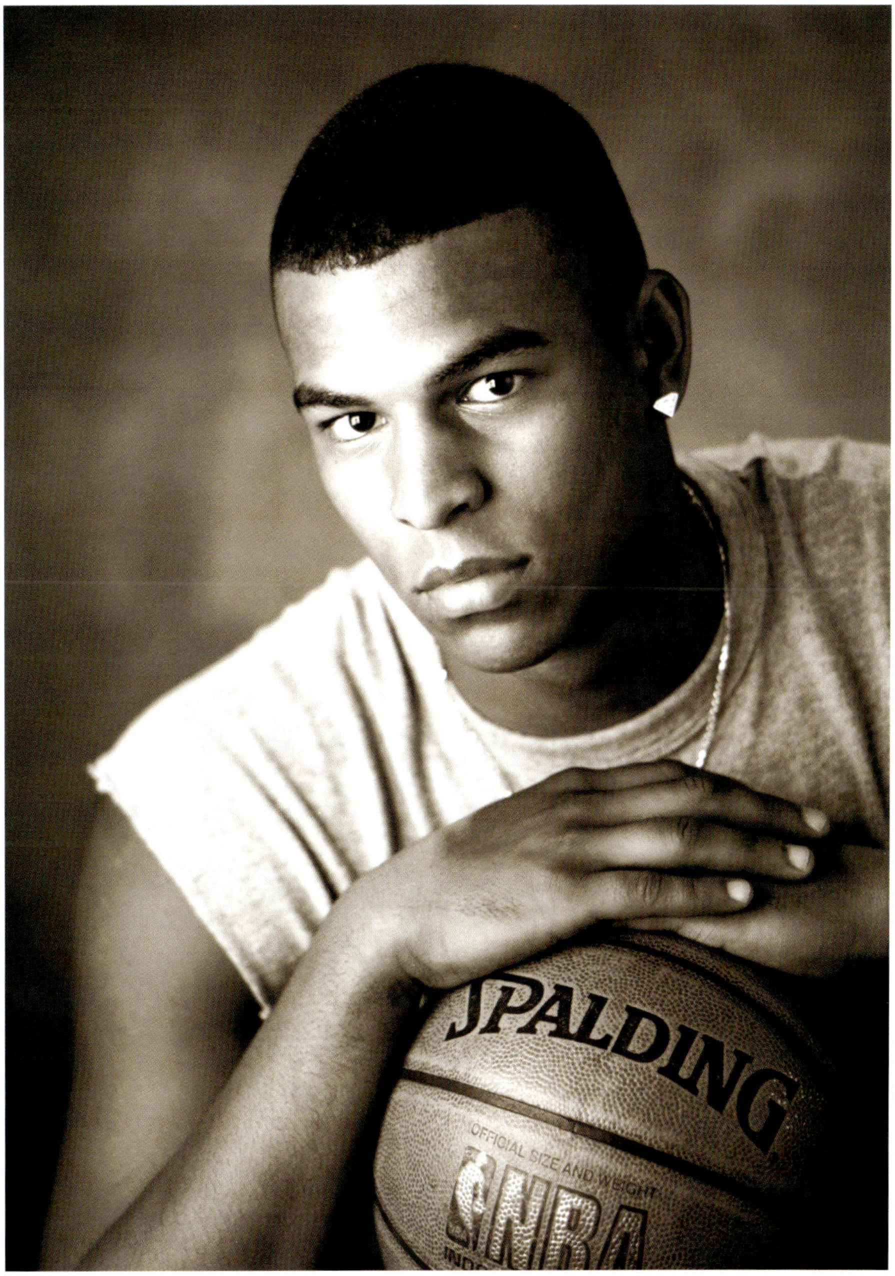

罗伯特·威廉姆斯为运动员拍摄的这幅漂亮而真实的人像名为《篮球之梦》。人像相当简单明了：它是用哈苏相机和180毫米镜头拍摄在底片上的，在洗印时着的色。这种效果在Photoshop里面相当简单，但是效果却很好。

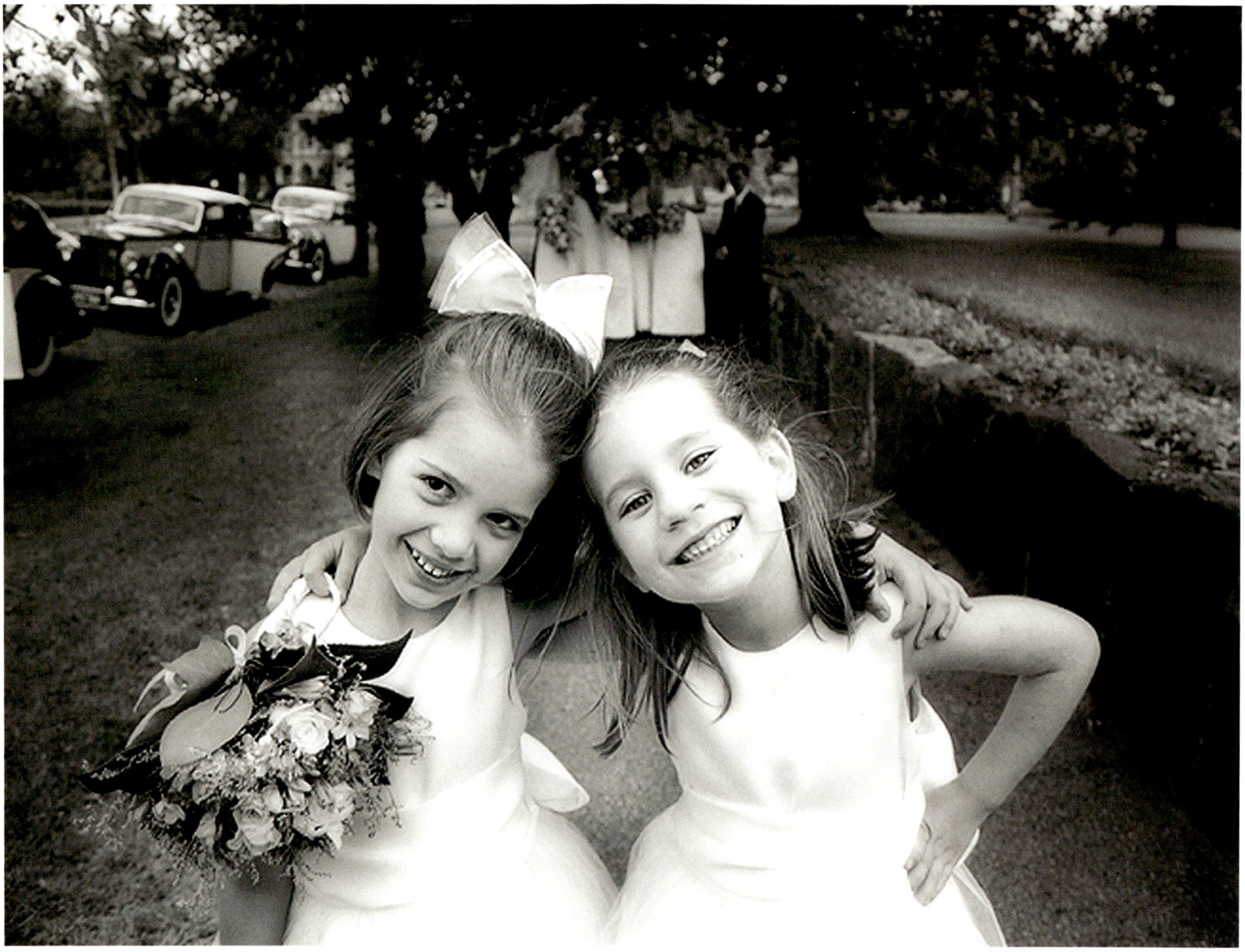

大卫·威廉姆斯为婚礼上“确实重要”的成员拍摄了这张照片。“其他人”都在她们身后的阴影里。大卫在Photoshop中虚化了背景和四周，只突出这两个明星，生动地增强了这一照片的幽默主题。

动作

Photoshop“动作”是一系列命令，你在执行这些命令的同时将它们记录下来。只要单击鼠标，就可以把你记录下来的命令重放一遍，把相同的操作运用到另一张图像或一组图像中。通过动作菜单（窗口> 动作）来调用动作。

为了创建新动作，在动作对话框右上方的下拉菜单中选择“新动作”。它会要求你给它命名，然后开始记录。一旦记录，你为图像所做的一切都将作为动作的一部分被记录下来（也有些例外，比如画笔使用时的一笔就不能被记录。）做完后，只需在动作对话框的底部，单击“停止”按钮就停止记录了。然后，无论何时，只要你想执行那个动作，找到动作对话框，选择你想要执行的动作，然后在调色板的底部单击“播放”按钮（黑色三角形）。动作将在打开的图像上自动运行。

Photoshop还预置了多种动作。你可以直接使用这些动作，也可以加以修改满足自己的需要。你还可以在互联网上从可靠的来源购买动作，使用行业中最好的经验。例如，弗雷德·米兰达(www.fredmiranda.com) 就有个网站出售各种一流的动作，价格很合理。

锐化

多数Photoshop专家会告诉你，锐化是人像创作的最后一步，而图像最常见的问题之一是锐化过度。Photoshop的锐化滤镜就是通过增加邻近像素之间的反差把模糊或者经过柔化的图像变清晰。这就容易使图像锐化过度，并压缩整个图像或者某个区域的细节。

像创作的最后一步，而图像最常见的问题之一是锐化过度。Photoshop的锐化滤镜就是通过增加邻近像素之间的反差把模糊或者经过柔化的图像变清晰。这就容易使图像锐化过度，并压缩整个图像或者某个区域的细节。

USM锐化滤镜是Photoshop中最灵活的锐化工具，但使用时要小心。如果要锐化RGB模式的图像，你其实是在同时锐化3个图层。这样容易导致颜色改变和图像质量下降。比较好的方法是将图像转换为lab颜色模式（图像>模式>lab颜色）。在通道调色板中，在亮度通道上点击来取消对A和B通道的选择（图像将看起来像黑白的）。用USM锐化滤镜，只锐化那个通道，然后，在通道菜单中点击“合成lab通道”来恢复A和B通道。回到图像>模式把图像转换到需要的模式中去，你会对结果大为惊奇——尤其是如果你前面锐化了整个图像。

另一个有效使用USM锐化滤镜的方法是，只把它应用到RGB图像中的一个通道里。如要看看它们的差别，复制你的图像（图像>复制），让这两个相同的窗口并排置于屏幕上。在其中一个图像上，应用USM锐化滤镜，而不选择通道。在USM锐化滤镜对话框中，选择下面的设置：参数－80%；半径－1.2像素；阈值－0级别。在第二个图像中，进入通道调色板，分别查看每个通道。选择那个最中间色调（通常是绿色通道，但不总是）的通道，并以同样的设置应用USM锐化滤镜。然后，打开另外两个通道。将两个图像的一个关键区域（比如脸）按完全一致的放大率（例如，200%）放大。在这个级别的锐化中，你很有可能看到图像的人工因素，图像的3个图层都同时被锐化了。在那个只有绿色通道被锐化的图像中，你会看到更好的处理效果。

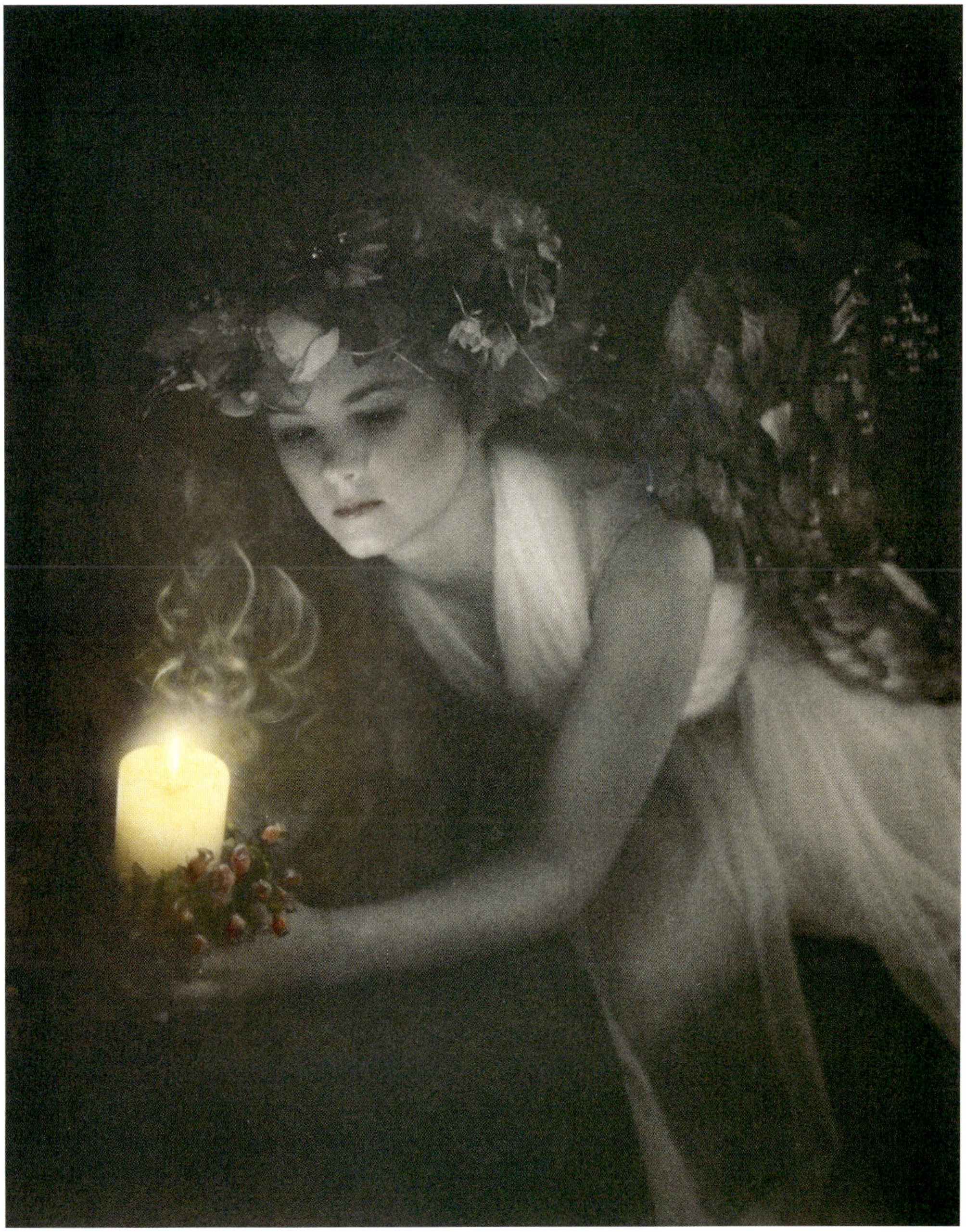

这是一卷胶卷的最后一张，它的负片看起来那么糟糕，以至于它实际上被扔掉了，是后来又被捡回来的。尽管严重曝光不足，但图像的不少细节还是保留下来了。这幅照片是在只有一支蜡烛发出的微弱光线下拍摄的。相片是单色的，蜡烛和花的颜色是被加上的。摄影：基默瑞·理查森。

用 Photoshop 改变图像的分辨率或者图像大小

从逻辑上讲，由大卫·威廉姆斯创造的这个技巧不应该起任何作用——但它确实起作用了。不幸的是，它不能适用于所有的图像，只有那些清晰而且曝光良好的图像才能轻易被放大。

开始是RGB 模式的图像，将其转换成Lab 颜色模式。打开通道调色板并激活亮度通道。选择图像> 图像大小，并增加尺寸，一定要复选重定像素和约束比例。如果放大的倍数较大，要分两步走。例如，把8 英寸× 10 英寸（20.32 厘米× 25.40 厘米）的图像放大成30 英寸× 40 英寸(76.20 厘米× 101.60 厘米)的图像：第一步，先放大成16 英寸× 20 英寸(40.64 厘米× 50.80 厘米)的，然后，再调整图像大小到30 英寸× 40 英寸(76.20 厘米× 101.60 厘米)。

下一步，仍然只在亮度通道上工作，打开USM 锐化滤镜对话框（滤镜> 锐化>USM 锐化）并使用下面的设置：参数－80%；半径－1.2 像素；阈值－0级。

再回到通道调色板，并选择Lab 通道，它将把色彩交还给图像。让图像回到RGB 模式再去洗印或者进行其他操作。

这个技巧的作用理论是，你通过调整图像结构来重新调整图像的大小，而不是颜色。这个技巧确实起作用了。但是，如果原始图像的质量不太好，或者你正使用的图像非常小，且变成了锯齿状或者其他形状，你能够调整的大小将是最小的。

提示与技巧

在USM 锐化滤镜对话框你可以调整3 种设置：参数设定，即像素的对比度能够增强多少；半径设定控制需要锐化的像素边缘的像素数（小数值只锐化边缘像素，大数值则锐化一个比较宽的像素带）；阈值设定决定了经过锐化的像素与周边的像素应该有多大的区别。默认值为零的阈值表示图像中所有像素都将被锐化。

结束语

仅仅几年的时间，专业人像摄影技术就发生了这样多的变化（本书第一版出版于2002年），那么未来几年内还会发生哪些变化很难预测，但我们可以得出如下结论。

数码摄影在人像摄影领域将继续取代传统胶片摄影，数码影像制作技术固有的数字效果会成为这一领域的主流——正如随着数码婚礼摄影的出现对婚纱摄影界所带来的巨大影响一样。

尽管传统摆姿和用光原则将继续向自然、宽松方向发展，但是基本摆姿和构图技巧的基本原则仍将继续沿用，因为这些在展现人体美的过程中发挥着重要作用。“自然人像”在商业人像摄影中究竟会有多么重要，尚不得而知。假如让我做个较有根据的推测，我认为它将和其他摄影领域一样不断发展，并将影响专业摄影。每期婚礼杂志上刊登的风格各异的新闻摄影照片，早已成为新娘们的梦想，她们希望在自己的婚礼上实现自己的愿望。因此，新闻和社论人像摄影似乎有可能继续影响着传统摄影界。

变化最大的好处是，它反映了人像摄影的复兴。哪里有变化，哪里就不会停止。对于所有职业人像摄影师或者立志成为人像摄影师的人来说，这种变化是件好事。

——比尔·赫特尔

图书在版编目(CIP)数据

人像摄影手册／(美)赫特尔著；沙景湘译.——长沙：湖南美术出版社，2006

(摄影大师实用技法丛书)

ISBN 7-5356-2468-5

Ⅰ.人… Ⅱ.①赫…②沙… Ⅲ.人像摄影－摄影艺术－手册 Ⅳ.J413-62

中国版本图书馆CIP数据核字(2006)第062087号

PORTRAIT PHOTOGRAPHER'S HANDBOOK(Second Edition)
by Bill Hurter

人像摄影手册

作　　者：(美)比尔·赫特尔
翻　　译：沙景湘　李　艳
责任编辑：陈　刚
出版发行：湖南美术出版社
　　　　　(长沙市东二环一段622号)
经　　销：湖南省新华书店
印　　刷：恒美印务(番禺南沙)有限公司
地　　址：广州市南沙经济技术开发区环市大道南路334号
开　　本：889×1194　1/16
印　　张：7.25
字　　数：8万
版　　次：2006年08月第1版
　　　　　2006年08月第1次印刷
书　　号：ISBN 7-5356-2468-5/J·2275
定　　价：45.00元

邮购联系：0731-4787105　　邮编：410016
网址：http://www.arts-press.com/
电子邮箱：market @ arts-press.com
如有倒装、破损、少页、缺孔等印装质量问题，
请与印刷厂联系斟换。